그리스도를 본받아 사는 생활

그리스도를 본받아 사는 생활

The Arena: An Offering To Contemporary Monasticism

초판발행: 1990년 3월 20일
초판 제2쇄: 1992년 6월 20일
재판발행: 2006년 4월 25일
지은이: 익나티우스 브리안카니노프
　　　　Ignatius Brianchaninov
번역자: 엄성옥
발행처: 은성출판사
등록: 1974년 12월 9일 제9-66호
ⓒ1990, 2006 은성출판사
주소: 서울시 강동구 성내동 538-9
전화: (02)477-4404
팩스: (02) 477-4405

출판 및 판매에 관한 모든 권한은 본 출판사가 소유하고 있습니다. 은성출판사의 사전 서면 허락없이 번역, 재제작, 인용, 촬영, 녹음 등을 할 수 없음을 알려드립니다.

Printed in Korea
ISBN 89-7236-339-1 33230

http://www.eunsungpub.co.kr
e-mail: esp4404@hotmail.com

The Arena

An Offering to
Contemporary Monasticism

by

Bishop Ignatius Brianchanonov

그리스도를 본받아 사는 생활

이그나타우스 브리안카니노프

엄성옥 번역

목차

서론 / 11

저자 서언 / 25

1. 복음의 계명에 순종하는 생활 / 29
2. 복음의 계명으로 심판하시는 하나님 / 33
3. 복음의 계명에 따르는 그리스도인의 삶 / 35
4. 복음에 기초를 두지 않는 믿음 생활은 쉽게 무너진다 / 37
5. 죄와 유혹으로부터 자신을 지키는 일 / 40
6. 침묵과 독거보다 세상에서 하나님을 기쁘게 하는 생활이 선행되어야 한다 / 44
7. 타락한 인간 본성의 적합한 선에서 자신을 지키라 / 47
8. 타락한 본성와 계명간의 반복과 투쟁 / 53
9. 복음서와 교부들의 저서를 읽어야 한다 / 53
10. 교부들의 저서를 신중히 읽어야 한다 / 56
11. 은거생활 / 59
12. 장상에게 순종하는 생활 / 80
13. 상담과 상담역, 영적지도를 받는 생활 / 86
14. 수도생활의 목표 / 93
15. 이웃을 사랑함으로 하나님의 사랑을 얻는다 / 100
16. 이웃을 겸손하게 대하면 이웃 사랑을 이룰 수 있다 / 104
17. 기도 / 108

18. 기도 준비 / 110

19. 집중적인 기도 / 113

20. 수실규칙 / 116

21. 예수기도 / 117

22. 예수기도의 실천 / 120

23. 쉬지 말고 기도하라 / 122

24. 세 종류의 예수기도 / 124

25. 거룩한 묵상 / 130

26. 죽음을 묵상하라 / 133

27. 하나님이 원하시는 좁은 길 / 138

28. 좁은 길 / 153

29. 환난은 특별한 운명 / 164

30. 시험의 근원 / 174

31. 시험을 받을 때 담대하라 / 179

32. 마음의 경계 / 182

33. 육체의 훈련이 주는 유익과 해로움 / 191

34. 동물적인 열심과 신령한 열심/ 196

35. 구제 / 202

36. 청빈, 이탈 / 206

37. 인간의 영광 / 212

38. 분노, 남의 허물을 기억함 / 220

39. 세상 / 228

40. 이성과의 접촉을 피하라 / 242

41. 타락한 천사들 / 249

42. 타락한 천사들과 싸우는 첫 번째 방법 / 269

43. 타락한 천사들과 싸우는 두 번째 방법 / 278

44. 꿈 / 280

45. 덕과 악의 관계 / 287

46. 기도를 방해하는 타락한 영 / 291

47. 온갖 해로운 것으로부터 영의 시선을 거두라 / 300

48. 회개, 애통 / 306

결론 / 325

서론

이 책은 1867년 세인트 피터스부르그에서 『현대 수도원에 주는 선물』 An offering to contemporary Monaticism 이라는 제목으로 출판되었다. 이 제목은 이 책의 특성을 잘 나타내고 있다. 이 책은 이그나티우스 브리안카니노프Ignatius Brianchaninov 감독이 사랑하는 형제들에게 주는 선물이다. 동시에 이것은 그리스도께 드리는 그의 필생의 역작이기도 하다. 이 책은 그가 세상을 떠날 즈음에 저술되어 세상 떠나던 해에 출판되었다. 그는 이 한 권의 책에 약 40년간의 수도생활 경험에서 얻은 열매들을 수록하려 했다. 그는 40년간의 수도생활 중 절반 이상은 러시아 수도원 근처에 있는 중요한 공동체의 수도원장으로 지냈다. 그의 표현을 그대로 인용해 본다면, 그는 대단히 어렵고 긴 여행을 하고 있는 사람들에게 자신이 추구한 길에 대한 짧은 기록들을 제공하였다.

이그나티우스 감독은 러시아 정교회의 수도생활이 부흥하던 시기에 이 책을 선물했다. 19세기 러시아교회의 공동체에는 훌륭한 인물들이 많았다. 예를 들면, 사로프의 성 세라핌St. Seraphim, 레오니드Leonid, 마카리우스Macarius, 옵티나 은둔처의 암브로스Ambrose of Optima Hermitage, 은둔자 테오판Theophan, 그리고 이그

그리스도를 본받아 사는 생활

나티우스 브리안카니노프 등이다. 이그나타우스의 가르침은 헬라교부들의 금욕적이고 신비적인 교리에 뿌리를 내리고 있다. 그러나 그가 몰두한 과거의 교훈은 결코 골동품이거나 학구적인 것은 아니었다. 왜냐하면 이 옛 전승은 그가 직접 경험한 것으로서 그의 개인생활 속에서 창조적이고 역동적인 실제로 존재했기 때문이다. 그의 "신비적 고백"이며 "영적 유산"인 이 책에서 그는 수도생활에 관한 교부들의 글 중에서 중요하다고 여기는 것들을 균형 있게 통합하여 제시하려 했다. 그는 교부들의 말을 자기 시대의 특별한 필요성과 상황에 따라 채택하였다. 그러므로 이 책은 전반적인 정교회 수도원 제도와 19세기의 러시아 수도운동을 이해하려는 사람들에게 크게 유용할 것이다.

그러나 이 책은 오로지 수도사들만을 위한 것은 아니다. 저자가 말하기를 "우리 평신도들도 이 책이 유익하다는 사실을 발견하기를 바란다"고 했다. 목차를 간단히 살펴보면 알 수 있겠지만, 이 책의 각 장은 대체로 보편적인 관심사를 논하고 있다. 저자는 우리들의 내면생활에 있어서 성경의 위치, 영적 지도의 필요성, 영적 지도자와 피지도자의 관계, 기도의 의미와 예수기도의 실행, 고난의 역할, 악마의 세력에 대한 전쟁과 시험의 본질 등에 대해서 말하고 있다. 이것들은 수도사들뿐만 아니라, 세상에 사는 신자들에게도 매우 관심이 높은 주제들이다. 본래 수도사들을 염두에 두고 기록된 이 책이 평신도들에게도 동등하게 적용되는 것은 그리 놀라운 일은 아니다. 왜냐하면 수도사들과 평신도들은 동일하게 "좁은 길"로 행하며, 동일한 금욕적인 전쟁에 참가하고 있는 신자들이기 때문이다. 저자는 기록하기를 "진정한 기독교와 진정한 수도생활은 복음의 명령을 실천하는 데 있다"고 했다. 그러므로 기독교인의 정의와 수도사의 정의는 동일한 것이다. 그는 "수도란 단지 복음의 계명을 정확하게 실천하는 의무이다. 그리고 수도생활이란 복음의 계명과 일치하는 생활을 하는 것"이라고 했다. 수도사가 성취하려는 복음적 규칙들은 교회의 모든 지체에게 구속력을 가진다. 그러므로 이 책은 저자가 "수도원에게 주는 선물"이며, 동시에 모든 신자들에게 주는 선물이기도 하다.

  이 책의 광범위한 영역을 고려하여 이 책의 제목을 아레나$_{Arena}$라고 하였다. 아레나란 콜로세움 등과 같은 곳에서 죽음을 맞은 기독교 순교자들의 마지막 순간을 회상하게 해 주는 단어이다. 예를 들면 저자와 동일한 이름을 가진 안디옥의 저자와 같은 사람들을 회상하게 해준다. 저자는 자신이 밀알처럼 사나운 짐승의 이빨에 갈리기를 기도했으며,[1] 그의 기도는 응답을 받았다. 평화로운 시대에 사는 현대 기독교인들에게는 그러한 표면적이고 눈에 보이는 원형경기장$_{arena}$은 없다. 그러나 그들도 역시 영적으로는 원형경기장에서 사나운 짐승을 맞아 싸우라는 부름을 받고 있다. 로마의 클레멘트가 표현한 바와 같이 우리는 모두 같은 원형경기장에서 같은 싸움을 싸우고 있다. 사도 바울은 "에베소에서 맹수로 더불어 싸운"(고전 15:32) 일에 대해서 말했는데, 이것은 실제로 원형경기장 안에서 짐승과 싸운 것을 의미할 수도 있고, 또 짐승 같은 인간들과의 싸움을 의미할 수도 있다. 그의 말에는 상징적인 의미도 들어 있다. 진정한 싸움은 내면의 싸움이며, 사나운 짐승과의 싸움이 벌어지는 원형경기장은 눈에 보이지 않는 내면생활이다.

  이것은 저자가 이 책을 저술한 기본 주제가 된다. 그는 신자들은 모두 영적 원형경기장에서 싸워야 한다고 한다. 그는 수도사를 포함한 모든 신자들의 내면에 있는 짐승들—우리 내면의 숲에서 도사리고 있는 사자와 늑대들을 어떻게 억제하고 길들이고 변화시켜서 우리들의 마음에 예루살렘, 평화의 일치를 이루는 성읍을 건설할 것인지를 설명한다.

  저자는 러시아교회에서 매우 유능하고 매력적인 인물이다. 그의 본명은 디미트리 알렉산드로비치 브리안 카니노프$_{Dimitri\ Alexandrovich\ Brianchaninov}$였다. 그

---

[1] "내가 진실로 진실로 너희에게 이르노니 한 알의 밀이 땅에 떨어져 죽지 아니하면 한 알 그대로 있고 죽으면 많은 열매를 맺느니라"(요 12:24).

그리스도를 본받아 사는 생활

는 부유한 지주의 아들로서 상류사회의 일원이었다. 다미트리의 부친은 자기 아들이 수도사의 길을 가리라고는 상상조차 하지 않았으며, 그와 같은 상류층 사람들에게 정해져있는 길을 따르기를 원했다. 디미트리는 1807년에 태어났으며, 세인트 피터부르그의 파이오니어 사관학교를 다녔다. 그는 사열하는 동안 후일 니콜라스 1세 황제가 당시의 니콜라스 파블로비치Nicholas Pavlovich 공작에의 눈에 들었다.

그러나 디미트리의 마음은 군대의 학문에 있지 않았다. 그는 어린 시절부터 상류층과는 완전히 다른 수도사의 길에 대한 확실한 소명을 가졌었다. 후일 그는 파이오니어 사관학교의 재학시절에 항상 홀로 깊은 시름에 잠겨 눈물을 흘리며 걸었다고 회상했다. 왜냐하면 자기에게 열려진 길은 군대의 장교라는 세속적인 길 밖에 없는 것처럼 보였기 때문이었다. 그러나 그는 파이오니어 사관학교 시절에도 자기와 동일한 영적 갈망을 품고 있는 학생들을 발견했다. 그들은 밤이면 모여 기도하고 신앙적인 문제들을 토론했다.

1827년은 디미트리의 일생에서 위기의 해였다. 그는 사관학교를 졸업하고 장교로 임명되었으나 중병에 걸려서 자원하여 제대를 했다. 건강을 회복한 그는 즉시 수련사가 되어 4년 동안 여러 수도원에서 생활했으며, 특히 유명한 옵티마 은둔처Optima Hemrmitage의 수도사 레오니드와 교제를 나누게 되었다. 1831년 자신의 고향인 볼로그다Vologda의 조그만 공동체에서 수도서원을 하고 이그나티우스라는 이름을 받았으며, 얼마 후 사제로 임명받았다.

그러나 처음으로 서품된 이그나티우스 사제는 은둔생활을 오래 하지 못했다. 이 무렵 니콜라스 황제가 파이오니어 사관학교를 방문했다. 그는 브리얀카니노프가 제대했다는 사실을 알지 못하고 자신이 선명하게 기억하고 있는 훌륭한 사관학교 생도의 근황에 대해서 물었다. 사관학교 교장은 그가 수도사가 되었는데 어디에 있는지 알지 못한다고 대답했다. 니콜라스 황제는 수소문한 끝에 볼로그다 근처에 있는 이그나티우스의 은둔처를 알아냈다. 황제는 즉시 수도로 돌아오라고 명령했다. 이그나티우스는 26세의 젊은 나이에 갑자기 수도원장의 지위로 승진하여, 세인트 피터스부르그에 있는 성 세르기우스 수도원의 수도원장으로 임명되었다. 이 수도원은 왕궁에서 멀지 않은 곳에 있었으며, 황실의 후원을 받았다. 니콜라스는 이그나티우스에게 그 수도원을 하나의 모범적 공동체로 만들어 황실을 방문하는 사람들이 거기에 들어가 진정한 수도원이 어떤 것인지 배울 수 있게 하라고 했다. 그리하여 대수도원장 이그나티우스는 큰 수도원의 장상으로서 여러 가지 의무 외에 외부 세상에서 온 방문객들까지도 받아들여야 했는데, 그들 중에는 러시아인들은 물론 외국인들까지도 있었다. 옥스퍼드의 막달레인 단과대학의 회원인 윌리엄 팔머 William Palmer 는 『1840-1841년 러시아교회 방문에 대한 기록』2)에서 이그나티우스와의 만남을 흥미롭게 기록했다.

물론 이것은 저자가 1831년 수도서원을 할 때 예견했던 삶은 아니었다. 그러나 그는 수도원장으로서의 새로운 임무를 성실히 수행했다. 성 세르기우스 수도원장으로서 24년간 일한 뒤 1857년에 감독으로 승진하여 스타프로폴 Stavropol 의 감독으로 봉직했으며, 그 후에는 가프카즈 Kavkaz 의 감독으로 봉직했다. 그러나 4년 뒤, 54세 때에 그는 감독직을 사임하고 코스트로마 Kostroma 관구에 있는 니콜로 바배프스키 Nicolo Babaevsky 수도원에 가게 되었다. 그는 홀로 은거하며 저술하는 일과 자신의 영적 자녀들과의 서신왕래에 모든 시간을 보냈다. 1867년 그는 젊었을 때부터 동경해오던 은수생활 중에 사망하였다.

이그나티우스 감독은 은수생활과 깊은 기도를 사랑했지만, 결코 자기 시대의 세상과 고립되지 않았다. 이 책을 저술할 때에 그는 교부들에 관한 심오한 지식과 다양한 개인적인 경험들을 서술했다. 그는 부유한 집안에서 자랐으며, 군대의 장교로서 충분한 훈련을 받았으며, 청년시절에는 세인트 피터스부르그의 사치스러운 정치적 세계와 자주 접했다. 그리고 말년에도 이러한 사회를

---

2) Notes of a Visit to the Russian Church in the 1840, 1841.

그리스도를 본받아 사는 생활

움직이는 사람들과 교제를 계속했다. 왜냐하면 그는 수도사뿐만 아니라, 러시아 수도에 있는 상류사회 평신도들의 영적 지도자로 활동하고 있었기 때문이다. 그는 25년 동안 수도원 원장으로 있으면서 행정에 대한 폭넓고 실제적인 경험을 쌓았으며, 그 후 그는 수도원의 감독직을 떠나 교구의 감독을 맡았다. 그는 은퇴한 후에도 서신왕래를 통해 다양한 배경을 가진 사람들과의 교제를 계속했다. 이처럼 그의 서적들은 그가 교부들의 전승뿐만 아니라, 당대의 상황과 문제에 대해서 너무나 잘 알고 있었기 때문에 맺어진 결실이다.

이 책은 내면생활, 모든 규칙의 근간이 되는 기초적 원리에 관심을 기울이고 있다. 이 부분은 수도원적 환경에만 국한되지 않고 보편적으로 적용할 수 있다.

저자가 신앙인의 길을 묘사하는데 있어서 주로 의존한 자료는 무엇인가? 가장 으뜸이 되는 근원은 성경이다. 저자는 자주 성경을 인용하였으며, 특히 복음서가 우리의 수덕적 훈련에서 차지하는 비중을 명백하게 강조하였다. 이 책은 "수도사는 수도원에 들어가는 순간부터 거룩한 복음을 가능한 한 주의 깊게 읽는 일에 몰두해야 한다. 수도사는 복음을 열심히 공부하여 항상 외워야 하며, 또 수도사가 취해야 하는 도덕적 행보, 행위, 모든 생각을 위한 복음의 가르침을 암기하고 있어야 한다"는 서언으로 시작된다. 또한 저자는 "우리는 죽을 때까지 복음서 공부를 계속해야 한다"고 했으며, "비록 복음을 암기한다고 해도 그것으로 충분히 알고 있다고 생각하지 말라"고도 했다.

저자는 이 책에 실린 거룩한 가르침은 전적으로 거룩한 교부들에게서 취한 것이라고 주장했다. 그는 특히 두 사람의 교부, 요한 클리마쿠스 St. John Climacus; c. 579-649 와 시리아의 성 이삭 St. Isaac the Syrian 을 인용했다. 요한 클리마쿠스는 공동체의 수도사들을 위해 저술했으며, 시리아의 이삭은 주로 은수사들을 위해 저술했다. 그러므로 이들 두 사람의 글들은 공주수도사와 은수사들 간의 수덕적이면서 사도적인 생활에 대한 균형을 이룬다. 저자는 또한 6세기에 팔레스타인에 살았던 두 사람의 금욕고행자 바르사누피우스와 난장이 존의 『대답』Answer 도 자주 인용했다. 『대답』Answer은 때로는 공동체 내의 수도사들을 대상으로 하며, 그들의 가르침에서 사막과 도시를 동일한 것으로 이해한다.

저자는 이러한 주된 원천들과 함께 수도생활의 교과서라고 할 수 있는 *The Paterikon*, 또는 『사막 교부들의 금언』 *Sayings of the Desert Fathers*도 많이 인용했다. 이 책은 서방세계에는 *Apophthegmata Patrum*3)이라는 제목으로 알려져 있다. 이 책은 짧은 일화와 담화의 모음집으로서 매우 단순하면서도 생동감이 있으며, 책 속에 소개된 모든 일화들은 실제적이면서 영성적 삶의 핵심을 안내한다. 또한 이 책은 수덕적 심리학서로서 전무후무한 금언집이다. 『사막 교부들의 금언』의 대부분은 4-5세기의 이집트, 특히 초대 수도원의 중심지였던 스케테Sketis에서 일어난 일들이다. 이 책의 저자는 『금언』의 가치를 너무나 잘 알고 있었기 때문에 초대 수도원의 전승과 가르침으로 돌아가기를 갈망했다, 이 책에서 가장 순수한 형태로 초대 수도사들의 정신을 알 수 있다. 이 책에는 마카리우스Macarius, 아르세니우스Arenius, 포에멘Poemen, 모세Moses, 존 콜로보사, 시소에스Sisoes 등 사막 교부들에 대한 이야기들이 들어 있다. 이것들은 모두 『사막 교부들의 금언』에서 인용된 것들이다.

저자는 수도운동의 초기 시대의 인물들, 예를 들면 은수생활의 선구자 성 안토니(251-356), 최초의 공주수도원을 설립한 파코미우스Pachomius: 286-346 등의 금언들을 인용하였다. 그리고 후기 헬라 수도원의 지도자인 스투디움Studium 의 성 테오도레St. Theodore: 759-826와 신 신학자 시므온St. Someon the New Thelogian: 949-1022 의 글도 인용하였다. 그리고 14세기의 인물로서는 시나이의 성 그레고리St. Gregory of Sinai, 칼리스투스Kallistus, 크산토포울Xanthopoulos 등을 언급하였다. 또 러

---

3) 『사막 교부들의 금언』은 주제별로 된 것과, 교부들의 이름을 알파벳 순서로 편집한 것이 있다. 국내 번역서로서 분도 출판사의 『주제별 금언집』이 있으며 알파벳 순으로 편집한 금언집은 은성출판사에서 역간하였다(역자 주).

시아의 영성 작가인 닐 소르스키St. Nile Sorsky; c. 1433-1508와 보르네즈의 티콘St. Tichon of Vornezh; 1724-1783 등을 언급하였다. 그러나 그는 지나간 과거의 전승들뿐 아니라, 지금도 살아 계시며 역사하시는 실재자를 의지했다. 그러므로 저자가 개인적으로 잘 알고 있는 자기와 동시대인들을 가끔 인용하기도 했는데, 그 중에는 사로프의 세라핌St. Seraphim of Sarov; 1759-1833과 레오니드Leonid; 1768-1841가 있다. 저자는 이처럼 4세기로부터 19세기에 걸친 다양한 자료들을 하나의 통일된 동일체로 엮어 분명하고 건전하고 균형을 이룬 신앙의 길을 제시하였다.

이그니티우스가 이처럼 교부들의 사상을 충실히 언급했다고 해서 독창성이 없이 기계적으로 과거 작가들의 사상과 신조들을 반복한 것은 아니다. 그는 그것이 참되다는 것을 깨달았으므로, 과거로부터 물려받은 풍성한 유산의 관리인으로서 그것을 조금도 해치지 않고 안전한 상태로 신세대에게 전해주려고 노력했다. 그러나 동시에 그는 이 유산들을 개작하고 새롭게 재해석해야 할 필요성을 느끼고, 약간의 조정이 필요하다는 것을 알았다. 기독교(수도원) 생활의 본질은 변화되지 않는다. 따라서 저자는 "환경은 본질적으로 수도원제도에 실질적인 영향을 준다. 이 책에서 나는 우리가 고대 작가들의 저서를 어떻게 이용하며, 또 그것을 어떻게 현대적 상황에 적용시켜야 하는지를 지적하여 적용의 필요성을 인식하거나 깨닫지 못한 사람들이 당할 슬픈 재앙을 막으려 한다…교부들은 자기 시대의 환경과 자신이 저술한 책을 읽게 될 사람들의 처지에 적합한 지침서를 저술했다. 그러므로 19세기나 20세기에 살고 있는 사람은 교부들이 기록한 모든 것을 자신에게 맞도록 조정해야 한다는 것을 의심할 여지가 없다"고 주장했다. 그러므로 이 책은 교부들의 교훈을 새 시대의 필요성에 맞추어 조정하면서 창의적으로 이해하려고 시도한 작품이다.

저자는 자신의 영적 교훈의 출발점 및 기초로서 하나님을 사랑하고 이웃을 사랑하라고 하신 그리스도의 두 가지의 계명을 택했다. "세상의 주님께서는 모든 상세한 명령들을 두 가지 주된 명령으로 요약하셨으니, "예수께서 가라사대 네 마음을 다하고 목숨을 다하고 뜻을 다하여 주 너의 하나님을 사랑하라 하셨으니 이것이 크고 첫째 되는 계명이요 둘째는 그와 같으니 네 이웃을 네 몸과 같이 사랑하라 하셨으니 이 두 계명이 온 율법과 선지자의 강령이니라"(마 22:37-40)는 것이다."

이 사랑의 계명은 수도사와 세상에 있는 신자 모두에게 해당된다. 그러나 이들은 표면적인 삶은 각기 다른 모습을 취하지만, 모두가 자신들의 사랑을 표현하는 것이다. 세상에 사는 신자는 자기 가족에 대한 사랑 속에서, 그 사랑을 통해서, 그리고 이웃에 대한 적극적이고 실제적인 봉사를 통해서 하나님을 향한 믿음을 표현한다. 한편 수도사들은 하나님 사랑으로 인해 자발적으로 가정을 버린다. 때로는 이웃에 대한 직접적인 봉사의 행위를 하는 경우도 있겠지만, 그것이 그들의 주된 사역은 아니다. 그렇다면 수도사는 자신의 사랑을 어떻게 표현하는가? 저자는 "기도를 통하여"라고 대답한다: "기도는 수도사의 주된 노동[4]이어야 한다…기도는 하나님을 향한 수도사의 사랑의 실천적 표현이다." 그것은 또한 수도사의 이웃사랑의 실천적 표현이기도 하다. 수도사는 주로 기도로써 이웃에게 봉사한다. 핀란드 정교회 어느 작가는 "기도는 예술가의 작품과 같다. 예술가는 흙, 물감, 말, 또는 소리로 작업한다. 그는 자기의 능력에 따라 그들에게 내용과 의미를 부여한다. 기도자에게 있어서 재료는 살아있는 인간성이다. 그는 기도로써 그것을 조각하여 내용과 아름다움을 부여하는데, 첫째는 자신을 위해서이며, 그 다음은 많은 이웃을 위해서이다"라고 말했다.

저자는 이러한 기초에서 출발하여 그리스도 안에 있는 모든 생활의 근원인 기도의 노동을 더욱 상세하게 다룬다. 그는 특히 그리스 정교회 영성에 있어서

---

[4] 일반적으로 노동이란 육신의 노동을 말하지만, 하나님을 위한 모든 행위를 포함한다. 기도를 하나님의 노동이라고 할 때는 *Opus Dei* 즉, 하나님의 일이라고 한다. 이를 두고 성무일과 (Daily Office)라고 한다.

그리스도를 본받아 사는 생활

중요한 위치를 차지하고 있는 특별한 형태의 예수기도[5])에 대해서 언급한다. 비록 이 기도는 매우 짧고 간단하지만 거룩한 묵상의 깊은 신비로 인도한다. 예수기도를 신중히 규칙적으로 드리는 사람의 마음 안에서 점차 예수기도의 리듬이 형성된다. 예수의 이름을 앞에 두고 잠자며, 아침에 일어나서 떠올리는 처음 생각, 처음의 말, 처음의 행동도 역시 이 거룩한 이름을 부르는 것이다. 그는 다른 일을 하는 동안에도 계속 예수기도를 드리며 하루 종일 예수기도를 바친다. 그리하여 그것은 쉬지 않는 기도[6])로 발전하며, 결국 그의 영적 힘을 재건하며, 하나님의 형상과 모습을 온전히 회복하게 된다.

예수기도는 숙련된 영적 지도자의 지도하에서 실천해야 한다. 그러나 저자는 이러한 영적 지도자들을 찾기란 어렵다는 것을 알고 있었다. 생존해 있는 영적 지도자가 없을 때에는 책을 읽어야 한다. 그래서 저자는 이 기도를 가장 잘 드릴 수 있는 방법에 대해서 특별하고 실제적인 지침을 마련했다. 이 책에 실린 그의 조언은 세상에 있는 신자들에게 특별히 귀한 것이 될 것이다. 특히 세상에서 사는 평신도들은 자질을 갖춘 영적 지도자를 찾는 것이 수도사들보다 더 어렵기 때문이다. 저자는 수도사들을 염두에 두고 예수기도를 설명하고 있지만, 이 기도가 평신도들에게도 매우 적합하고 유익함을 강조하고 있다. 예수기도는 매우 짧고 단순하기 때문에, 특히 많은 일로 인해 정신이 산만하며 쉴 새 없이 다망하게 살고 있는 사람들, 그리고 더욱 복잡한 기도를 드리는데 필요한 정적과 기억력이 부족한 세상 사람들에게 적합하다. 실제로 지난 35년 동안 정교회는 물론 정교회에 속하지 않는 평신도들까지도 이 예수기도를 계속 해오고 있다.

---

5) 예수기도는 많은 형태가 있지만, 삼위 중 제2위인 예수의 이름으로 기도하는 짧은 문장이면 모두 예수기도라고 할 수 있을 정도이다. 그 중에 가장 대표적이라고 할 수 있는 기도의 형태는 "주 예수 그리스도 하나님의 아들이시여, 죄인인 저를 불쌍히 여기소서"이다. 처음 문장은 들숨에 싣고, 뒤의 문장은 날숨에 싣고 기도함으로써 쉬지 않는 기도를 실천할 수 있다.
6) "쉬지 말고 기도하라"(살전 5:17)

저자는 예수기도에 관한 지침들을 비교적 쉽게 이해할 수 있도록 설명하고 있다. 그러나 이 지침을 실천하는 것은 평생의 일이다. 영적 지도자로서 오랜 경험이 있었던 저자는 이것을 너무나 잘 알고 있었다. 그는 그리스도의 용사들이 참가하고 있는 경기는 우연하고 하찮은 것이 아니라, 확고한 결단과 겸손한 인내를 요구하는 것임을 알고 있었다. 이런 까닭에 동서양을 막론하고 모든 시대의 작가들이 거듭 기독교인의 삶을 투쟁과 전투라고 표현하는 것이다. 그런 까닭에 이 책의 원서 제목을 『원형경기장』 *Arena* 이라고 했다.

우리들의 내면에 있는 짐승들은 쉽게 포박하거나 굴복시킬 수 없다. 우리가 그리스도의 명령들을 진지하게 적용하려 하거나, 신령과 진정으로 기도하려는 순간, 우리의 타락한 본성은 우리에게 포악한 전쟁을 선포한다. 그리고 이 전쟁에서 타락한 본성은 우리를 포위하고 있는 악마의 세력에게서 강력한 도움을 받게 된다. 사도 바울은 "우리의 씨름은 혈과 육에 대한 것이 아니요 정사와 권세와 이 어두움의 세상 주관자들과 하늘에 있는 악의 영들에게 대함이라"(엡 6:12)고 했다. 이는 저자의 확신이기도 했다. 그러므로 그는 이 책의 많은 부분을 악한 영들과 마귀의 세력을 대적한 싸움에 관한 것에 할애했다.

저자는 타락한 인간 본성의 연약함, 그리고 우리를 대적하려고 진을 치고 있는 악한 세력이 매우 강하다는 것을 잘 알고 있었기 때문에, 전투의 가혹함과 엄숙함과 금욕생활에 대한 기록도 소개하고 있다. 이것들은 처음 대할 때는 약간 억압적인 것으로 보인다. 저자는 생명으로 인도하는 길은 "좁고 슬픈" 길이라고 한다. 애통과 고난은 주님께서 친히 이 세상에 사는 당신의 참된 종과 하인들을 위해 명하신 것이다. 이것은 모든 기독교인들에게 적용되는 진리이며, 특히 수도사들에게 더욱 그러하다. 왜냐하면 수도생활은 엄격한 의미에서 눈에 보이지 않는 순교이기 때문이다.

저자는 역사적으로 수도원과 교회가 한결같이 타락하고 있다는 사실, 훌륭한 초대교회의 정신으로부터 타락하고 있다는 슬픈 사실을 확인하고 있다: "고대 수도사들이 실천한 수도자적 순종은 형태와 특성에 있어서 고귀하고 신령한 비밀이었다. 오늘을 사는 우리들로서는 그러한 삶을 살고 완전히 모방한다는 것은 불가능하다. 오늘 우리는 전반적인 기독교 정신의 쇠퇴를 보고 있음." 우리는 다만 "교부들의 신령한 식탁에서 떨어진 부스러기"라도 먹기를 소망할 뿐이다. 저자는 특히 자기 시대에 은수사들이 매우 드물었다는 사실을 안타까워했으며, 진실로 신령한 통찰력을 지닌 진정한 영적 지도자의 부재를 개탄했다.

이처럼 이 책은 매우 금욕적인 저작이지만, 결코 절망이나 패배주의의 책이 아니다. 저자는 비록 어렵지만 믿음의 길은 궁극적인 기쁨과 즐거움의 길이라고 굳게 확신하고 있다. 수도사나 평신도가 회개와 고난의 소명을 받는다고 해도, 그의 슬픔은 동시에 기쁨과 연결되어있다. 요한 클리마쿠스 St. John Climacus 는 "우리들의 슬픔은 기쁨을 이루는 슬픔이다"고 했다. 클리마쿠스는 그것을 "애통과 슬픔에는 기쁨과 즐거움이 포함되어 있는데, 그것은 마치 벌집에 꿀이 들어있는 것과 같다"라고 요약했다. 마카리우스(4-5세기)의 설교집[7])에는 다음과 같은 말이 있다: "기독교인들은 영적 위로를 소유하는 바, 그것은 눈물과 애통과 비탄이다. 바로의 눈물이 그들의 기쁨이다…영의 은사를 맛본 사람들은 기쁨, 위안, 두려움, 떨림, 환희, 애통 등을 모두 한꺼번에 느낀다."

이처럼 모든 신자들의 경험은 이중적인 특성을 지닌다. 우리는 그리스도와 함께 십자가에 달림으로써 동시에 그의 부활의 승리에도 동참한다. 이 책의 저자는 우리 주님과 함께 십자가에 달리고자 하는 사람들에게 요구되는 희생을 과소평가하지 않는다. 동시에 비록 그다지 분명하게 언급하지는 않았지만 그들에게 참예하는 부활한 생명의 기쁨도 역시 간과하지 않는다.

---

7) At. Macarius, *Fifty Spiritual Homilies* 참조하라. 역서로는 역자 이후정, 『마카리우스의 신령한 설교』 (서울, 은성출판사, 1993)을 참조하라.

서론

저자는 "무릇 자기를 높이는 자는 낮아지고 자기를 낮추는 자는 높아지리라 하시니라"(눅18:14)는 성경말씀을 인용하면서 온전한 경고의 기도로 이 책을 마감하려 했다. 이것이 전형적인 그의 접근방식이다. 그러나 그의 『선물』 *offering*은 여기에 그치지 않는다. 그는 그 뒤에 이어지는 결론 속에서 "깊도다 하나님의 지혜와 지식의 부요함이여, 그의 판단은 측량치 못할 것이며 그의 길은 찾지 못할 것이로다"(롬11:33)라는 사도 바울의 말씀을 인용하였다. 이 책은 기쁨과 감사의 외침으로 끝난다.

신학자 성 요한의 수도원, 밧모
칼리스토스 대수도원장

저자 서언

이제 나는 세상순례의 종착점에 와 있다. 그러므로 하나님의 오른손으로 내게 풍성히 베풀어 주셨던 신령한 축복의 유산을 집필하는 것이 내 의무라 생각한다. 내가 말하는 "유산"이란 영혼을 구원하는 교훈을 의미한다. 이러한 교훈들을 실천하는 사람들은 영적인 보화를 소유하게 될 것이다. 나는 내 사랑하는 사제들과 형제들 즉, 우리 시대의 수도사들에게 이 유산을 선물로 제공한다. 영적인 재산, 혹은 보화는 수도생활을 의미하는 바, 나는 어린 시절에 말로 표현할 수 없는 자비하심과 놀라운 부르심에 의해 그것으로의 부르심을 받았다. 하나님께서는 내 일생을 헛되고 타락한 것에 재물로 바치는 것을 허락하시지 않으셨다. 나는 영원한 사망으로 인도하는 넓은 길에서 낚아채어져 생명으로 인도하는 좁고 슬픈 길에 놓여졌다. 좁은 길은 매우 깊은 의미를 가지고 있다. 그것은 세상에서 솟아올라 헛된 어두움의 밖으로 이어지며 하늘로 인도한다. 그것은 낙원, 하나님에게로 이어지며, 사람은 끝없는 영원한 행복의 빛 속에서 하나님의 얼굴을 대면하게 한다. 가능한 한 많은 사람들의 욕구를 충족시키기 위해서는 이 유산을 한 권의 책 안에 표현해야 한다. 이 책은 나의 신비적 고백이라고 해도 좋을 것이다.

독자들이 내 신앙고백을 주의 깊게, 그리고 기독교적인 관대함으로서 받아주기를 바란다. 독자들은 그것이 그만한 가치가 있음을 발견할 것이다. 내가 제공하는 가르침은 완전히 내 자신의 것으로 소화시킨 복음의 교훈을 이론적으로, 그리고 경험으로 알고 있는 정교회의 거룩한 교부들의 가르침에서 취한 것이다. 내게 명령하거나 생략한 죄—교부들의 가르침을 군건하고 확고부동하게 따르지 못한 일, 나에게 신령한 교사가 부족했던 일, 맹목적이며 자기기만에 빠진 지도자들에게 자주 의지한 것, 내가 사방에서 최고의 지혜이며 거룩한 것으로 여겼지만 어두움과 악한 것에 불과하며 멸시와 거절을 당해야 하는 가르침에 주의를 기울인 일—이 모든 것은 내게 있어 많은 격변의 원인들이었다.

내가 겪은 격변들은 쓰리고 가혹하고 잔인했으며, 완강하고 피로할 정도로 오랫동안 지속되었다. 양심의 심판 속에서 겪은 표면적인 격변들은 내 영혼이 겪은 격변과 비교하면 아무 것도 아니었다. 인생이라는 바다의 파도는 참으로 사나왔다. 그곳은 음울함과 어두움이 지배하고 있었으며, 버림받은 영혼들과 함께 사나운 폭풍이 끊임없이 일고 있었다. 배들은 선장을 잃고, 안전한 항구는 죽음의 심연으로 변하며, "각 산과 섬이 제 자리에서 옮기우며"(계 6:14), 파선 당할 수밖에 없는 것처럼 보였다. 만일 하나님께서 신비로운 하나님의 섭리와 자비를 택한 자들을 구원하시지 않는다면, 파멸은 피할 수 없는 것처럼 보였다.

나의 내면이나 외면에서 진정한 항구를 찾지 못하고 "내가 화평을 미워하는 자와 함께 오래 거하였도다"(시 120:6). "내가 설 곳이 없는 깊은 수렁에 빠지며 깊은 물에 들어가니 큰 물이 내게 넘치나이다 내가 부르짖음으로 피곤하여 내 목이 마르며 내 하나님을 바람으로 내 눈이 쇠하였나이다"(시 69-2,3). "원수가 내 영혼을 핍박하며 내 생명을 땅에 엎어서 나로 죽은지

오랜 자 같이 흑암한 곳에 거하게 하였나이다"(시 143:3). "나는 물같이 쏟아졌으며 내 모든 뼈는 어그러졌으며 내 마음은 촛밀 같아서 내 속에서 녹았으며 내 힘이 말라 질그릇 조각 같고 내 혀가 잇틀에 붙었나이다 주께서 또 나를 사망의 진토에 두셨나이다"(시 22:14,15). "사망의 줄이 나를 얽고 불의의 창수가 나를 두렵게 하였으며 음부의 줄이 나를 두르고 사망의 올무가 내게 이르렀도다"(시 18:4,5). "그러므로 내 심령이 속에서 상하며 내 마음이 속에서 참담하니이다"(시 143:4).

이러한 상황에서 나는 사랑하는 형제들에게 긴급한 경고를 보내는 바이다. 이것은 길고 힘난한 여행에서 가혹한 역경을 겪은 여행자가 보내는 경고이다. 이 기록은 자기와 유사한 여행을 하려는 사람, 또는 길도 알지 못하거나 피상적인 지식만을 가지고 여행을 이미 떠난 사람들에게 전하는 보물이 될 것이다. 이 책에서 말하는 변화란 수도생활의 본질이 변해서가 아니라, 환경의 변화로 기인된 것을 말한다. 그러나 환경이란 수도생활의 본질에 실제로 많은 영향을 미친다. 이 책에서 나는 옛날 사람들의 저작물을 어떻게 이용하며, 또 현대의 상황에 어떻게 적용해야 하는지를 지적했다. 그래야 수정과 적용의 필요성을 인식하거나 깨닫지 못하는 사람들의 슬픈 재앙을 피할 수 있기 때문이다.

『사다리』의 저자 요한 클리마쿠스는 "늪지대를 건너는 사람은 진흙 속에 빠진다. 그러나 그들은 흙으로 덮여 있는 그 길을 가는 사람들에게 자신이 거기에 빠지게 된 경위를 말해 줌으로써, 그들의 구원을 돕는 일을 한다. 그러면 전능자께서 이웃의 구원을 위해 경고해준 사람들을 낙심의 늪에서 주원해주신다"고 했다.

"네 발의 행할 첩경을 평탄케 하며 네 모든 길을 든든히 하라 우편으로나 좌편으로나 치우치지 말고 네 발을 악에서 떠나게 하라"(잠

그리스도를 본받아 사는 생활

4:26-27)

1.
복음의 계명에 순종하는 생활

    수도사는 수도원에 입회하는 순간부터 거룩한 복음서를 읽는 데 전념하며 복음서를 암기할 정도로 연구해야 한다. 그리하여 어떤 행동을 하거나 무슨 생각을 할 때에나 언제나 복음서의 교훈을 기억해야 한다. 그것은 주님께서 친히 하신 명령이며, 이 명령에는 약속과 경고가 함께 존재한다. 주님은 제자들을 복음을 전파하러 보내시며 말씀하시기를 "그러므로 너희는 가서 모든 족속으로 제자를 삼아 아버지와 아들과 성령의 이름으로 세례를 주고 내가 너희에게 분부한 모든 것을 가르쳐 지키게 하라 볼찌어다 내가 세상 끝날까지 너희와 항상 함께 있으리라 하시니라"(마 28:19-20)고 하셨다.

    이 약속은 복음의 계명을 그대로 실행하는 사람은 구원을 받을 뿐만 아니라 하나님과의 합일상태에 들어가게 되며, 거룩한 하나님의 성전이 된다는 것이다. 주님은 말씀하시기를 "나의 계명을 가지고 지키는 자라야 나를 사랑하는 자니 나를 사랑하는 자는 내 아버지께 사랑을 받을 것이요 나도 그를 사랑하여 그에게 나를 나타내리라"(요 14:21)고 하셨다.

이 말씀으로 판단하건대 우리는 복음의 계명을 열심히 공부하여, 그것이 마음의 소유와 재산이 되어야 하며, 그것만이 주님께서 요구하신 대로 계명을 정확하고 건실하게 실행하는 것이다. 주님은 계명을 행하는 자에게 영적으로 자신을 나타내신다. 그분은 신령한 눈과 마음으로 볼 수 있다. 계명을 행하는 사람은 성령으로 인해 변화된 자신 안에서, 그리고 자신의 생각과 감정 안에서 주님을 본다. 결코 감각의 눈으로 주님을 보기를 기대해서는 안 된다. 이것은 "예수께서 대답하여 가라사대 사람이 나를 사랑하면 내 말을 지키리니 내 아버지께서 저를 사랑하실 것이요 우리가 저에게 와서 거처를 저와 함께 하리라"(요 14:23)의 말씀에서 분명히 나타나 있다.

주님은 계명을 지키는 사람의 마음에 오셔서 그의 마음을 성전과 거처로 삼으신다. 이 성전 안에서 하나님을 볼 수 있다. 그분은 육신의 눈이 아니라 영의 눈으로 볼 수 있다. 우리는 영적으로 하나님을 보아야 한다. 초심자는 이것을 이해할 수 없으며 말로 설명할 수도 없다. 그러므로 다만 믿음으로 이 약속을 받아들여야 한다. 장차 때가 되면 그것을 경험하여 깨닫게 되는 복된 순간이 올 것이다.

복음의 계명을 지키기를 게을리 하는 자에게 주는 경고는 하나님에게서 떠나 열매를 맺지 않는 자에 관한 예언이 포함되어 있다. 이것이 바로 멸망이다. 주님이 말씀하시기를 "나는 포도나무요 너희는 가지니 저가 내 안에, 내가 저 안에 있으면 이 사람은 과실을 많이 맺나니 나를 떠나서는 너희가 아무 것도 할 수 없음이라 사람이 내 안에 거하지 아니하면 가지처럼 밖에 버리워 말라지나니 사람들이 이것을 모아다가 불에 던져 사르느니라…아버지께서 나를 사랑하신 것 같이 나도 너희를 사랑하였으니 나의 사랑 안에 거하라 내가 아버지의 계명을 지켜 그의 사랑 안에 거하는 것 같이 너희도 내 계명을 지키면 내 사랑 안에 거하리라"(요 15:5-6, 9-10); "나더러 주여 주여 하는 자마다 천국에 다 들어갈 것이 아니요 다만 하늘에 계신 내 아버지의 뜻대로 행하는 자라야 들어가리라 그 날에 많은 사람이 나더러 이르되 주여 주여 우리가 주의 이름으로 선지자 노릇하며 주의 이름으로 귀신을 쫓아내며 주의 이름으로 많은 권능을 행치 아니하였나이까 하리니 그때에 내가 저희에게 밝히 말하되 내가 너희를 도무지 알지 못하니 불법을 행하는 자들아 내게서 떠나가라 하리라"(마 7:21-23).

교사이시며 주시는 분이시며 겸손의 모범이신 우리 주 예수 그리스도께서는 지극히 거룩하시고 전능하시며 신성한 계명들을 "지극히 작을 것"(마 5:19)이라고 하셨다. 왜냐하면 모든 계층의 사람들, 무식한 사람들까지도 쉽게 이해하여 쉽게 지키게 한 단순한 표현형식이기 때문이다. 그러나 동시에 주님은 하나의 계명이라고 고의로 상습적으로 범하는 사람은 "천국에서 지극히 작다 일컬음"을 받거나, 거룩한 교부의 설명을 따르자면 하늘나라를 빼앗기고 지옥 불에 던지울 것이라고 말씀하셨다.[1]

주님의 계명은 "영이요 생명"이다. 그것은 행하는 자들을 구원해 준다. 그것은 죽은 영혼을 소생케 한다. 그것은 육체적이고 세속적인 사람을 신령한 사람으로 만들어 준다. 그러나 주님의 계명을 소홀히 하는 사람은 자신을 멸망케 하며, 육체적이고 세속적인 상태, 타락한 상태에 머물러 있으면서 그 타락을 심화시킨다. "육에 속한 사람은 하나님의 성령의 일을 받지 아니하나니 저희에게는 미련하게 보임이요 또 깨닫지도 못하나니 이런 일은 영적으로라야 분변함이니라"(고전 2:14). 그러므로 구원을 얻으려면 육에 속한 사람이 신령한 사람으로, 옛 사람이 새 사람으로 되어야 한다. "형제들아 내가 이것을 말하노니 혈과 육은 하나님 나라를 유업으로 받을 수 없고 또한 썩은 것은 썩지 아니한 것을 유업으로 받지 못하느니라"(고전

---

[1] cp. Commentary of Blessed Theophylact the Bulgarian.

15:50). 구원을 얻으려면 육체, 또는 음란한 정욕으로부터 자유함을 얻어야 하며, 뿐만 아니라 영혼에 정욕이 역사하지 못하도록 만드는 수단인 혈血의 영향으로부터 자유함을 얻어야 한다. "하나님에게서 떠나는 자—육체의 위치가 아니라, 영적으로 하나님의 뜻을 행하지 않고 피하는 자"는 멸망할 것이다. 하나님은 자신의 뜻과 지식을 좇음으로서 하나님에게서 떠나는 자들을 멸하신다. 이런 사람들은 반드시 복음의 계명이나 하나님의 뜻을 거부하기 때문이다. 참된 신앙인은 하나님께 매달리며 주님을 의뢰해야 한다.

2.
복음의 계명으로 심판하시는 하나님

장차 하나님께서 신자들을 심판하시어 영원한 운명을 정하시는 심판 날에 우리는 복음의 계명에 의해 심판을 받을 것이다. 신자들은 죽은 직후에 각기 개인적으로 심판을 받으며, 장차 주 예수 그리스도께서 이 땅에 재림하실 때에 모든 인간에 대한 전반적인 심판이 있을 것이다. 이 두 가지 심판 때에 하나님은 친히 재판관으로 임하신다. 개인적인 심판 때에는 빛의 천사들과 타락한 천사들을 도구로 하여 심판하시며, 전반적인 심판 때에는 성육신 하신 말씀을 통하여 심판하신다.[1] 이처럼 심판의 형태가 다른 이유는 명백하다. 인간은 자유의지에 의하여 타락한 천사에게 굴복했다. 따라서 그는 구속의 도움을 받아 그 버림받은 영과의 교제를 파기한 분량에 따라 타락한 천사와의 셈을 청산해야 한다. 전반적인 심판 때에는 타락한 영들, 그리고 그들의 유혹을 받은 사람들은 거룩한 임금 앞에서 범죄한 죄인으로 심판을 받아야 한다. 그 때에 하나님, 그리고 친히 인간의 육신을 입으시고

---

1) 마태복음 25:31-46; 요한복음 5:22-27

우리의 구속을 이루셨으며 모든 타락한 자를 구원받게 하신 말씀이신 하나님께서 타락했으며 회개하여 자신을 정결치 못한 우리 모두를 심판하신다. 이 두 가지 심판에서 우리를 심판할 근거가 되는 선고가 기록된 법이 복음서에 기록되어 있다.

주님은 "나를 저버리고 내 말을 받지 아니하는 자를 심판할 이가 있으니 곧 나의 한 그 말이 마지막 날에 저를 심판하리라 내가 내 자의로 말한 것이 아니요 나를 보내신 아버지께서 나의 말할 것과 이를 것을 친히 명령하여 주셨으니 나는 그의 명령이 영생인줄 아노라 그러므로 나의 이르는 것은 내 아버지께서 내게 말씀하신 그대로 이르노라 하시니라"(요 12:48-50)고 하셨다. 이 말씀으로 판단컨대, 장차 우리는 복음을 기준으로 하여 심판을 받을 것이며, 복음의 계명 지키기를 소홀히 하는 것은 주님을 배척하는 것이다.

우리는 복음의 계명을 행하는 자들이 되어야 할 것이다. 언제 죽음이 우리에게 임할지 알지 못한다. 우리는 전혀 생각하지 못한 때에 갑자기 심판을 받게 될지도 모른다. 복음에 일치하는 생활을 하여 영원한 심판을 대비하는 사람이 복 있을 것이다. 안이하고 부주의하며 제멋대로 행동하며 완고한 사람에게 화 있을 것이다. 사탄과의 교제를 끊지 않는 사람에게 화 있을 것이다. 하나님과의 교제를 시작하지 않는 사람에게 화 있을 것이다. 그러나 하나님과의 교제에 들어갔지만, 다시 그것을 버린 사람에게는 더 큰 화가 있을 것이다!

3.
복음의 계명에 따르는 그리스도인의 삶

옛 수도사들은 복음의 계명과 일치하는 생활을 했다. 『사다리』의 저자 요한John of Ladder은 "수도사는 언제 어디서나 무슨 일을 하든지 온전히 하나님의 계명과 하나님의 말씀의 인도함을 받는 사람"이라고 정의하였다. 파코미우스Pachomius의 밑에서 가르침을 받은 수도사들은 신인神人의 율법을 항상 마음의 눈앞에 두고 더욱 쉽고 확실히 성취하기 위해서, 율법을 영혼에 새기기 위해서 복음서를 암기해야 한다고 했다. 사로프의 성 세라핌Seraphim of Sarov은 "우리는 우리의 심령이 우리의 생활을 인도하고 지배하는 주님의 율법 안에서 헤엄치도록 자신을 훈련해야 한다"라고 했다.

우리는 복음서를 연구하고 그 교훈을 생각과 말과 행동으로 실천함으로써 주님의 계명과 교회의 도덕적 전승을 따르게 된다. 불원간 복음은 그리스도 안에서 영적으로 어린아이와 같은 우리를 성장하게 해 줄 것이며, 우리는 시편 기자가 노래하는 "복 있는 자"가 될 것이다.

복 있는 사람은 악인의 꾀를 좇지 아니하며

죄인의 길에 서지 아니하며
오만한 자의 자리에 앉지 아니하고
오직 여호와의 율법을 즐거워하여
그 율법을 주야로 묵상하는 자로다
저는 시냇가에 심은 나무가 시절을 좇아 과실을 맺으며
그 잎사귀가 마르지 아니함 같으니
그 행사가 다 형통하리로다

(시 1:1-3)

성령은 하나님의 사람, 참된 하나님의 종들을 가르치고 인도하신다.

내 백성이여, 내 교훈을 들으며 내 입의 말에 귀를 기울일지어다 (시 78:1)

4.
복음에 기초를 두지 않는 믿음 생활은 쉽게 무너진다

복음을 탐구하고, 복음의 명령을 실천하는 사람은 반석 위에 세운 집과 같다. 그가 어떤 환경에 처하든지 그에게는 언제나 해야 할 일이 있다.[1] 그는 비록 자신의 활동과 투쟁과 진보를 다른 사람들이 보지 못하고 이해하지 못할지라도, 쉬지 않고 활동하고 분투하며 앞으로 나아간다. 그는 어떤 시련과 환란을 당해도 결코 패배하지 않는다.

주님은 말씀하시기를 "그러므로 누구든지 나의 이 말을 듣고 행하는 자는 그 집을 반석 위에 지은 지혜로운 사람 같으리니 비가 내리고 창수가 나고 바람이 불어 그 집에 부딪히되 무너지지 아니하나니 이는 주초를 반석 위에 놓은 연고요"(마 7:24-25)라고 하셨다. 이 말씀에서 주님은 영혼의 삶과 태도를 집에 비유했다. 이 집은 그리스도의 말씀 안에 있는 무한하고 거룩한 능력으로부터 안정을 얻는다. 그리스도의 계명의 실천을 통해서 영혼이

---

[1] 즉, 그는 언제나 원형경기장 안에 있다. 거기서 그는 언제나 기업을 위해 할 일이 있으며, 거기에 있는 어떤 것으로부터 가치를 얻게 된다.

얻는 힘은 다른 어떤 수단이나 방법을 통해서는 결코 얻을 수 없다. 그리스도의 능력은 계명 안에서 활동한다.

주님은 앞에 인용된 말씀에 이어서 말씀하시기를 "나의 이 말을 듣고 행치 아니하는 자는 그 집을 모래 위에 지은 어리석은 사람 같으리니 비가 내리고 창수가 나고 바람이 불어 그 집에 부딪히매 무너져 그 무너짐이 심하니라"(마 7:26-27)고 하셨다. 육체적인 투쟁이나 일련의 어렵고 훌륭한 금욕적 수행 위에만 기초를 두고, 복음의 계명에는 주의를 기울이지 않는 사람들은 남에게는 그럴듯하고 선하게 보이지만 쉽게 무너지고 만다. 금욕자들이 복음의 계명에 최소한의 주의도 기울이지 않고, 공공연히 멸시하며, 복음의 중요성을 전혀 인식하지 못하며 귀하게 여기지 않는 경우가 비일비재하다. 이러한 금욕주의자들이 뜻하지 않는 시련과 유혹, 또는 예견치 못했던 삶의 변화를 만나게 되면 그들의 신앙은 곧 흔들리고 영적으로 완전히 붕괴할 위기에 처한다. 이를 두고 복음서는 영혼의 집의 "그 무너짐이 심하니라"(마 7:27)고 했다.

깊은 독거생활을 하는 은수사들의 예를 들어보자. 그는 자신의 구원과 성공에 대한 모든 소망을 그 독거생활에 두고 있다. 그런데 갑자기 이 은수사가 독거처를 떠나 사람들 속에서 살아야 하는 처지에 놓였다고 생각해 보라. 그는 복음의 계명에 의해 힘을 얻지 못했으므로, 세상에서 흔히 마주치는 격렬한 유혹에 노출되어 영향을 받을 수밖에 없다. 그는 표면적인 독거 외에는 자신을 보호할 다른 능력을 갖추지 못했다. 그래서 독거처를 벗어나면 그동안 지주 柱로 삼아 온 모든 것들이 다른 표면적인 영향들의 세력에 무너지게 된다. 이 말은 유혹과 분심을 지켜주며 복음의 명령을 실천하고 연구하는 일을 쉽게 해주는 은둔생활을 멸시해서 하는 말이 아니다. 비록 은수사라 할지라도 복음의 연구와 실천에 특별히 주의를 기우려서

4. 복음에 기초를 두지 않는 믿음 생활은 쉽게 무너진다

하나님의 능력이시며 지혜이신 그리스도2)께서 영혼 안에 거하게 해야 한다3)는 의미이다.

진정한 기독교와 신앙생활은 복음의 계명을 실천하는 데 있다. 이러한 실천이 없는 곳에는 표면적으로 아무리 훌륭하다고 해도 참 신앙생활은 존재하지 않는다. "의인이 땅을 차지함이여 거기 영영히 거하리로다"(시 37:29).

성서에서는 겉으로는 의롭지만 잘못투성이인 자신의 뜻을 버리고, 진실로 유일하게 의로우신 하나님의 뜻을 이루기 위해 노력하는 사람들을 의인이라고 했다. 하나님의 의를 이루는 사람만이 땅을 차지할 수 있다. 다시 말해서 자기의 혈과 육, 자신의 마음을 다스리고 지배할 수 있다.

"의인의 입4)은 지혜를 말하고 그 혀는 공의를 이르며 그 마음에는 하나님의 법이 있으니 그 걸음에 실족함이 없으리로다"(시 37: 30-31)

---

2) "오직 부르심을 입은 자들에게는 유대인이나 헬라인이나 그리스도는 하나님의 능력이요 하나님의 지혜니라"(고전 1:24)
3) "예수께서 대답하여 가라사대 사람이 나를 사랑하면 내 말을 지키리니 내 아버지께서 저를 사랑하실 것이요 우리가 저에게 와서 거처를 저와 함께 하리라"(요 14:23).
4) 영혼의 입(the mouth of soul)은 눈이다. 음식이 입으로 들어가듯이, 지식은 눈을 통해서 영혼으로 들어간다.

5.
죄와 유혹으로부터 자신을 지키는 일

우리는 복음의 계명 위에 삶의 기초를 두어야 하며, 동시에 가능한 한 죄의 유인誘因을 멀리 하기 위하여 수도원을 거처로 선택해야 한다. 우리는 연약하여 죄로 말미암아 타락해 있다. 그러므로 우리의 눈앞에, 우리 가까이 죄의 유인이 있게 되면, 그것은 반드시 우리의 악한 본성과 공명을 일으켜서 우리에게 영향을 끼칠 것이다. 처음에는 이 영향이 미미하여 눈에 보이지 않지만, 점차 내면에서 성장하고 발달하여 결국 우리들을 지배하고 지옥문까지 끌고 갈 것이다. 때로는 이런 영향력이 급히 신속하게 활동하여 유혹을 받은 사람에게 반성하거나 생각할 시간을 주지 않는 경우도 있다. 그런 사람은 갑자기 마음이 어두워지고 마음의 경향이 변하여 시간이 흐를수록 버림을 받고 타락해간다.

사부 푀멘St. Poemen이 말했다: "죄의 원인들을 피하는 것이 좋다. 죄의 유인 가까이 있는 사람은 벼랑 끝에 서 있는 사람과 같아서 원수가 원하기만 하면 언제라도 넘어지게 할 수 있다. 그러나 육체적으로 죄의 유인으로부터 멀리

5. 죄와 유혹으로부터 자신을 지키는 일

하는 사람은 벼랑 끝에서부터 멀리 떨어져 있는 것처럼 안전하다. 원수가 우리를 절벽 끝으로 끌고 가더라도, 끌려가는 동안 저항할 수 있으며, 그러는 동안 하나님께서 우리를 도와주실 것이다."5)

죄의 원인이나 유인으로 술, 여인, 재산, 지나친 건강, 지위, 군세, 명예, 명성 등을 들 수 있다. 시리아의 성 이삭St. Isaac은 "이것들 자체로는 죄가 아니다. 그러나 우리는 연약하고, 또 우리들의 본성은 그것들에 끌려 쉽게 여러 가지 죄에 빠지게 되므로 특별히 주의를 기울여야 한다"6)고 했다.

교부들은 수도생활을 지원하는 사람들이 세상 사람들이 보는 기준으로 유명한 수도원을 선택하는 것을 금했다. 수도원 전체에 감도는 허영심은 그 수도원에 속한 모든 수도사들에게 영향을 주게 마련이다. 같은 공동체에 속한 모든 형제들은 그들이 속한 수도원의 물질적 특권을 누리고 있거나 우수하다는 평을 듣는 이유로, 그리고 수도원의 규칙에 특별한 경건함이 깃들어 있다는 이유로 평신도들에게서 좋은 평판을 받을 때 수도사들의 마음 속에는 허영심이 일어날 수 있다. 이러한 마음으로 인해 다른 공동체에 소속된 형제들을 멸시하는 교만한 마음이 일어난다. 이러한 교만은 이웃을 향한 사랑과 겸손에 기초를 둔 신앙생활에 있어서 정진하고 성장하는 데 해가 된다.

어떤 작은 죄의 유인이 부지불식간에 조금씩 작용하여 결국 우리를 정복하고, 끝내 타락하게 만든 이야기가 있다.

"이집트 스케테에 어느 장로가 중한 병이 들어 형제들의 보살핌을 받고 있었다. 그는 형제들이 자기를 위해 수고하는 것을 본 후 형제들에게 누를

---

5) 『사막교부들의 금언』 (*Alphabetical Patrology*; 은성출판사).
6) Chapter V of English Translation.

끼치지 않기 위해 도시 가까이로 옮기려는 생각을 품었다. 사부 모세Abba Moses는 그에게 "도시로 가지 마십시오. 자칫하면 간음죄에 빠질 위험이 있습니다"라고 말했다. 이 말을 들은 장로는 깜짝 놀라면서 기분이 상해서 그에게 대답했다. "내 육신은 이미 죽은 것이나 마찬가지인데 어찌 그런 말을 하시는지요?" 그는 사부 모세의 말을 듣지 않고 세상 마을 근처로 거처를 옮겼다. 그 지방 주민들이 그의 소문을 듣고 무리를 지어 그를 만나러 오기 시작했다. 그리고 어떤 젊은 처녀가 그를 찾아와 그의 시중을 들어주었다. 그 처녀는 병에 걸려 있었는데, 치유의 은사를 가진 장로는 그녀의 병을 고쳐주었다. 그런데 얼마 후 그는 그 처녀와 함께 타락하였고, 결국 그 처녀는 임신을 하게 되었다. 그곳 사람들은 그녀에게 누구로 인해 임신을 하게 되었느냐고 묻자, 그 처녀는 장로라고 고백했다. 그러나 사람들은 처녀의 말을 듣지 않았다. 그러나 장로는 "내가 그렇게 만들었습니다. 그러나 장차 태어날 아이는 내가 책임을 지겠습니다"라고 했다. 그 후 아이는 태어났고 어머니 품에서 자랐다. 어느 축일을 맞은 장로는 아이를 어깨에 메고 형제들이 모여 있는 수도원 예배당 안으로 들어갔다. 형제들은 그를 보고서 눈물을 흘렸다. 그는 형제들에게 "여러분, 이 아이를 보십시오. 이 아이는 불순종의 아들입니다"라고 말했다. 그런 후 장로는 전에 자기가 사용하던 독거처로 돌아가 하나님께 회개하는 생활을 다시 시작했다."7)

 수도사가 죄의 유인을 직접 대면할 때 유혹의 역사는 이렇게 크다. 병고치는 은사도 그가 간음죄에 빠지는 것을 막지는 못했다. 늙고 병들었을 때 오랜 수도원에서의 고행으로 말미암아 죄에 대해서 거의 죽었던 육체였지만, 끊임없는 유혹의 활동에 굴복하여 그의 육신은 다시 살아났던 것이다.

---

7) *St. John Cassian, 1st Conference on Discretion.*

5. 죄와 유혹으로부터 자신을 지키는 일

　죄의 유인은 부단히 우리들에게 작용하여 그의 마음을 어둡게 하고 심령은 옳은 길에서 벗어나게 하며 죄 속에 꺼꾸러뜨린다는 본보기로 어느 교회의 이야기가 있다.

　"어느 마을의 주교가 병이 들어 사람들은 모두 그가 소생하지 못할 것이라고 생각했다. 마침 그 마을에는 간호를 맡아 줄 수녀원이 있었는데, 그 수녀원장은 주교가 중병에 들었다는 소식을 듣고 두 자매와 함께 그를 방문하였다. 그녀가 주교와 함께 이야기하고 있는 동안 감독의 발치에 서 있던 수녀가 손으로 그의 발을 만졌다. 순간 이 병든 주교에게 무서운 정욕이 일어났다. 정욕이란 참으로 교활하다. 그는 수녀원장에게 자기의 하인이 자기를 만족하게 보살펴주지 못한다는 구실을 대며, 그 수녀가 자신을 보살피게 해달라고 청했다. 이 요청을 받은 수녀원장은 전혀 이상하게 여기지 않고, 그 수녀만 남겨두고 떠났다. 주교는 마귀의 활동에 의해 새로운 힘이 치솟는 경험을 했으며, 결국 그 수녀는 임신하게 되었다. 그 후 주교는 자기의 관구를 떠나 수도원으로 들어가 회개하면서 일생을 보냈다. 하나님께서는 이 참회자에게 기적을 행하는 은사를 주심으로써, 그의 회개를 받아들이셨다는 증거를 주셨다."[8]

　우리는 이렇게 연약하고, 이처럼 우유부단하다. 반면에 우리에게 작용하는 죄의 유인의 힘은 매우 강하다. 그것들은 거룩한 선지자, 감독, 순교자, 은수사들까지도 타락하게 만든다. 그러므로 연약하고 정욕적인 우리는 모든 예방조처를 취해야 하며, 그러한 유인들의 영향을 받지 않도록 자신을 지켜야 한다. 수도사들의 내면에 있는 정욕은 굶주려있다. 만일 그것들을 경계하지 않고 내버려둔다면, 사슬이 풀린 맹수처럼 사납게 자신의 욕망의 대상을 공격할 것이다.

---

8) 『사막교부들의 금언』 (*Alphabetical Patrology*).

6.
침묵과 독거보다 세상에서 하나님을 기쁘게 하는 생활이 선행되어야 한다

처음 수도생활을 시작하는 사람들에게는 공주수도원이 적합하다. 왜냐하면 공주수도원은 복음의 계명을 실천할 넓은 영역을 제공하기 때문이다. 그러나 만일 나라로부터 지원을 받는 가난한 수도원에 들어갔다고 해도 낙심하지 말며, 정당한 이유 없이 그곳을 떠나지 말라. 나라에서 보조를 받든 그것에 상관하지 말고, 복음의 계명에 의해 자신을 수련하고 교육하며 순화하기 위해 노력하라.

우리들에게는 먼저 영적 활동과 육체적 활동이 혼합되어 있는 인간 세상에서 계명을 실천함으로써 자신을 연단해야 한다는 일반적인 규칙이 있다. 그리하여 거기에서 충분한 진보를 이룩하여 침묵과 독거생활에 적응할 능력이 있다는 것이 입증되면, 침묵과 독거 속에서 영적 활동에 전념해도 좋다. 초심자는 대체로 순수한 영적 활동을 감당하지 못할 것이다. 우리는 영적 활동에 의해 영의 세계로 들어간다. 그러므로 노련한 수도사들이 은거하

6. 침묵과 독거보다 세상에서 하나님을 기쁘게 하는 생활이 선행되어야 한다

여 독거생활을 한다. 영의 세계에서 초신자를 처음 맞이하는 것은 타락의 영들이다. 왜냐하면 그는 타락 때문에 영적으로 그들의 무리에 속해 있기 때문이다. 그는 타락한 영들과의 교제를 배척하고 주님께서 값없이 은사로 주신 하나님과의 교제를 받아들임으로써, 자신의 자유의지와 영혼의 태도가 선한 방향을 지향하고 있음을 증명해야 한다.

영들은 충분한 경험이나 준비 없이 싸움에 임하는 영혼을 쉽게 낙심시키고 패배시킨다.[1] 인간 사회에서 계명을 실천하고 지키는 사람들은 타락한 인간본성과 타락한 영들의 본성을 명쾌하고 정확하게 경험하여 알게 한다. 인간이 하나님을 대적하며 지옥에 떨어질 운명에 놓인 버림받은 피조물로 타락한 영들과 같은 범주에 속하게 되고, 그들과 교제하게 된 것은 바로 타락 때문이다.

거룩한 교부들은 "진실로 구원받기를 원하는 사람은 먼저 사람들과 함께 살면서 괴로움, 멸시, 궁핍, 굴욕 등을 참고 겪으면서 자신의 감정과 감각의 영향에서 해방되어야 한다. 그 후에 완전한 독거와 침묵으로 들어갈 수 있다. 우리 주 예수 그리스도께서도 친히 이것을 증명하셨다. 주님은 이 모든 일을 겪으신 뒤에 거룩한 십자가에 달리셨으니, 그것은 육체의 정욕의 억제, 그리고 거룩하고 완전한 평화를 의미한다"[2]고 했다.

그러므로 만일 복음의 계명을 연구하고 실천하는데 전념한다면 우리가 처해 있는 곳이 어느 곳이든 성공할 수 있을 것이다. 반면에 복음의 계명의 연구와 실천을 등한히 한다면, 어디를 가든지 성공하지 못하고 신령한 것을 이해하지도 못할 것이며, 언제나 자기기만과 영적 무질서와 혼돈의 상태에

---

1) St. Nile Sorsky. 영어판 G. P. Fedotov, *A Treasury of Russian Spirituality*, London 1950, pp. 130-132를 보라.
2) *Direction for the Spiritual Life*, by St. Barsanuphius the Great & St. John the Prophet.

머물 것이다.

    그러므로 생을 마치는 순간까지 복음을 연구하기를 그치지 말라. 복음을 암송하는 것으로 충분하다고 생각하지 말라. 주님의 계명은 몇 마디로 표현되어 있지만, 그 숨은 뜻은 매우 광대하다.3) 주님이 무한하시듯이 주님께서 말씀하신 계명도 무한하며, 계명의 실천과 그 안에서의 발전 또한 무한하다. 하나님의 은혜로 온전함의 경지에 이른 온전한 기독교인일지라도 복음의 계명에 관한 한 여전히 불완전한 상태에 머물러 있다.

---

3) "내가 보니 모든 완전한 것이 다 끝이 있어도 주의 계명은 심히 넓으니이다"(시 119:96)

7.
타락한 인간본성의 적합한 선에서 자신을 지켜라

내면에서 어떤 선한 생각이 떠오르면, 멈추라. 무슨 일이든지 생각해 보지도 않고 성급하게 행하거나 무모하게 이루려 하지 말라. 마음에 선한 충동이나 호감을 느끼게 되면, 멈추라. 그것에 끌려가지 말라. 그것을 복음에 비추어 검토하라. 자신의 선한 생각이나, 선한 충동이 주님의 거룩한 가르침에 일치하는지 살펴보라.

우리는 타락한 인간본성의 선과 일치하지 않는다는 것을 깨닫게 될 것이다. 타락한 본성의 선에는 악이 섞여 있다. 맛있고 좋은 음식에 독이 섞이면 그 음식 자체가 독이 되듯이, 타락한 본성의 선도 저절로 악이 된다.

타락한 본성의 선을 행하지 않도록 조심하여 자신을 지키라. 이 선을 행함으로써 우리의 타락을 발전시키며, 완고함과 교만을 발전시키며, 악마와 비슷하게 닮아가게 될 것이다. 반면에 신인神人이신 그리스도의 참되고 신실한 제자로서 복음의 선을 행하면, 우리는 신인을 닮을 것이다.

"자기 생명을 사랑하는 자는 잃어버릴 것이요 이 세상에서 자기 생명을 미워하는 자는 영생하도록 보존하리라"(요 12:25).

"무리와 제자들을 불러 이르시되 아무든지 나를 따라 오려거든 자기를 부인하고 자기 십자가를 지고 나를 좇을 것이니라 누구든지 제 목숨을 구원코자 하면 잃을 것이요 누구든지 나와 복음을 위하여 제 목숨을 잃으면 구원하리라"(막 8:34,35).

주님은 명백한 악뿐만 아니라 외관상으로는 선한 것까지도 포함하여 타락한 본성의 동기와 충동을 미워하고 부인하라고 명령하셨다. 타락한 본성의 의를 좇는 것은 큰 화이다. 이것은 복음을 배척하고, 주님을 배척하며, 구원을 배척하는 것이다. 주님은 "무릇 내게 오는 자가 자기 부모와 처자와 형제와 자매와 및 자기 목숨까지 미워하지 아니하면 능히 나의 제자가 되지 못한다"(눅 14:26)고 하셨다.

위대한 바르사누피우스Barsanuphius는 앞서 언급한 주님의 말씀을 설명하였다.

"사람이 어떻게 자기를 부인할 수 있는가? 오로지 자신의 본성의 욕망을 버리고 주님을 따름으로 자기를 부인한다. 그런 까닭에 이 말씀에서 주님은 온전히 본성적인 것에 관해서만 말씀하시고 본성적인 것이 아닌 것에 대해서는 말씀하시지 않으셨다. 본성적이 아닌 것만을 버리는 사람은 하나님을 위해 자기의 것을 전혀 버리지 않는 사람이다. 왜냐하면 본성적인 것이 아닌 것은 그에게 속한 것이 아니기 때문이다. 본성적인 것을 버린 사람은 사도 베드로와 같이 "보소서 우리가 모든 것을 버리고 주를 좇았사오나 그런즉 우리가 무엇을 얻으리이까?"(마 19:27)라고 말한다. 그러면 그는 복된 주님의 음성을 듣게 되며, 주님의 약속에 따라 영생의 상속을 보장받게 된다(마 19:29-30). 베드로는 부자가 아니었다. 그렇다면 그는 무엇을 버렸으

7. 타락한 인간본성의 적합한 선에서 자신을 지키라

며, 무엇을 요구했는가? 그는 자신의 본성적 욕망들을 분명히 버렸는가? 사람은 육체에 대해서 죽고 영적으로 살지 않는 한 그 영혼은 살지 못한다. 죽은 육체에는 본성적인 욕망이 존재하지 않듯이 영적으로 육에 죽은 사람에게도 본성적 욕망은 전혀 존재하지 않는다. 우리가 육에 대해서 죽었다면 어찌 우리 안에 본성적 욕망들이 살 수 있겠는가? 그러나 만일 우리가 이러한 영적인 경지에 이르지 못하여 아직도 어린아이에 불과하다면 겸손히 유일하신 선생 앞에 엎드려 우리를 고쳐주기를 구하고,[1] 비록 우리에게서 선하게 보이는 것일지라도 충고를 받지 않고서는 결코 행하지 말라.[2] 왜냐하면 악마들의 빛은 결국 어두움으로 변하기 때문이다."[3]

타락한 인간본성의 빛에 대해서도 똑같은 말을 할 수 있다. 이 빛을 따르며 자기 안에서 이 빛이 자라게 하면, 그의 영혼은 완전한 어두움에 잠기게 되고, 그 영혼은 그리스도로부터 완전히 벗어나게 된다. 그리스도에게 이방인은 하나님께도 이방인이다. 이런 사람은 믿음이 없는 사람이다. "아들을 부인하는 자에게는 또한 아버지가 없으되 아들을 시인하는 자에게는 아버지도 있느니라"(요일 2:23).

대부분 우리 세대 사람들은 자신의 진보를 자랑하며, 스스로 많은 선을 행하는 신자라고 주장하며, 타락한 본성의 의를 완성하려고 노력하면서 복음의 의로부터는 등을 돌리고 비웃었다. 이러한 무리는 주님의 음성에 주의를 기울여야 한다: "이 백성이 입술로는 나를 존경하되 마음은 내게서 멀도다. 사람의 계명으로 교훈을 삼아 가르치니 나를 헛되이 경배하는도다"(마 15:8,9).

---

1) "여호와여 나를 지키사 악인의 손에 빠지지 않게 하시며 나를 보전하사 강포한 자에게서 벗어나게 하소서 저희는 나의 걸음을 밀치려 하나이다"(시 140:4).
2) "지각없이 행동하지 말고 행동하는 동안에는 마음을 바꾸지 말라"(집회 32:19)
3) Answer 59.

인간의 의를 실천하는 사람들은 자기고집, 오만, 자기기만으로 가득 찬 사람들이다. 그는 주님이 금하신 것[4]은 조금도 주의를 기울이지 않고 자신의 선행을 널리 알리며 전파한다. 그는 자기 의와는 반대가 되는 타당하고 선을 말하는 사람들을 미워하며 보복한다. 그는 자신이 이 세상에서 상급과 하늘나라의 상급을 받을 자격이 충분하다고 여긴다.

반면에 복음의 계명을 실천하는 사람은 언제나 깊은 겸손에 잠겨 지낸다. 그는 거룩한 계명의 고귀함과 순결함에 자신이 실천한 계명을 비교해보면서, 자신의 노력은 하나님 보시기에 조금도 만족스럽지 못하고 가치 없는 것임을 인정한다. 그는 자신이 죄를 지었으므로 사탄과의 교제를 파기하지 않았고, 또 모든 인간이 공통적으로 범하고 있는 타락, 그리고 타락 상태에 계속하여 머물러 있음으로 인해, 또한 계명을 불성실하고 불충분하게 지킨 일로 일시적 형벌과 영원한 형벌을 받아야 마땅하다는 것을 안다. 그는 거룩하신 섭리의 명령에 의해 환난과 고통이 닥칠 때마다 하나님께서는 자기 종들이 이 세상을 순례하는 동안 고난을 통하여 그들을 훈련하시고 교육하신다는 것을 알기 때문에, 겸손히 고개를 숙인다. 그는 원수들에게 친절하고, 긍휼히 행하며, 그들을 위해 기도한다. 왜냐하면 그들은 악마의 유혹을 받은 형제들이며, 영적으로 병든 한 몸의 지체들이며, 그의 은인이며, 하나님의 섭리의 도구들이기 때문이다.

---

[4] 마태복음 6:1-18

8.
타락한 본성과
복음의 계명간의 반목과 투쟁

우리 안에 하나님의 지식, 하나님의 뜻, 하나님께서 친히 거룩한 복음서를 통하여 우리에게 가르치신 하나님의 의를 심기 위해 자신을 부인하며, 우리의 생각과 뜻과 의, 그리고 타락한 본성의 의와 뜻과 지식과 지혜 등을 끊임없이 부인한다면, 타락한 본성은 우리의 내면에서 포문을 열어 하나님과 복음을 대적하는 전쟁을 선포할 것이다. 그리고 타락한 본성을 돕기 위해 타락한 영들이 들어올 것이다.

그렇다고 해서 낙심하지 말며, 그 싸움에서 굳세게 당신의 확고한 자유의지와 절대 불굴의 뜻을 나타내도록 하라. 넘어지면 다시 일어나라. 패배하고 무기를 빼앗기면 다시 무장하라. 넘어지면 일어나 다시 돌격하라. 우리의 내면에서 자신과 온 인류의 타락을 보는 것은 참으로 유익한 일이다. 우리의 심령과 마음 속에서 이러한 타락을 직접 경험함으로써 타락을 인식하고 연구하는 것이 필요하다. 우리의 지성과 지식의 허약함, 그리고 우리의 의지와 연약함을 깨달아야 한다.

영적인 눈으로 인간의 타락을 볼 수 있다. 영의 눈으로 인간의 연약함과 허약함을 볼 수 있다.[1] 이런 것을 보는 관객은 마음 안에 있다. 이것은 세례를 통해 우리에게 주어진 은사로써 볼 수 있다. 이제까지 영혼은 경기장 밖에 있었기 때문에 거기서 일어나는 싸움을 보지 못했으나, 이제 경기장 안으로 들어설 때는 분명히 보기 시작한다. 이제까지 전혀 예상치 못했던 일들이 일어나고 있었음을 알게 된다.

또한 영적인 눈으로 인간의 타락과 연관되어 있는 악한 영들을 볼 수 있다. 이 눈은 성령의 은사로 주어진다.[2] 이 경우에도 관객은 마음 안에 있다. 복음의 계명을 실천하고 아주 정확하게 실행하려고 애쓰는 영혼은 점차 타락한 영들이 가져다주는 생각과 감정을 분별하기 시작한다. 그리고 인간과 타락한 영들과의 악한 교제, 인간이 타락한 영들에게 복종하는 것, 인간을 멸망시키기 위한 영들의 활동과 간계를 분별하기 시작한다.

이러한 영적 분별력은 감각적인 것이 아니다. 그것은 복음의 계명들을 부지런히 조심스럽게 실천하며, 악한 생각과 감정에 대항하며 투쟁함으로써 얻어진다. 이러한 통찰력을 경험하지 못한 사람은 그것이 과연 존재하는지, 그리고 그것이 무엇인지 개념조차 파악하지 못한다.[3]

시편에는 그리스도의 용사들이 자신의 타락과 타락한 영들과 맞서 싸우는 전쟁이 잘 묘사되어 있다. 초대의 수도사들은 시편을 암송했으며, 자신을 정욕의 구덩이에서 구하고 원수인 마귀의 입에서 구해달라는 기도를 드렸다.[4]

---

1) St. Isaac the Syrian, Ch. 61(Ch. VII of Eng. Trans.).
2) "우리에게 우리 날 계수함을 가르치사 지혜의 마음을 얻게 하소서"(시편 90:12)
3) St. Peter Damascene, Bk. 1 "On the Eight Mental Visions*(Philokalia)*"
4) "나를 사자 입에서 구하소서 주께서 내게 응락하시고 들소 뿔에서 구원하셨나이다"(시편 22:21; 참조 베드로전서 5:8; 디모데후서 4:17)

9.
복음서와
교부들의 저서를 읽어야 한다

지금까지의 이야기를 종합해 볼 때, 우리들이 해야 하는 주된 일은 복음서와 신약성서를 읽고 연구하는 것이다. 넓은 의미에서 신약성서 전체를 복음서라고 할 수 있다. 왜냐하면 신약성서에는 오직 복음의 교훈만이 포함되어 있기 때문이다. 그러나 먼저 마태복음과 누가복음에 기록된 주님의 계명을 공부해야 한다. 이 두 복음서에 기록된 계명들은 계명의 실질적인 실천과 연결되어 있으므로, 이것을 알고 나면 다른 신약성서를 더욱 쉽게 이해할 수 있게 된다.

초신자들은 복음서를 읽으면서 동시에 불가리아의 데오필랙트Theophylact가 저술한 복음서 주석인 『선구자』 *The Hearld*도 읽기를 바란다. 그것은 복음서를 올바르게 이해하도록 도와주며, 따라서 그것을 정확히 실천하는 데도 도움이 된다. 더욱이 교회의 규칙에 따르면 각 사람은 모든 성경을 자의적으로 해석해서는 안 되며, 거룩한 교부들의 해석에 따라 이해해야 한다고 한다. 우리는 교부들의 해석과 교회가 인정하고 사용하고 있는 해석의 도움을 받아 복음서를 이해하여 거룩한 교회의 전승을 지켜야 한다.

오늘날 우리에게 유익한 저서로는 보로네즈의 티콘St. Tichon of Voronezh의 저서가 있는데, 그것은 개론적인 도움을 준다. 그의 저서들은 세상에 살고 있는 그리스도의 용사들, 공주수도원의 수사들, 관상생활을 하고 있는 은수사 등 모두에게 훌륭한 지침서가 된다. 하나님께서 티콘에게 영감을 주셔서 그로 하여금 우리에게 필요한 것들을 충족시켜줄 글을 쓰게 하셨다. 그의 저서에는 복음의 교훈이 설명되어 있다.

어떤 규칙을 지닌 수도원이든, 또 아무리 무질서한 공동체라도 거기에는 복음의 계명에 따라 사는 것을 방해하지 않는다. 이것은 옳든 그르든 자신의 공동체를 운영하는 데 만족하지 못하는 사람들에게 안식을 주고 격려하기 위해 하는 말이다. 수도사는 불만의 원인을 자신의 환경이나 처지에서 찾으려 하지 말고, 자기 안에서 찾아야 한다. 스스로 책망하는 것은 항상 심령의 평화와 안식을 준다. 그러나 선택을 해야 하는 경우에는 해이하고 무질서한 곳보다 질서가 잡혀있는 공동체를 선택하지 말라. 그러나 반드시 그렇게 해야 한다는 것이 아님을 명심하라.

거룩한 교부들의 저서에 제시된 지침들 때문에 주의가 산만해지거나 분심되지 않고 복음의 계명을 배우고 성취하는 것을 삶의 표준으로 세운 뒤에는, 수고스럽고 고통스러우면서도 즐거운 수덕적 투쟁에 관한 정확한 지식을 얻기 위해 그런 책들을 읽기 시작해도 좋다. 교부들이 저서를 읽을 때에는 반드시 그 책들의 단계적 특성을 염두에 두어야 한다. 그 책들은 각기 다른 영성생활의 단계를 위해 기록되었기 때문이다. 그리고 어떻든 급하게 읽지 말라.

영성생활의 초보자들에게 유익한 책으로 성 도로데우스St. Dorotheus의

9. 복음서와 교부들의 저서를 읽어야 한다

『입문서』 The Introduction, 성 데오도레St. Theodore의 『교리문답식 설교』 Catechetical Semons, 성 바르사누피우스St. Barsanuphius의 『영성생활의 지침서』 The Directions for the Spiritual Life, 성 요한 클리마쿠스St. John Climacus의 『사다리』 The ladder, 시리아인 성 에프렘St. Ephrem의 저서들, 그리고 성 요한 카시안St. John Cassian의 『공주수도회의 규칙과 담화』 The Cenobitic Institutes and Conference 등이 있다.

영적으로 진보된 자들에게 유익한 책으로는 『필로칼리아』 Philokalia, 『스케테 교부학』 Skete Ptrology, 『은수사들의 이야기』, 금욕주의자 성 마가St. Mark the Ascetic의 저서, 마카리우스Macarius의 저서들, 성 시므온St. Simeon의 산문집과 운문집 등이 있으며, 이 외에도 적극적인 수도생활에 관한 교부들의 저서를 읽는 것이 좋다.

여기에 언급한 책들은 모두 수덕적인 책으로서 적극적인 영성생활을 다루고 설명하고 있다. 『사다리』의 저자 성 요한은 "적극적(수덕적) 생활을 하고 있으니 적극적인 책을 독서해야 한다"고 했다.1) 적극적인 책들은 우리에게 수도적 활동이나 투쟁, 특히 기도하도록 자극을 준다. 이러한 거룩한 교부들의 저서는 명상과 관상의 생활로 인도한다. 그러나 아직 정욕을 완전히 제거하지 못하여 순수하지 않은 자들은 이 단계의 책을 읽을 때 매우 신중해야 한다.2)

---

1) *Ladder* 27:28
2) At. Simeon, *Three Ways of Prayer*.

10.
교부들의 저서를 신중히 읽어야 한다

영성생활에 관한 거룩한 교부들의 책들은 신중하게 읽어야 한다. 수련기간 동안 자신의 처지에서 책의 내용을 적응시키는 것이 아니라, 자신이 그 책에 끌려가는 일이 많다. 침묵에 관한 조언을 하면, 사람이 살지 않는 광야에서 독거생활을 하고 싶은 욕망을 강하게 느낀다. 또 교부의 가르침에 무조건 복종하라는 책을 읽으면, 장상에게 완전히 복종하는 엄격한 생활을 하고 싶은 욕망이 일어나게 된다.

하나님께서는 우리에게 이러한 두 종류의 생활 중 어느 것도 허락하시지 않으셨다. 그러나 이러한 생활에 대해 언급하는 거룩한 교부들의 책을 읽고 강한 감화를 받은 초심자는 아무런 경험도 없으며 무지하기 때문에 지금 살고 있는 곳, 즉 복음의 명령을 실천함으로써 영적 성장과 구원을 이룰 수 있는 곳을 떠나려는 결심을 하게 된다. 그것은 자신의 상상 속에 매혹적으로 그려진 온전한 삶에 대한 환상일 뿐, 전혀 비현실적인 꿈에 지나지 않는다.

10. 교부들의 저서를 신중히 읽어야 한다

『사다리』의 저자 성 요한은 침묵에 대해서 "선한 형제단의 식탁에는 언제나 빵 한 조각, 즉 영혼을 강탈하려고 지키고 서있는 개가 있다. 그 개는 그 빵을 입에 물고 도망쳐 한적한 곳에서 먹는다"[1]고 했다.

수도사들의 지도자였던 클리마쿠스는 순종에 대해 기록했다: "악마는 순종의 생활을 하고 있는 사람들에게 불가능한 덕을 성취하고자 하는 욕망을 일으킨다. 또 은둔생활을 하고 있는 사람들에게도 합당하지 않은 생각들을 일으킨다. 미숙한 사람들의 마음을 살펴보라. 그들의 정신이 산만해져 있음을 발견할 것이다. 은둔생활에 대한 갈망, 엄격한 금식에 대한 갈망, 방해받지 않고 쉬지 않는 기도에 대한 갈망, 허영으로부터의 완전한 해방에 대한 갈망, 계속적으로 죽음을 기억하고픈 갈망, 끊임없이 뉘우치고 싶은 갈망, 일체 화를 내지 않고픈 갈망, 깊은 침묵에 대한 갈망, 빼어난 순결에 대한 갈망 등을 발견할 것이다. 거룩하신 분의 섭리로 말미암아 처음에는 우리들에게 이런 것들이 부족하다. 그래서 우리들은 무모하게 다른 생활을 선택함으로써 이것들을 이루고자 하는 유혹을 받는다. 왜냐하면 원수는 때가 차기도 전에 이러한 것들을 추구하도록 우리를 강요하며, 그것을 얻게 될 때까지 참고 인내하며 기다리지 못하도록 만들기 때문이다. 이 협잡꾼은 환대, 봉사, 형제애, 공동생활, 병자들의 방문 등을 찬양하게 한다. 이 미혹자는 우리가 조바심을 내게 한다."[2]

타락한 천사는 우리들을 미혹하려고 애쓰며, 우리에게 여러 형태의 죄뿐 아니라, 우리의 처지에 적합하지 않는 매우 높은 덕들을 제안함으로써 멸망으로 이끈다. 우리들의 생각, 견해, 꿈, 충동, 기호 등이 매우 거룩한 수도생활을 하는 데 매력적인 구실이 될지라도 그것들을 신뢰하지 말라. 당신이

---

1) 계단 27:1.
2) 계단 4:118.

있는 곳이 복음의 계명을 실천하는 데 방해가 되며, 대죄의 유혹에 빠질 환경이 아닌 한 그곳을 떠나지 말라. 다소의 영적 결함이나 물질적 부족이 있더라도 참고 인내하라. 하나님께서 우리에게 소명과 사역할 곳을 마련해 주시지 않을 것으로 생각지 말라.

하나님은 만민의 구원을 원하시며, 또 구원하신다. 하나님은 인생과 죄의 바다에 빠져 구원을 원하는 모든 사람들을 언제나 구원하신다. 하나님은 배 안에서나, 시설이 좋고 편리한 항구에서만 구원하시는 것은 아니다. 하나님은 사도 바울과 그의 동료 여행자들을 구해주시겠다고 약속하셨고, 또 구원하셨다. 그러나 사도 바울과 동료 여행자들은 배 안에서 구원 받은 것은 아니다. 어떤 이는 헤엄을 쳤는가 하면, 어떤 이들은 파선된 배의 조각 위에 올라타서 구원을 얻었다.3)

---

3) 사도행전 27:21-44.

11.
은거생활

가장 고결한 생활, 즉 깊은 사막에 은거隱居하거나 은둔하여 침묵하는 생활이나, 성령을 품고 있는 장상에게 무조건 순종하는 생활은 우연히 이루어지거나, 인간의 의지나 지성에 따라 이루어지는 것이 아니다. 하나님의 특별한 섭리와 의도와 소명과 계시에 의해 이루어지는 것임을 알아야 한다.

수도원 생활의 선구자인 대 안토니Anthony, the Great는 하나님의 부르심과 위로부터 능력을 받은 후에 사막으로 들어갔다. 이것은 그의 전기에는 분명히 기록되어 있지는 않지만, 그의 생애에 있었던 여러 가지 사건들이 이것을 증명하고 있다. 그가 하나님의 음성으로 인도를 받았으며, 매우 엄격한 침묵을 지키기 위해 깊은 사막으로 가라는 명령을 받았음이 실제로 그의 전기에 기록되어 있다.

안토니와 같은 시대의 인물로서 안토니보다 조금 젊었던 마카리우스St. Macarius에게 천사가 나타나 황폐하고 메마른 평원을 보여주며, 그곳에 정착하라고 하면서, 장차 이 메마른 평원이 수많은 수도사들이 거하게 될 것이라고 약속했다. 이곳이 후일 유명한 이집트의 스케테Sketis이다.

그리스도를 본받아 사는 생활

성 아르세니우스St. Arsenius가 제국의 궁전에서 살면서 하나님께 구원의 길을 보여 달라고 기도하자 "아르세니우스야, 사람들로부터 도망치라. 그러면 구원을 얻으리라"는 음성이 들려왔다. 아르세니우스는 스케테로 들어갔다. 그곳에서 하나님께 구원해 달라고 간구하던 중에도 다시 "아르세니우스야, 사람들로부터 도망치라. 침묵생활을 하라. 이것이 죄짓지 않는 근본이니라"[1]는 음성이 들려왔다.

이집트의 성녀 매리St. Marry는 요단강 건너편 사막에서 살라는 하나님의 명령을 받았다. 택한 자들(침묵과 독거생활에 적당하다고 예견된 사람들)을 불러 침묵과 독거생활을 하라고 명하시는 하나님은 또한 그들에게 그런 생활방식에 적당한 도우심과 수단을 예비해 주시는데, 그것들은 인간의 힘으로는 얻을 수 없는 것이다. 수도원이 번성하고 신령한 지도자들이 많았던 시대에도 침묵, 특히 독거생활에 적합한 사람들은 매우 드물었다.

성 요한 클리마쿠스는 그의 저서 『사다리』에서 기록하였다: "오직 하나님의 격려를 받아 수도하며 하나님의 도움으로 분투한 사람들만이 참되고 지혜로운 침묵을 실천할 수 있다."[2] "미숙한 사람이 독거생활을 하면 그 영혼이 멸망할 수도 있다."[3] 은둔자와 독거자들은 종종 큰 영적 재앙을 당하는 수가 있다. 일반적으로 하나님의 부르심을 받는 대신, 자신의 자유의지에 따라 은둔생활에 들어간 사람이 영적 파선으로 그러한 고통을 받는다.

서언에서 우리는 다음과 같은 이야기를 읽었다. 팔레스타인의 어느 높고 가파른 절벽 밑에 수도원이 있었다. 그리고 수도원 위의 절벽에는 동굴이

---

1) 『사막교부들의 금언』 중 아르세니우스 편을 보라.
2) 사다리 4:19.
3) 사다리 27:55.

11. 은거생활

하나 있었다. 어느 형제가 수도원장에게 그 동굴 안에서 살기를 허락해 달라고 요청했다. 분별의 은사를 가진 수도원장은 그 형제에게 말했다. "아들아! 너는 아직 영과 육의 정욕적인 생각들을 극복하지 못하고 있는데, 어찌 동굴 속에서 홀로 살기를 원하느냐? 침묵 속에 살기를 원한 사람은 반드시 영적 지도자의 지도를 받아야 하지, 스스로를 다스려서는 안 된다. 너는 아직 동굴 속에서 독거하기에는 영적으로 충분히 성장하지 못했다. 그리고 아직 너는 악마들의 많은 덫을 알지 못하고 있는 것 같다. 혼자서 불순하고 교활한 생각과 싸우기보다는 교부들의 지도를 배우면서, 그들의 기도를 통하여 하나님의 도움을 받고 정한 시간마다 만물의 주님을 찬양하고 영광을 돌리는 편이 더 안전할 것이다. 성 요한이 그의 작품인 『사다리』에서 "홀로 사는 자에게 화 있도다! 낙심과 나태하게 되었을 때, 그를 일으켜줄 사람이 없기 때문이다. 그러므로 주님은 두세 사람이 내 이름으로 모일 때에 내가 그들과 함께 있으리라고 말씀하셨다"는 말을 듣지 못했는가?"

수도원장은 간곡한 충고를 했지만, 그 수사는 영혼을 멸망시키는 생각을 포기하지 않았다. 이 형제의 욕망과 요청을 꺾을 수 없다는 것을 깨달은 수도원장은 하는 수없이 그에게 동굴 속에서 사는 삶을 허락했다. 식사시간이 되면, 수도원의 한 형제가 음식을 동굴 아래로 가져갔으며, 그 은둔자는 바구니를 매단 밧줄을 내려 보내 음식을 받아 올렸다.

그는 이렇게 동굴 속에서 생활하게 되었다. 그러나 하나님께 기쁨을 드리려고 생활하는 사람들을 대적하여 싸우는 악마는 밤낮 악한 생각으로 그를 괴롭히기 시작했다. 며칠 후 악마는 빛의 천사의 모습으로 나타나 "네가 순결하고 거룩한 생활을 하고 있으므로 주께서 나를 보내어 너를 섬기게 하셨다"고 말했다. 수도사는 "내가 대체 무슨 선을 행했기에 나를 섬긴다는 말인가?"라고 묻자, 악마는 "네가 행한 모든 것이 위대하고 훌륭하다"고 대답했다. "너는 세상의 모든 아름다운 것을 버리고 수도사가 되었다. 너는 열심히 금식하고 철야하며 기도하였으며, 이제는 수도원을 떠나 이 동굴에 정착하여 살고 있다. 이러한 너의 거룩함을 어찌 천사들이 섬기지 않을 수가 있는가?"

영혼을 멸망케 하는 뱀은 이런 식으로 그를 오만하고 교만하게 만들면서 계속 그에게 나타났다. 한 번은 강도를 당한 사람이 그 수도사에게 찾아왔다. 그를 미혹하기 위해 천사의 모습으로 나타난 마귀는 "이 사람이 도둑을 맞아서 갖고 있던 모든 것을 빼앗겼다. 도둑맞은 물건은 어느 장소에 숨겨져 있으니, 그에게 그곳에 가서 찾아보라고 말하라"고 일러주었다.

그를 동굴로 찾아온 사람이 인사를 했다. 그러나 수도사는 그에게 "형제여, 나는 왜 왔는지 알고 있소. 도둑을 맞아서 물건을 모두 잃고 마음이 아프군요. 그러나 슬퍼하지 마시오! 그들은 훔친 물건을 어느 장소에 숨겨두었으니, 거기에 가면 모두 찾게 될 것이오. 그리고 나를 위해 기도해 주시오."

이 말을 들은 그 사람은 깜짝 놀랐다. 그는 수도사의 말대로 물건을 되찾았다. 그는 여기저기 돌아다니면서 어느 동굴 속에 살고 있는 수도사가 예언자라고 말을 퍼뜨렸다. 많은 사람들이 떼를 지어 그에게 몰려오기 시작했다. 그들은 그가 마귀의 영감을 받아 가르치는 교훈을 듣고 크게 놀랐다. 그는 모든 사람들에게 그들 각자에게 일어날 일을 예고해 주었는데, 그의 예언은 모두 그대로 실현되었다. 이 불쌍한 사람은 이처럼 미혹된 상태에서 상당한 시간을 보냈다. 예수 그리스도의 승천 절기의 두 번째 주간 둘째 날 사악한 악마는 수도사에게 나타나서 "교부여, 당신의 흠 없고 천사 같은 생활로 인해 다른 천사들이 와서 당신을 육신을 입은 채로 하늘로 데려갈 것입니다. 그 곳에 당신은 모든 천사들과 함께 말할 수 없는 하나님의 아름다움을 보게 될 것입니다"라고 말했다.

이렇게 말하고는 마귀는 사라졌다. 그러나 우리를 사랑하시며 인간의 멸망을 원치 않으시는 자비로우신 하나님께서는 이 수도사의 마음에 지금

11. 은거생활

까지 일어난 일들을 수도원장에게 보고하려는 생각을 품게 하셨다. 그리하여 이 은거자는 항상 자기에게 음식을 날라다주는 형제가 왔을 때 동굴 밖을 내다보며 "형제여, 수도원장에게 이곳으로 와달라고 전해주시오"라고 부탁했다. 그 형제가 이 말을 원장에게 전하자, 수도원장은 즉시 그에게로 갔다. 그는 사다리를 타고 올라가 동굴로 들어가서 은거자에게 말했다. "아들이여, 왜 나를 오라고 했는가?" 그는 "거룩하신 아버지, 무가치한 저를 위해 당신께서 베풀어주신 모든 일을 무엇으로 갚을 수 있겠습니까?"라고 말했다. 수도원장은 "내가 너에게 무슨 선한 일을 했다는 것인가?"라고 물었다.

수도사는 "진실로 당신께서 나에게 크고 많은 축복을 해 주셨기 때문입니다. 덕택에 저는 천사의 모습을 보았으며, 그들과 교제를 나누게 되었습니다. 당신 덕택에 저는 신령한 통찰력과 예언의 은사를 받았습니다."

수도원장은 이 말을 듣고 깜짝 놀랐다. "불쌍한 형제여, 네가 천사를 보았단 말인가? 네가 신령한 통찰력의 은사를 받았단 말인가? 아, 이렇게 슬픈 일이 또 있는가! 네가 동굴 속에서 독거하면 마귀들이 미혹할 거라고 말하지 않았더냐?"

수도원장의 이 같은 말에 그는 "존경하는 스승님, 그렇게 말씀하지 마십시오, 당신의 거룩한 기도 덕분에 저는 천사들을 보았습니다. 저는 내일 천사들에 의해서 육체를 입은 채 하늘로 올라갈 것입니다. 저는 천사들이 사부님도 하늘나라로 데려가서 우리 모두가 하늘나라의 영광중에 거하게 해달라고 하나님께 요청할 것입니다."

수도원장이 이 말을 듣자 그의 뺨을 때리며 말했다. "불쌍한 형제여! 너는 미친 것이 분명해! 그러나 이제 내가 여기에 왔으니, 여기에 머물러 있으면서 너에게 무슨 일이 일어나는지 보겠다. 네가 천사라고 하는 악마들은 나에게는 보이지 않을 것이므로, 그들이 오는 것이 보이면 즉시 말해 주거라."

수도원장은 사다리를 거두라고 하고, 이 미혹된 형제와 함께 동굴 속에 머물면서 시편으로 계속 기도하고 금식했다. 이 미혹된 자는 하늘로 올라가기로 예정된 시간에 악마들이 오는 것을 보고 "스승님, 그들이 왔습니다"라고 말했다.

순간 수도원장은 두 팔로 그를 감싸 안으며 큰 소리로 기도하기 시작했다. "하나님의 아들, 주 예수 그리스도시여! 당신의 미혹된 종을 도우셔서 저 불순한 악마들이 다시는 그를 사로잡지 못하게 하소서."

수도원장이 이렇게 기도하는 동안, 악마들은 이 미혹된 자를 수도원장의 팔에서 빼어내려고 온 힘을 다해 잡아당기기 시작했다. 수도원장은 악마들에게 그를 놓으라고 소리쳤다. 그러자 그들은 수도사의 외투를 벗겨 가지고 사라졌다. 그 외투는 하늘 높이 올라가더니 마침내 시야에서 사라졌다. 그러나 얼마 후 외투는 펄럭거리며 땅에 떨어졌다.

그러자 수도원장은 이 미혹된 수도사에게 말했다. "어리석고 불쌍한 형제여! 악마들이 너의 외투를 어떻게 했는지 보았는가? 그것이 바로 그들이 너에게 하려고 했던 일이다. 그들은 마치 시몬 마구스 Simon Magus[4]처럼 하늘로 들어 올렸다가 떨어뜨려 죽이고, 네 불쌍한 영혼을 내던져버리려 했던 것이다."

수도원장은 수도사들을 불러 사다리를 가져 오라고 한 뒤, 이 미혹된 형제를 동굴 밖 수도원으로 데리고 갔다. 그리고 그를 빵 굽는 곳, 부엌, 그밖에 수도원의 여러 가지 일들을 시켜 그를 겸손하게 만들었다. 그리하여 그는 이 형제를 구하였다.

성 이삭 St. Isaac 과 페체르스크의 니키타 Nikita 도 너무 일찍 은둔생활에 들어갔기 때문에 큰 유혹을 받았다. 우리는 성 안토니, 데오도시우스와 동시대 인물인 이삭의 전기를 통해 그가 자신의 뜻에 따라 은둔생활을 시작했음을

---

[4] 사도행전 8:9-24.

11. 은거생활

알 수 있다. 그는 매우 엄격한 육체적 수련을 했다. 그러나 그는 더욱 엄격한 생활을 원했으므로, 키예프 페체르스크 수도원 안에 있는 아주 좁은 동굴 속에 들어가서 생활하였다. 그는 프로스포라$_{prosphora}$5)만 먹고 물만 마셨는데, 이것도 이틀에 한 번이었다. 이렇게 신령한 생활과 싸움에 대해 충분히 알지 못하고 경험도 없이 행하는 엄격한 육체적 수련이 수도사 자신과 그의 수련에 가치가 있을 수도 있다.

악마들은 대체로 금욕고행자의 내면 상태에 기초를 두고, 그를 유혹한다. 마귀들은 빛나는 천사들의 모습으로 이삭에게 나타났는데, 그들 중 한 천사는 특히 빛났다. 악마들은 그를 그리스도라고 불렀으며, 이 고행자가 그에게 경배할 것을 요구했다. 이 고행자는 유일하신 하나님께 드려야 하는 경배를 마귀에게 함으로써 악마들에게 복종했으며, 악마들은 그가 지쳐 쓰러질 때까지 미친듯이 춤을 추게 하며 그를 괴롭혔다. 이 은둔자를 위해 봉사하던 성 안토니는 음식을 가지고 그가 있는 곳으로 왔으나, 아무런 기척이 없어 그에게 무슨 일이 일어났다고 생각하여, 다른 수도사들의 도움을 얻어 문을 부수고 이삭의 굴로 들어갔다.

그들은 그를 동굴 밖으로 데리고 나왔다. 아직까지는 살아있어 보이는 그를 침대에 눕히고 안토니와 데오도시우스가 교대로 보살폈다. 이삭은 이 시험을 당한 후로는 몸과 마음이 약해졌다. 그는 앉지도 서지도 못했으며, 누워 있을 때에도 다른 쪽으로 돌아눕지 못했다. 이처럼 그는 2년 동안 움직이지도 못하고 귀머거리와 벙어리가 되어 지냈다.

3년째 되면서 그는 말을 하기 시작했으며, 사람들이 부축해야 겨우 일어설 수 있게 되었다. 그는 마치 어린아이처럼 걸음마를 배우기 시작했다. 그러나 그는 교회에 가려 하지 않았다. 처음에는 마지못했지만, 점차 스스로

---

5) 프로스포라는 러시아 정교회에서 성찬예배 때 주는 빵으로서 한 번에 다섯 개를 먹는다.

예배에 참석하기 시작했다. 그 후 그는 식당에도 가기 시작했으며 조금씩 음식도 먹게 되었다. 2년 동안 꼼짝도 못하고 누워 있는 채로 빵과 물을 입에 대지도 못했지만, 마침내 그는 마귀의 이상하고 두려운 영향으로부터 완전히 벗어났다. 그 후 이삭은 높은 성화의 단계에 이르게 되었다.

성 니키타St. Nikita는 이삭과 같은 시대의 사람으로, 이삭보다 나이가 어렸다. 그는 은둔생활을 하고 싶은 열정에 사로잡혀 수도원장에게 가서 은둔생활을 할 수 있도록 축복해 달라고 요청했다. 수도원장(성 니콘)은 그를 만류하며 이렇게 말했다: "아들아! 너는 아직 젊어서 쉽게 나태할 수 있으므로 지금 당장 은둔생활을 하는 것은 좋지 않다. 너에게는 형제들과 함께 사는 편이 더 유익할 것이다. 너는 형제들을 섬김으로써 상급을 받을 수 있을 것이다. 너는 이삭이 은둔생활을 하다가 악마들의 미혹을 받은 일을 알고 있지 않느냐? 만일 하나님께서 거룩한 안토니와 데오도시우스 교부의 기도를 듣고 응답하시어 특별한 은총을 베푸시지 않았다면 그는 죽고 말았을 것이다."

니키타는 "아버지, 나는 결코 그런 일에 미혹되지 않을 것입니다. 나는 악마들의 간계와 굳건히 맞서며, 지금까지도 많은 기적을 행하고 있는 은둔자 이삭과 같은 기적의 은사를 나에게 주시기를 하나님께 구하고 싶습니다"라고 대답했다.

수도원장은 "네가 기대하는 것은 너의 능력에 비해 과한 것이다. 타락하지 않도록 조심하라. 나는 너에게 형제들을 섬기라고 명하겠노라. 그러면 네 순종에 대한 보상으로 하나님께서 면류관을 주실 것이다."

니키타는 은둔생활에 대한 강한 열정에 끌리고 있었기 때문에 수도원장의 말에 조금도 귀를 기울이지 않고 자신이 염두에 두었던 일을 시작했다. 그는 완전히 외부와의 접촉을 끊고 은둔하여 쉬지 않고 기도했다. 얼마 후 그는 기도 중에 자기와 함께 기도하는 소리를 들었으며, 특별한 향기도 맡

11. 은거생활

왔다. 그는 이것에 미혹되어 "만일 이것이 천사가 아니라면 나와 함께 기도하지 않을 것이며, 성령의 향기도 없을 것이다"라고 중얼거렸다. 니키타는 "주님, 나에게 당신을 분명히 나타내시어, 당신을 보게 해 주시옵소서"라고 더욱 열심히 기도하였다.

그러자 그에게 "너는 나에게 나타나지 않으려 한다. 왜냐하면 너는 너무 어리기 때문에 너무 높이 올라가면 타락할 가능성이 있기 때문이다"라는 소리가 들려왔다.

은둔자는 계속 눈물을 흘리며 "주님, 나는 결코 미혹되지 않을 것입니다. 수도원장께서는 나에게 마귀의 미혹에 귀를 기울이지 말라고 하셨지만 명령하시면 무엇이든지 하겠습니다"라고 대답했다. 드디어 영혼을 멸망케 하는 뱀은 그를 지배할 권세를 얻게 되었으며, 그 형제에게 "사람이 육체를 입고 있는 동안에는 나를 볼 수 없다. 그러나 보라. 내가 너에게 천사를 보내어 너와 함께 거하게 하리니 그의 뜻대로 하라"고 했다.

악마는 이렇게 말하고서 천사의 모습으로 니키타 앞에 나타났다. 니키타는 그의 발 앞에 무릎을 꿇고 경배했다. 그러나 악마는 "이제부터 기도하지 말고 책을 읽으라. 그렇게 하면 너는 하나님과의 끊임없는 교제에 들어갈 것이며, 너를 찾아오는 사람들에게 유익한 교훈을 줄 능력을 얻게 될 것이다. 그리고 나는 너의 구원을 위해 만물의 창조주께 끊임없이 기도하겠다"라고 말했다.

니키타는 이 말을 그대로 믿어 더욱 미혹되었다. 그는 기도를 그만두고 독서에만 전념했다. 그는 그 악마가 끊임없이 기도하는 것을 보고서 천사가 자기를 위해 기도하고 있다고 짐작하고 기뻐했다. 그는 자기를 찾아오는 사람들에게 많은 성경의 교훈을 말해주었으며, 마치 팔레스타인의 은둔자처럼 예언을 하기 시작했다.

그의 명성은 세상 사람들에게 널리 퍼졌으며, 마침내 왕궁까지 그 소문이 퍼졌다. 사실 그가 예언한 것이 아니었다. 다만 그를 시종하는 악마에게서 정보를 얻어 자신을 찾아오는 사람들에게 도둑맞은 물건이 있는 곳이나 먼 곳에서 일어난 일을 말해주었을 뿐이었다.6) 그는 이지아스라브Izyaslave 대공에게 노프코로드의 글레그Gleg 왕자의 살해에 대해서 말해주었고, 그의 아들을 노프고로트로 보내어 그를 대신하여 왕자의 영토를 차지하여 다스리게 하라고 조언하였다. 이 일은 세상 사람들이 이 은둔자를 예언자로 찬양하기에 충분한 일이었다. 세상 사람들이나 영적 분별이 없는 수도자들은 거의 언제나 사기꾼, 협잡꾼, 위선자, 또는 악마에게 미혹된 사람들에게 끌려 그들을 성인, 또는 참 하나님의 종으로 여기는 일이 많음을 주의해야 한다.

구약에 대한 지식에 있어서 니키타와 비교할 만한 사람이 없었다. 그러나 그는 신약은 감당하지 못했으며, 결코 복음서나 사도들의 서신을 인용하지 않았다. 또 자신을 방문하는 사람이 신약을 언급하는 것도 허락하지 않았다. 이처럼 그의 가르침이 구약에 치우친 것을 안 키에프 페체르스크 수도원의 교부들은 그가 악마에게 미혹당하고 있음을 알았다. 당시 이 수도원에는 신령한 은사와 은혜를 받은 거룩한 수도사들이 많았으므로, 그들은 기도로써 니키타에게서 마귀를 몰아냈다. 그리하여 니키타는 더 이상 마귀를 보지 못하게 되었다. 교부들은 니키타를 은둔처에서 데리고 나온 뒤 구약의 말씀을 인용해 보라고 요청했다. 그는 전에는 그 책들을 암기하고 있었으면서도 그 책을 전혀 읽어본 적이 없다고 했다. 그는 읽는 방법까지도 잊었다는 것이 드러났다. 사탄의 미혹의 힘은 이처럼 컸던 것이다. 그는 어렵사리 읽는 법을 다시 배우게 되었다. 그는 거룩한 교부들의 기도 덕분에 정신을 차리고 자신의 죄를 인정하고 자백했으며, 비통한 눈물을 흘리며 슬퍼했다. 그 후 그는 형제들과 함께 겸손하게 생활함으로써 참으로 높은

---

6) 이 장 부록을 참조하라

11. 은거생활

성화의 단계에 이르렀고, 기적을 행하는 은사를 얻었다. 후일 니키타는 노프고로드의 감독이 되었다.

가장 최근에 경험한 일들은 과거에 경험한 일들의 증거를 확증해 준다. 미혹7)은 지나치게 성급하게 은둔처로 들어가거나, 자신의 수실에 은거하여 금욕 고행하는 데 따른 필연적 결과이다.

어느 젊은 금욕적 권면서의 저자가 1824년부터 1825년까지 성 알렉산더 네프스키St. Alexander Nevsky 수도원을 방문했다. 그는 이 수도원의 양초를 제조하는 사람이었던 조안니키우스Joannikius와 함께 자신의 사상에 관해 논의하고자 했다. 조안니키우스는 데오도레Theodre와 레오니드Leonid의 제자였으며, 데오도레가 죽은 후에도 계속 레오니드와 만났다. 당시 금욕생활을 하는 많은 평신도들이 영적 조언을 얻기 위해 이 수도사를 찾아오곤 했다. 그 중에 파블로브스키 연대 소속인 폴Paul이라는 군인이 있었다. 그는 학문에 조예가 깊어 종파분리론자들의 교사로 있다가 최근에 회심한 사람이었다. 폴의 얼굴은 기쁨으로 가득했다. 그러나 그는 과도한 열정에 사로잡혀 영적 수련에 대한 충분한 지식도 갖추지 못하고서 자신의 영적 상태에 걸맞지도 않은 무질서한 육체적 금욕에 몰두했다. 어느 날 밤 폴이 서서 기도하고 있을 때, 갑자기 이콘聖畵 근처에서 태양과 같은 빛이 나타났으며, 그 빛 한가운데에 빛나는 흰 비둘기가 있었다. 그리고 그 비둘기로부터 "나를 영접하라. 나는 성령이다. 나는 내 처소를 삼기 위해 왔노라"는 음성이 들려왔다.

폴은 기뻐하며 승낙했다. 비둘기는 폴의 입을 통해 그에게로 들어갔다. 금식하고 철야하며 극히 쇠약해져 있었던 폴은 갑자기 억제할 수 없는 거센

---

7) 수도원의 표현에 따르자면 악마의 속임수와 결합된 자기기만을 의미한다.

정욕을 느꼈다. 그는 기도를 그만두고 창녀촌에 달려갔다. 그의 굶주린 욕망은 만족할 줄 몰랐다. 그는 온갖 더러운 창녀들의 집을 계속 찾아다녔다. 그러다가 마침내 정신을 차린 그는 자신이 악마에게 속아 유혹을 받았으며, 그 미혹으로 말미암아 타락했던 일을 당시 알렉산더 스비르스키 수도원에 살고 있던 수도사 레오니드에게 편지로 고백했다. 이 편지에는 이 타락한 사람이 이전에 지니고 있었던 높은 영적 상태의 흔적이 담겨 있었다. 앞에서 언급한 젊은 청년은 그 당시(1827-1828) 이 위대한 수도사 레오니드의 수실에서 그를 섬기고 있었으므로, 장상의 축복하에 폴의 편지를 읽어보았다.

1828년 봄 오니드는 스비르스키 수도원을 떠나 폴로샨스키 은거지로 갔으며, 거기서 다시 옵티나Optina로 갔다. 그의 수실 하인도 그와 함께 떠나 칼루즈와 오를로프 관구에 있는 수도원을 방문하는 기회를 얻었다. 그는 유명한 화이트 버치 은거지White Birch Hermitage에 머물렀는데, 그곳에는 수도사 세라피온Serapion의 금욕생활에 대한 소문이 퍼져 있었다. 세라피온이 자신의 수실에서 기도의 규칙을 읽고 있는 동안에 천사를 보았다는 소문도 있었다. 평신도뿐만 아니라, 수도사들까지도 세라피온을 찬양하며 그를 수도생활의 모범으로 찬양했다. 왜냐하면 당시 러시아에는 영적 수련의 개념은 상실되고 육체적 수련이 유리한 위치를 차지하고 있었기 때문이다.

1829년 세라피온은 영혼의 병을 치료받기 위해 옵티나 은거지로 옮겨 레오니드와 상담을 하는 도중 레오니드 교부의 수염을 뽑아버리기로 했다. 세라피온은 금욕생활로 인한 명성을 잃고 옵티나의 스케테에 거하게 되었다. 어느 날 밤, 그는 스케테의 장상인 안토니에게 가서 방금 자기에게 세례 요한이 나타나 안토니와 레오니드와 가브리엘, 그리고 그 당시 손님으로 그곳에 머물고 있었던 지주 젤리아보드스크의 목을 베어 죽이라고 명령했다고 했다. 영민하고 담대한 안토니는 "그런데 칼은 어디에 있는가?"라고 물었다. 그는 "나에게 칼이 없습니다"라고 대답하자, 안토니는 "칼도 없이 내 목을 베러 왔는가?"라고 되묻고는 그를 수실로 되돌려 보냈다. 그 후 세라피온은 정신 이상이 되어 집으로 돌려보내졌으며, 거기서 죽었다. 그는 죽기 전에 다시 이성을 되찾아 구원의 소망을 가지고 세상을 떠났다고 한다.

그리스도의 고행자들을 장악하고 지배하기를 원하는 타락한 영은 건방지거나 교만하게 행동하지 않으며, 사람들을 자신이 목적한 망상에 동의하도록 이끄는 데 힘쓴다. 그리고 그의 동의를 얻어낸 뒤 그 사람을 사로잡는다는 점에 유의해야 한다. 거룩한 다윗은 타락한 영이 인간을 공격하는 방법을 정확하게 묘사했다: "사자가 그 굴혈에 엎드림 같이 저가 은밀한 곳에 엎드려 가련한 자를 잡으려고 기다리며 자기 그물을 끌어 가련한 자를 잡나이다"(시 10:9).

성령은 하나님과 마찬가지로 홀로 행하신다. 성령은 전혀 예기치 않은 때에 겸손한 자에게 오신다. 그분은 갑자기 마음과 심령을 변화시킨다. 그는 인간에게 자신의 내면에서 일어나는 일에 대해 생각할 시간을 주지 않고 직접 행동으로 인간의 모든 뜻과 능력을 포용하신다.

"성령의 은혜는 인간에게 임하면서 결코 일상적이거나 감각적인 것을 인간에게 보여주시지 않는다. 성령은 인간이 전에 본 적도 없고 상상한 적도 없는 것을 은밀히 가르치신다. 그리하여 성령을 받은 사람은 사도 바울이 말한 것과 같이 사람의 눈으로 볼 수 없고, 사람의 마음으로 이해할 수 없는 숨겨진 거룩한 비밀 속에서 은밀하게 성령의 가르치심을 받는다. 인간의 정신은 자신의 능력을 따르면 하나님과 연합하지 못하고 홀로 버림을 받는다. 그러나 인간의 정신이 하나님과 성령의 불과 연합하면, 완전히 신적 조명에 사로잡혀 온전하게 되고, 성령의 불길 속에서 타오르며 신적 지혜로 충만하게 된다. 이처럼 거룩한 하나님의 불길 속에 있을 때 자신의 관심사, 자신의 기호 등은 전혀 생각할 수 없게 된다."8)

이것은 막시무스 캅소카이비티스가 시나이의 성 그레고리에게 말했던 것이다. 한편 인간은 마귀가 출현했을 때, 그 유령을 판단하여 그것을 받아들이거나 배척할 자유를 가지고 있다. 이것은 마귀가 하나님의 성도들을 속이기 위해 시도했던 일들을 보면 분명히 알 수 있다. 파코미우스Pachomius가 수도원 내의 한적한 곳에 홀로 은둔하고 있을 때, 마귀가 큰 빛 속에서 그에게 나타나 "파코미우스야, 기뻐하라. 나는 그리스도다. 내가 친구인 너를 찾아왔다"고 말했다. 이 성인은 그 현상을 곰곰이 생각해 보았다. "그리스도께서 사람에게 오신 일은 언제나 기쁨과 연결되어 두려움이 없었다. 그렇다면 모든 인간의 생각은 헛된 것이다. 인간의 마음은 보이는 대상에 고정되어 있다. 내게 나타난 형상을 보는 순간 나는 혼란과 두려움으로 가득 찼었다. 그러므로 이것은 그리스도가 아니라 사탄이다."

이렇게 짐작한 뒤 그는 담대하게 사탄에게 말했다. "사탄아, 내게서 떠나라. 너와 너의 악하고 교활한 계획에 저주가 있을지어다." 그러자 마귀는 즉시 떠나갔다.

아직 육욕적인 궤변의 영역에 거하고 있는 사람들, 그리고 표면적으로는 겸손한 체하지만 내면으로는 타락한 인간본성을 인식하지 못한 사람은 자신은 무가치한 인간이며, 또 자신의 행동도 무가치하다고 여기지 못한다. 참된 겸손은 세속적인 궤변과 양립할 수 없다. 겸손은 신령한 지혜의 속성이다. 금욕 고행자 마가는 "자신이 그리스도의 모든 계명에 대해 빚진 자라고 생각하지 않는 사람은 그 계명이 무엇을 말하는지, 어디에 기초를 두고 있는지 알지 못한 채 육체적 방법으로 하나님의 율법을 존중한다. 따라서

---

8) 『필로칼리아』에서 인용함:

11. 은거생활

그들은 그것을 행동으로 실행할 수 있다고 생각한다"9)고 했다.

이 거룩한 교부의 말에 비추어 볼 때, 선을 행하면 자기의 영예가 된다고 생각하는 사람은 분명 자기기만에 빠진 사람이다. 이러한 자기기만 상태는 악마의 미혹을 받는 기초가 된다. 타락한 천사는 신자들의 그릇된 관념 속에 발판을 마련한 뒤, 그릇된 관념에 자신의 관념을 덧붙이며, 속임수를 써서 그를 자기에게 복종케 하여 사탄의 미혹에 빠뜨린다. 앞에서 인용한 사례를 보면 미혹된 사람들은 스스로 천사들을 볼 자격이 있다고 생각했으며, 따라서 스스로 가치 있는 사람이라고 생각했다. 육체적이고 본성적인 사람은 자신을 달리 판단하지 못한다. 그러므로 거룩한 교부들은 영성생활의 수련이 부족하고 하나님의 은혜의 인도함을 받지 못한 금욕고행자들의 은수隱修는 그들을 멸망하게 만든다고 했다.

성 바르사누피우스 및 그의 동료 고행자였던 선지자 요한10)의 행동은 은수사들과 침묵에 관한 교훈적 모범이 된다. 그 수도원의 모든 형제들은 하나님의 성령이 넘치도록 충만했던 이 위대한 성인들의 가르침을 받았다. 수도원장인 세리다스Seridas도 이들의 가르침에 따라 행했고, 바르사누피우스는 세리다스를 아들이라고 불렀으며, 세리다스는 이 거룩한 장상을 섬겼다. 바르사누피우스는 수실에 들어가 밖으로 나오지 않았으며, 오직 세리다스만이 수실에 들어갈 수 있는 허락을 받았다. 다른 형제들의 질문에 대한 답변을 기록한 뒤 세리다스를 통해 전했다. 이렇게 신령한 성인들의 지도를 받은 그 수도원의 형제들은 영적으로 신속하고도 풍성한 진보를 이루었다. 그들 중 몇 형제들은 하나님의 부르심을 받아 은수생활을 할 수 있는 능력을 갖추었다.

---

9) *On Spiritual Law*, Ch. 34.
10) 이들은 시리다스 수도원Community of Abbt Seridas의 은수사들이다.

바르사누피우스는 존 미로사프스크에게 하나님께서는 그의 침묵생활을 원하신다고 예고했다. 그리고 이 수도사로 하여금 수도공동체의 대장간에서 복음의 계명에 따른 순종의 생활을 하게 하여 단련시킨 뒤, 하나님께서 지시하시는 때에 그를 은둔생활로 인도했다. 바르사누피우스와 존 마로사브스키의 서신을 보면 존은 은둔생활에 들어간 뒤에도 정욕적인 생각의 공격을 받았음을 알 수 있다. 또 은둔생활을 하라는 허락을 받은 다른 수도사들은 한층 더 큰 정욕으로 인해 괴로움을 겪었다. 그러나 그들은 은둔생활을 금지 당하지는 않았다.

반면에 도로테우스Dorotheous는 세상의 지혜나 영적 지혜가 탁월했으며, 다른 수도사들을 지도하는 능력도 지니고 있어서 실제로 이 신령한 은사를 발휘했지만, 거룩한 장상들은 그의 간절한 소망에도 불구하고 그에게는 은둔수도를 허락하지 않았다.

그들은 도로테우스에게 이렇게 말했다: "스스로를 발견하기 전, 즉 순결해지기 전에 침묵생활을 시작하는 사람은 주제넘기 쉽다. 십자가를 진 사람만이 진정한 침묵을 수행할 수 있다. 만일 당신이 이웃을 긍휼히 여기면, 당신은 도움을 받을 것이다. 그러나 자비를 베풀지 않고 자신의 능력 이상으로 오르려고 한다면, 자신이 가지고 있는 것까지 잃게 될 것이다. 그러므로 좌로나 우로나 치우치지 말고 중용을 지켜야 한다. "직 주의 뜻이 무엇인가 이해하라 때가 악하니라"(엡 5:16-17). 이 말의 의미는 주제넘게 침묵생활을 시작하지 말며, 걱정 중에서도 낙심치 말라는 것이다. 중용의 길은 타락하지 않는 안전한 길이다. 침묵생활을 하려면 반드시 이것을 겸비해야 하며, 다른 사람을 보살피고 있을 때에 자신을 지켜 스스로의 생각을 조절해야 한다. 이 모든 일들을 어느 특정한 때에만 행해야 하는 것은 아니다. 모든 사람은 자연의 추이로 그에게 임하는 모든 것을 감사함으로 견뎌야 한다. 사람이 자신을 낮추어 겸손해질수록 더 발전하고 성공하게 된다. 기도실 안에 머무는 것 자체로는 영적으로 성장하지 못한다. 마귀와 싸워본 경험이 없는 사람이 기도실에서 은수隱修하면 공주수도를 하는 수도사들은 전혀 알지 못하는 무서운 싸움과 고난을 겪는다. 반면에 당신이 때가 이르기 전에 모든 염려를 버린다면 마귀는 당신을 위해 평화나 안식이 아닌 불안을 예비해주므로 당신은 "내가 태어나지 않았으면 좋을 뻔 했다"라고 말할 것이다."11)

성 도로테우스Dorotheus는 성인으로 대단히 유명한 수도원 저술가이다. 그는 이 충고를 받아들여 형제들과 함께 공동체 내에서 생활했으며, 거룩한 지도자들이 죽은 다음 자신이 수도원을 세우고, 그곳의 수도원장이 되었다.

『사다리』의 저자 요한 클리마쿠스는 자기기만이나 속임수 및 여러 가지 영적인 정념에 빠지기 쉬운 사람들은 결코 은수생활을 택하지 말고 형제들과 함께 머물러 살면서 계명을 실천하며, 은혜로 주시는 구원을 받아야 한다고 했다.12) 사막에서 은수하거나 공동체 안에서 살거나 어떤 생활이든지 하나님의 뜻과 일치하며, 하나님을 즐겁게 하는 생활에는 축복이 풍성히 임하기 때문이다.

능력을 갖추지 못한 채 성급하게 시작한 은수생활에서 미혹뿐만 아니라, 표면적으로 눈에 보이지 않는 사악한 미혹이 필연적으로 일어난다. 정신적이고 영적인 미혹의 위험성은 표면적인 미혹의 위험성에 비교할 수 없을 만큼 크다. 왜냐하면 그것은 극히 치유하기 어려우며, 또 치유를 수용하지 않기 때문이다. 거룩한 교부들은 이처럼 교만이나 자기기만에 토대를 둔

---

11) *Answers* 312, 313.
12) 『사다리』 계단 8:10, 18, 21, 25; 계단 27:13, 36.

미혹을 "개인적 판단에 입각한 견해"라고 했다. 이는 금욕고행자가 영적 대상물이나 자신에 관한 거짓된 사상을 받아들여 참된 생각으로 간주하는 것이다. 정신이 마음과 본성적으로 공감하고 협동하거나, 마음이 정신과 협동하여 받아들인 거짓 생각들과 환상에는 반드시 사람을 현혹시키는 즐거운 심령의 감각이 수반된다. 이것은 허영심과 관능의 작용이다. 이와 같은 미혹의 영향을 받은 사람들은 수도생활에 관한 그릇된 교훈을 전파하며, 때로는 이단의 우두머리가 되어 자신은 물론 이웃들까지 영원한 멸망으로 인도한다.

시리아의 성 이삭St. Isaac의 55번째 담화에는 다음과 같은 내용이 들어있다. 말파스라는 사람이 높은 영성상태에 이르려는 목적으로 은둔하여 엄격한 고행생활을 했다. 그러나 그는 마귀의 유혹에 넘어가 교만해지고 미혹에 빠졌으며, 유키테스Euchites라는 이단을 만들고 지도자가 되고 말았다.

"개인적 판단에 입각한 견해"라고 하는 미혹에 대한 책의 본보기로서 다음과 같은 것을 인용할 수 있다.

프란시스코의 전기를 저술한 어느 작가는 "프란치스코가 하늘로 올라갔을 때, 성부 하나님께서 그를 보시고 잠시 본성적인 자기 아들을 선택할 것인지, 아니면 은혜로 말미암은 자기의 아들 프란치스코를 택해야 할지 회의를 느꼈다"고 했다. 이것이야말로 매우 두렵고 정신 나간 모독적 표현이며, 참으로 기막힌 망상이다.

오늘날 사람이 살지 않는 사막이나 광야에서 은수隱修하는 것은 아주 불가능한 일로 여겨지고 있다. 심지어 독거하는 것조차도 매우 어렵고 위험하고 실천하기 힘든 일로 여겨진다. 이러한 일을 할 때, 우리는 하나님의 뜻을 알고 복종해야 한다. 만일 당신이 하나님을 기쁘게 해드리는 은수사가 되기를 원한다면, 침묵을 사랑하며 모든 힘을 다해 침묵하는 수련을 하라. 교회

11. 은거생활

에서나 식당에서나 자기 수실에서 쓸데없는 말을 하지 않도록 하라. 그리고 꼭 필요한 경우 잠시 외출하는 일 외에는 외출하지 않도록 하라. 공동체 안에서나 밖에서나 특별한 친구를 사귀지 말라. 사람과 너무 친하게 지내지 말며, 모든 해로운 오락을 피하라. 공동체 안에서, 그리고 이 세상 생활을 하는 데 있어서 순례자와 나그네처럼 행하라. 그렇게 할 때 은둔자 즉, 은수사가 될 수 있다. 만일 하나님께서 보시기에 사막이나 독거처에서 살 능력이 있다고 여기신다면 복된 사로프의 세라핌Seraphim에게 마련해 주셨던 것과 같은 사막과 고요한 침묵 기도생활을 마련해 주시거나, 복된 조지에게 예비해 주셨던 자돈스키 수도원 내의 독거할 처소를 당신에게도 마련해 주실 것이다.

부록

모스크바의 어느 정신병원에 선지자라고 자칭하는 사람이 있었는데, 호기심을 가진 사람들은 떼를 지어 그에게 몰려왔다. 그 선지자의 이름은 이반 야코블레치였다. 모스크바 주민들은 은둔생활을 하고 있는 어느 수도사를 방문하여 자기들의 선지자를 칭찬하였다. 그들은 이반에게 네르친에서 강제노역을 하고 있는 그의 친척에 대해 질문한 결과 그가 영적 통찰력을 가지고 있음을 확신했다. 그들의 질문을 받은 이반은 한 시간 동안 아무 대답도 하지 않았다. 질문자들이 그에게 답하라고 재촉하자 그는 그들에게 물었다. "네르친까지의 거리는 얼마나 됩니까?" 그들은 "육천 킬로미터가 넘습니다"라고 대답했다. "당신들은 거기까지 빨리 달려갈 수 없겠군요"라고 선지자가 대꾸했다. 그리고 나서 그는 그들에게 그 죄수가 다리에 상처를 입고 고통을 겪고 있다고 말해 주었다. 얼마 후 질문자들은 네르친에 있는 그 친척에게서 편지를 받았는데, 편지에는 그의 두 다리가 족쇄와 쇠사슬에 긁혀 상처가 났다는 등 그의 고통스러운 생활이 쓰여 있었다. 그리하여 모스코바 주민들은 "이반 야코블레비치야 말로 놀라운 영적 통찰력을 가지고 있다"고 결론을 내렸다.

이 이야기를 들은 수도사는 이렇게 말했다.

"이 일에는 영적 통찰력이 아니라, 다만 타락한 영들과의 접촉이 있었을 뿐입니다. 성령은 시간을 필요로 하지 않습니다. 성령은 세상의 비밀과 천국의 비밀을 즉시 계시해 주십니다. 이반 야코블레비치는 자기와 함께 살고 있는 마귀를 모스코바에서 네르친으로 보냈으며, 마귀는 그 선지자의 허영심과 세상 사람들, 즉 질문자들의 호기심을 만족시킬 헛되고 세속적인 정보를 가져왔던 것입니다. 성령은 언제나 신령한 것, 영혼의 구원에 도움이 되며 참으로 필요한 것만 말씀하십니다. 반면에 타락한 영들은 타락으로 말미암아 악한 정욕과 물질계 속에서 기어 다니고 있기 때문에 정욕적이고 세속적인 것들만 이야기합니다."

하나님께서 은수사로 주신 참되고 거룩한 영적 통찰력의 작용과 본보기로 교회사에 있었던 놀라운 사건들을 기록해 보겠다. 알렉산드리아의 감독인 아타나시우스Athanasius는 암몬 감독에게 자신이 배교자 줄리안 황제에게 도망친 일에 대해 다음과 같이 말했다.

"그 당시 나는 위대한 하나님의 사람들—타벤나 수도원의 원장인 테오도레Theodore, 안티노스 인근에 살고 있었던 수도사들의 사부 팜몬Pammon—을 만났다. 나는 테오도레의 처소에 숨으려는 목적으로 사방을 덮은 그의 보트를 타고, 그의 처소가 있는 상류까지 가려고 했다. 팜몬도 그에게 문안하려는 목적으로 우리와 동행했다. 그러나 바람은 우리에게 불리하게 불었으므로, 나는 낙심하여 기도했다. 테오도레의 수도사들은 해변으로 나가 배를 견인했다. 팜몬 사부는 슬퍼하는 나를 위로했다. 나는 그에게 이렇게 대답했다. "나를 믿으십시오, 나는 평화로운 시절에는 박해 때만큼 담대하지 못했습니다. 나는 그리스도의 고난과 그의 은혜로 말미암아 힘을 얻었으므로 이제 비록 죽임을 당하더라도 주님으로부터 더 많은 자비를 얻기를 바랍니다." 내가 말을 다 마치기도 전에

11. 은거생활

테오도레는 팜몬 사부를 힐끗 보며 미소를 지었고, 팜몬도 테오도레를 보며 미소를 지었다.

나는 그들에게 말했다. "왜 내 말을 듣고 웃습니까? 나의 비겁함을 비난하는 것입니까?" 테오도레가 팜몬에게 말했다. "이 교부에게 우리가 즐거워하는 이유를 말하십시오." 팜몬은 "그것은 당신이 해야 할 일입니다"라고 말했다. "바로 지금 이 시간 줄리안은 하나님께서 예고하신 대로 페르시아에서 살해되었습니다. 장차 기독교인 황제가 일어날 것입니다. 그는 훌륭한 사람이지만, 그의 수명은 짧을 것입니다. 그러므로 당신은 테바이드$_{Thebais}$에 묻혀있지 말고, 또 걱정하지도 말고 은밀하게 새 황제를 만나십시오. 당신은 도중에서 그를 만날 것이며, 당신은 교회로 돌아가게 될 것입니다. 그러나 하나님께서 곧 그를 세상에서 데려가실 것입니다." 모든 일은 그가 말한 대로 이루어졌다.

12.
장상에게 순종하는 생활

은둔 독거생활에 관해 이야기했던 것들은 옛날 수도원에서 실천되었던 바, 이는 장상에게 순종하는 태도에 대해서도 적용할 수 있다. 오늘날에는 이러한 순종을 찾아보기 어렵다.

로마의 교부 카시안Cassian은 "수도원이 번창했고 놀라운 열매를 맺었던 이집트의 교부들은 영적으로 형제들을 지도하는 일과 진실로 지혜로운 자들의 지도를 받는 것이 유익한 일이며 성령의 큰 은혜와 은사이다"[1]라고 말했다.

순종에 반드시 필요한 것은 성령의 인도함을 받는 안내자로서, 성령의 뜻에 따라 인간의 타락한 의지를 억제하여 주안에서 그에게 복종하게 하며, 아울러 모든 정욕도 억제할 수 있는 사람이다. 인간의 타락하고 부패한 의지는 정욕으로 기우는 경향을 가지고 있다. 지도자 자신이 아직 정욕에 얽매여 있다면, 그의 타락한 의지는 하나님의 성령의 의지에 의해 고귀한 영향을 받아 변화될 수 없다.

---

[1] St. Cassian: 『공주수도원의 규칙』(*On the Rule of Cenobites*) 제2권 3장.

12. 장상에게 순종하는 생활

　신 신학자 시므온St. Symeon the New Theologian은 그 시대의 수도사들에게 다음과 같이 말했다: "만일 당신이 세상을 부인하고 복음적 생활을 배우고자 한다면, 미숙하거나 정욕적인 스승에게 자신을 맡기지 말라. 만일 정욕적인 스승에게 자신을 맡긴다면, 당신은 복음적 생활이 아니라 악마의 생활을 배울 것이다. 선한 교사의 교훈은 선하지만, 악한 교사의 교훈은 악하다. 소경이 다른 사람을 인도하려 한다면, 그는 사기꾼이거나 협잡꾼일 것이며, 그를 따르는 사람들은 "만일 소경이 소경을 인도하면 둘이 다 구덩이에 빠지리라"고 하신 주님의 말씀처럼 멸망의 구덩이에 빠지게 될 것이다."2)

　신령한 은사도 받지 못하고 옛날 거룩한 장상들과 같은 역할을 하려는 사람들은 순종이라는 위대한 수도활동에 관한 자신의 생각과 의도가 거짓된 것임을 깨달아야 한다. 그들은 자신의 견해나 사고방식, 이성이나 오성, 그리고 그들의 지식이 모두 자기기만과 악한 망상이며, 그것들은 그들이 지도하는 사람들의 내면에서 그에 합당한 열매를 맺는다는 것을 알아야 한다. 그들의 지도를 받는 미숙한 초심자들은 잠시 동안은 그들의 그릇되고 불완전한 태도를 알아채지 못할 것이다. 왜냐하면 초심자들은 지식이 거의 없으며, 구원을 발견하려는 순수한 의도로 거룩한 독서에 전념하기 때문이다. 그러나 시간이 흐르면서 결국 그 사실이 드러나게 될 것이며, 그리하여 이 불쾌한 일로 인해 매우 불행한 사건, 즉 장상과 제자 사이의 불편한 관계, 그리고 제자의 영적인 혼란과 혼동으로 이어질 것이다.

　성령의 명령에 따라 성령의 활동에 의해서만 이루어져야 할 의무를 자신의 권위에 입각하여 자기 고집대로 수행하는 것은 참으로 두려운 일이다. 사탄과의 관계를 끊지 않고 있으며, 사탄의 활동으로 더럽혀져 있으면서도 스스로 성령의 그릇이라고 자부하는 것은 두려운 일이 아닐 수 없다. 그것

---

2) St. Symeon the New Theologian, Chs. 32 and 34(*Philokalia*)

은 자기 자신은 물론 이웃에게도 불행한 일이며, 하나님께 불경스러운 일이다.

성 자카리아Zachariah가 미숙한 장상이었으며 동시에 자신의 육신의 아버지였던 카리온Karion에게 순종하며 살면서도 온전한 수도생활을 이루었다는 사실,3) 또 성 아카시우스Acacius는 제자들을 죽을 정도로 매질하는 잔인한 장상과 함께 살면서도 구원을 발견했다는 사실4)을 굳이 지적할 필요는 없다. 이 두 성인은 무능한 장상들에게 순종했다. 그러나 그들은 성령으로 충만한 교부들의 조언, 그리고 그들이 직접 풍성하게 볼 수 있는 가장 교훈적인 본보기들의 인도를 받았다. 즉, 그들은 표면적으로만 장상에게 순종한 것이다. 이런 경우는 일반적인 규칙과 질서에서 벗어난 경우이다. 시리아의 성 이삭은 "하나님의 섭리의 행동양식은 일반적인 인간의 질서와는 완전히 다르다. 당신은 일반적인 질서를 지켜야 한다"5)고 말했다.

이에 대해 "수련수사의 신앙이 무능한 신앙이 무능한 장상을 대신할 수도 있다"고 할 수도 있다. 그러나 이것은 잘못된 말이다. 진리 안에 있는 믿음은 구원을 이룬다. 그러나 거짓과 미혹 안에 있는 믿음은 멸망을 이룬다. 사도 바울은 자발적으로 멸망의 길을 쫓는 사람들에게 "불의의 모든 속임으로 멸망하는 자들에게 임하리니 이는 저희가 진리의 사랑을 받지 아니하여 구원함을 얻지 못함이니라 이러므로 하나님이 유혹을 저의 가운데 역사하게 하사 거짓 것을 믿게 하심은 진리를 믿지 않고 불의를 좋아하는 모든 자로 심판을 받게 하려 하심이니라"(살후 2:10-12)고 했다.

주님은 두 명의 소경들에게 "너희 믿음대로 되라"(마 9:29)고 말씀하시

---

3) 『사막 교부들의 금언』 참조
4) 『사다리』 4:110 참조
5) 제1장 참조

12. 장상에게 순종하는 생활

면서, 그들의 눈을 뜨게 해 주셨다. 거짓말쟁이와 위선자들이 자기 이웃을 타도하기 위해 행하는 악한 행동을 정당화하기 위해서 진리의 말씀을 사용할 수는 없다.

매우 드문 일이긴 하지만, 간혹 하나님의 특별한 섭리로 믿음이 죄인들에게 작용하여 그들이 구원을 이루는 경우가 있다. 이집트의 도둑의 두목인 플라비안Flavian이 어느 수녀원을 털기 위해 수도복을 입고 수녀원으로 들어갔다. 수녀들은 그를 거룩한 교부인줄 알고 교회로 인도한 뒤 그들을 위해 하나님께 기도해 달라고 청했다. 폴리비안은 놀랍게도 자신의 뜻과는 반대로 그들을 위해 기도해 주었다. 그 후 수녀들은 그를 위해 음식을 마련했으며, 식사를 마친 뒤에 수녀들은 그의 발을 씻어 주었다. 그 수녀원에는 장님이며 귀머거리인 자매가 있었다. 수녀들은 그녀를 데리고 와서 그녀에게 낯선 사람의 발을 씻긴 물을 마시게 했는데, 그 물을 마신 그녀는 즉시 나았다. 수녀들은 하나님과 이 낯선 수도사의 거룩한 삶에 영광을 돌렸다. 그들은 이 기적의 소식을 널리 퍼뜨렸다. 하나님의 은총은 도둑의 괴수에게 임하여 그를 회개하도록 하였고 그를 도둑의 괴수에서 유명한 신부로 변화시켰다.[6]

에데사Edessa의 감독 성 테오도레Theodore의 전기에 이런 이야기가 있다: "어느 창녀가 동료 애더Ader의 강권으로 자기의 죽은 아들을 위해 기도하였는데, 기도를 마치자 죽은 아이가 살아났다. 이 일로 인해 크게 놀란 창녀는 즉시 악한 생활을 버리고 수녀원으로 들어가 금욕고행의 생활을 하면서 성화되었다."

이런 경우는 예외적인 것이다. 우리가 어떤 일을 깊이 묵상하면서 하나

---

6) 『사막 교부들의 금언』 참조

님의 섭리와 방법과 불가해한 판단에 경이를 표하고 믿음과 소망 안에서 능력을 얻는다면 올바르게 행동하게 될 것이다. 그러나 이런 일을 모방하고 본보기로 삼는다면, 우리는 크게 잘못된 행동을 할 것이다. 하나님께서는 이미 우리의 행동을 인도할 안내자로 하나님의 율법 즉, 성경과 교부들의 글을 주셨다. 그러므로 사도 바울은 "형제들아 우리 주 예수 그리스도의 이름으로 너희를 명하노니 규모 없이 행하고 우리에게 받은 유전대로 행하지 아니하는 모든 형제에게서 떠나라"(살후 3:6)고 했다. 이 말씀에서 유전이란 교회의 영적 전승을 말한다. 그것은 성경과 거룩한 교부들의 책에 상세히 설명되어 있다.

성 페멘St. Poemen은 장상과 함께 생활하는 것이 참회자의 영혼에 해로운 것으로 증명된다면, 즉시 그와 절교하라고 명령했다.[7] 이것은 문제의 그 장상이 교회의 도덕적 전승을 범하고 있을 때를 의미한다. 그러나 영혼에는 아무런 해를 끼치지 않고, 다만 생각의 혼란을 겪는 경우는 별개의 문제이다. 영혼을 혼란케 하는 생각들은 분명히 악한 것이므로, 우리는 그것들에 굴복해서는 안 된다. 그런 생각들은 반드시 우리가 영적 유익을 얻는 것에서 작용하는 바, 마귀는 우리에게 영적 유익을 강탈하려 한다.

과거의 수도사들이 실천한 순종의 삶의 특성과 형태는 참으로 고귀하고 신령한 비밀이었으며, 우리들이 따르거나 모방할 수 없는 것이었다. 우리는 다만 그것을 겸손하고 지혜롭게 탐구하고, 그 정신을 우리의 것으로 삼을 수 있을 뿐이다. 우리는 옛 교부들의 규율과 경험, 그리고 그들의 순종에 관한 기록을 읽으면서 지도자와 피지도자 모두에게 경탄한다. 그리고 현재 기독교의 일반적인 쇠퇴를 보면서, 교부들의 유산을 충분하고 충실하게 물려받기에는 우리는 아직 부적절하다는 사실이 인정된다. 이것은 올바른

---

7) 『사막 교부들의 금언』 참조

판단이며, 건전한 지혜이다. 우리 교부들의 신령한 식탁에서 떨어지는 부스러기를 먹고 살 수 있게 해 주신 것은 놀라운 하나님의 비밀이며, 우리들에게는 큰 축복이다. 이 부스러기 음식은 만족스러운 것은 아니다. 그러나 그것은 비록 우리에게 궁핍함과 배고픔과 향수의 감정을 느끼게 하지만, 영적인 죽음은 면하게 해 줄 수 있다.

13.
상담과 상담역, 영적 지도를 받는 생활

앞에서 언급한 "부스러기"란 하나님의 섭리에 의해 우리 시대를 위해 보존되어 온 신령한 생활을 의미한다. 그것은 성경과 거룩한 교부들의 책을 통해 공급되는 구원의 사역 안에 있는 인내와 함께 현대 교부들과 형제들이 취할 수 있는 충고와 교훈에 기초를 둔다.

실제로 이 같은 옛 수도사들의 순종의 형태를 달리하면, 그것은 영적으로 매우 연약한 우리에게 훌륭하게 적용될 수 있다. 옛날에 수련 수사들은 성령이 충만한 지도자들에게서 즉각적이고, 직접적으로 하나님의 뜻을 들었다. 그러나 오늘날 우리들은 스스로 성경에서 하나님의 뜻을 직접 찾아내야 한다. 따라서 자주, 그리고 오랫동안 의심과 오류에 빠지기도 한다. 과거에는 본질적으로 영적 발전이 신속했으나, 오늘날은 더디다. 그러나 그것은 우리에게 행하신 하나님의 뜻이므로 우리는 거기에 복종하고 감사하며, 그것을 소중히 여겨야 한다.

우리는 최초로 수도생활의 아버지인 성 안토니의 본보기에 따라 성경에

13. 상담과 상담역, 영적 지도를 받는 생활

기록된 사실과 사제들과 형제들의 조언으로 이루어지는 오늘의 수도생활을 인정하고 추구해야 한다. 성 안토니는 장상에게 순종하는 생활은 하지 않았다. 그는 수도생활 초기에는 홀로 생활하며, 성경과 여러 교부들과 형제들에게 지도를 받았다. 그들로부터 극기와 자제와 절제를 배운가 하면, 온유와 겸손과 인내를, 자신을 엄격하게 감시하고 침묵을 실천하는 것을 배웠다. 그는 모든 고결한 수도사들에게 순종하며, 그들 앞에서 겸손히 행하고 끊임없이 하나님께 기도하면서 그들의 덕을 자신의 것으로 만들려고 노력했다.

여러분들도 이와 같이 해야 한다. 사람이 아니라, 하나님이 기뻐하시도록 모든 이기적인 동기와 은총을 얻으려는 욕망을 버리고, 영적 지도자나 직분 맡은 사람들에게 순종해야 한다. 다시 말해서, 하나님만을 위한 순종을 이루어야 한다. 하나님의 율법, 규칙과 질서, 또는 공동체 관계자들의 경영과 상치되지 않는 일에 있어서는 언제나 사제들과 형제들에게 순종하라. 그러나 당신이 사람을 즐겁게 하기를 거부하고 단호하게 행동함으로써 고난과 고통을 받는 한이 있더라도, 결코 악한 것에 복종해서는 안 된다. 덕이 있고 지각이 있는 자제들이나 형제들의 조언을 구하라. 그러나 그들의 조언을 신중하고 사려 깊게 받아들이라. 당신이 받는 최초의 느낌에 끌려서 그 충고를 받아들여서는 안 된다. 무지한 당신은 정욕적이고 맹목적이므로, 정욕적이고 해로운 조언에 흥미를 느낄 수도 있다. 또는 그 조언은 당신이 알지 못하나, 당신 내면 깊숙한 곳에 자리 잡고 있는 감추어진 욕망을 충족시키기 때문에, 당신은 그 조언에 흥미를 느낄 수 있다.

하나님의 지극히 거룩하신 뜻에서 벗어나 당신 자신이나 이웃—당신의 조언자—의 뜻 즉, 타락한 인간의 뜻을 따르지 않게 해 달라고 눈물과 탄식으로 하나님께 간구하라. 자신의 생각이나 이웃의 생각과 조언과 관련된 복음을 참고하라. 잘난 체하고 고집 센 사람들은 남을 가르치고 지시하기를 좋아한다. 그들은 자신에 대한 충고의 가치에는 관심을 갖지 않는다. 그들은 자신의 잘못된 충고를 미숙한 초심자가 무책임한 확신, 혈과 육의 자극에 따라 택할 때 그에게 돌이킬 수 없는 피해를 초래할 수도 있다는 생각을 하지 않는다. 그들은 성공의 본질이나 근본은 상관하지 않고 무조건 성공만을 원한다. 그들은 초심자들이 감명을 받아 도덕적으로 자신에게 복종하기를 원한다. 그들은 인간의 칭찬을 원한다. 그들은 유명한 성인聖人, 영민한 장상, 영적 통찰력을 가진 교사가 되기를 원한다. 그들은 만족할 줄 모르는 허영심, 자만심을 키우기를 원한다. 다윗의 기도는 과거에도 언제나 적절한 기도였지만, 지금도 적절하다: "여호와여 도우소서 경건한 자가 끊어지며 충실한 자가 인생 중에 없어지도소이다 저희가 이웃에게 각기 거짓을 말함이여 아첨하는 입술과 두 마음으로 말하는도다"(시 12:1-2).

거짓되고 위선적인 말은 언제나 악하고 해롭다. 그러므로 이러한 태도와 맞설 예방조처를 취하는 것이 반드시 필요하다. 신 신학자 시므온Symeon the New Theologian은 "성경과 교부들의 책을 공부하라. 특히 적극적이고 실질적인 책들을 연구하라. 거기에 기록된 교훈을 당신의 교사나 장상이 가르치는 교훈이나 행동과 비교해본다면 당신은 마치 거울에 비추어 보듯이 그것들을 파악할 수 있으며, 어떻게 행해야 할지 알 수 있을 것이다. 만일 그들의 교훈과 행동이 성경과 일치한다면, 그것을 당신의 것으로 삼아 마음에 간직해도 좋다. 그러나 만일 그것이 악하고 거짓된 것이라면, 그것을 배척하고 미혹되지 않도록 해야 한다. 오늘 우리 시대에는 많은 거짓 교사와 사기꾼들이 나타나고 있다"[1]고 했다.

성 시므온Symeon은 11세기의 성인이다.[2] 그 시대에도 의인들은 거룩한

---

1) 『필로칼리아』 제33장 참조

13. 상담과 상담역, 영적지도를 받는 생활

그리스도의 교회 안에 참되고 영력 있는 지도자들이 부족하고 거짓 교사들이 많았음을 한탄했다. 그리하여 거룩한 교부들은 성경과 교부들의 저서를 더욱 권장하기 시작했다. 닐 소르스키Nile Sorsky 성인은 그보다 이전에 책들을 저술한 교부들에 관해 말했다: 이 놀라운 관습(진실로 마음과 뜻을 다하여 드리는 수도사들의 기도)을 가르칠 미혹되지 않은 교사를 찾는 것은 결코 쉬운 일이 아니다. "미혹되지 않은 교사"란 자신의 이론과 실제를 성경에 따라 증명할 수 있는 사람이며, 신령한 영적 분별력을 얻은 사람을 의미한다. 과거에도 거룩한 교부들은 그러한 주제들을 가르칠만한 미혹되지 않은 교사들을 발견하기가 거의 불가능하다고 했다. 그러나 지금은 더욱 감소되어 극소수에 불과하므로, 우리는 부지런히 그들을 찾아보아야 한다. 그리고 만일 그러한 교사를 발견할 수 없다면 교부들은 성경에서 배우며 주님께서 친히 하신 말씀에 귀를 기울여야 한다고 교부들은 명령했다. 성경은 "너희가 성경에서 영생을 얻는 줄 생각하고 성경을 상고하거니와 이 성경이 곧 내게 대하여 증거하는 것이로다"(요 5:39); "무엇이든지 전에 기록한 바는 우리의 교훈을 위하여 기록된 것이니 우리로 하여금 인내로 또는 성경의 안위로 소망을 가지게 함이니라"(롬 15:4)고 기록되어 있다.

성 닐St. Nile은 15세기에 살았던 사람이다. 그는 화이트 레이크White Lake에서 그다지 멀지 않은 곳에 수도원을 세우고 그곳에서 기도와 깊은 독거생활을 했다. 현대의 장상들은 닐이 그의 형제들에게 얼마나 겸손하게, 그리고 표면에 나서지 않고 은밀하게 교훈을 주었는지 주의 깊게 살펴보는 것이 유익할 것이다.

"아무도 자신의 태만함 때문에 하나님의 말씀을 감추어서는 안 된다. 우리 자신의 연약함을 고백해야 하며, 동시에 하나님의 진리를 가리지 말아야

---

2) 시므온은 1022년에 사망했다.

한다. 그렇지 않으면 우리는 하나님의 계명을 범하는 죄를 범하게 된다. 우리는 하나님의 말씀을 숨기지 말고 널리 알려야 한다. 성경과 거룩한 교부들의 말씀은 바다의 모래알처럼 많다. 우리는 부지런히 그것들을 찾아내어 우리를 찾아오는 사람들, 그것들을 필요로 하는 사람들에게 가르쳐야 한다. 분명히 말하자면, 가르치는 사람은 우리가 아니다. 우리는 그러한 일을 할 자격이 없으며, 성경을 근거로 하여 가르치는 사람은 복되고 거룩한 교부들이기 때문이다."3)

이런 태도야말로 오늘 우리를 인도해줄 훌륭한 본보기가 된다. 그것은 가르치는 자나, 가르침을 받는 자 모두에게 지극히 안전하고 믿을 만한 것이다. 그것은 적절한 성장이나 능숙함에 대한 올바른 표현이다. 그것은 자부심, 어리석고 건방진 태도, 만용을 배척하는 일이다. 은혜를 받지 못한 채 표면적으로 바르사누피우스나 다른 유명한 교부들을 모방하는 사람들은 어리석고 건방진 태도에 빠지기 쉽다. 거룩한 교부들이 자기 내면에 있는 풍성한 성령의 임재를 나타내는 것이 무분별하고 위선적인 모방자들에게는 무지와 자기기만과 교만과 만용을 나타내는 작용을 한다.

사랑하는 형제들이여! 가능한 한 겸손하고 경건하게 하나님의 말씀을 설명하라. 우리 자신이 이 사역을 하기에 부족하다는 사실을 인정하고 정욕적인 사람들이 형제들을 가르칠 때에 거세게 휩싸이는 자만심에 빠지지 않도록 자신을 지키라. 심판 날에 우리가 한 모든 무익한 말에 대하여 심판을 받게 된다는 것을 기억하라! 그럴진대, 우리가 교만하게 하나님의 말씀을 전파한 것에 대한 심판은 어떠하겠는가! "여호와께서 모든 아첨하는 입술과 자랑하는 혀를 끊으시리니 저희가 말하기를 우리의 혀로 이길찌라

---

3) Nile sorsky의 *Tradition*, 성 닐은 하나님의 은혜를 받았던 인물이었으나, 결코 성경을 자의적으로 해석하지 않고 교부들의 해석을 좇았다. 겸손의 길은 구원에 이르는 유일한 참된 길이다.

우리 입술은 우리 것이니 우리를 주관할 자 누구리요 함이로다"(시 12:3-4).

주님은 하나님의 영광을 구하지 않고, 자신의 영광을 구하는 사람들을 멸망하게 하실 것이다. 우리는 주님의 경고를 두려워해야 한다. 우리는 교사로서가 아니라, 하나님의 지극히 거룩한 말씀에 있는 교훈의 동참자가 되기를 갈망하는 사람으로서, 필요에 따라 교훈의 말씀을 전해야 한다. "각각 은사를 받은 대로 하나님의 각양 은혜를 맡은 선한 청지기 같이 서로 봉사하라 만일 누가 말하려면 하나님의 말씀을 하는 것 같이 하고 누가 봉사하려면 하나님의 공급하시는 힘으로 하는 것 같이 하라 이는 범사에 예수 그리스도로 말미암아 하나님이 영광을 받으시게 하려 함이니 그에게 영광과 권능이 세세에 무궁토록 있느니라"(벧전 4:10-11).

자신의 능력으로 행하는 자는 허영심을 위해 행동하는 자이다. 그는 자신은 물론 그의 말을 듣는 사람까지 사탄에게 제물로 바치게 된다. 하나님의 힘으로 행하는 자는 하나님의 영광을 위해 행동하는 자이다. 이는 모든 인간의 주님으로서 자기 자신과 이웃의 구원을 이루게 한다. 우리는 하나님의 말씀과 말씀에 대한 신령한 이해에 기초를 두지 않는 무분별한 가르침을 초심자에게 주지 않도록 조심해야 한다. 영혼에 해로운 지식을 가르치기보다는 차라리 자신의 무지함을 인정하는 편이 낫다. 우리는 미숙한 초심자로 하여금 지극히 거룩하신 하나님의 뜻 대신에 타락한 인간의 뜻을 행하도록 인도함으로써, 그들을 하나님의 종에서 인간의 종으로 변화시키는 큰 비극을 범하지 않도록 조심해야 한다.4)

상담자와 내담자와의 온당한 관계는 무조건 순종하는 장상과 수련수사와의 관계, 주님 안에 있는 종의 관계와는 다르다. 충고나 조언에는 절대적

---

4) 여기서 언급하는 것은 표면적인 순종이 아니다. 수도원의 권위자들이 정한 수도적 임무나 일이 아니라, 영혼의 내면에서 수행되는 영적이고 은밀한 순종이다.

인 승인(순종)이 포함되지 않는다. 그것은 그대로 실행할 수도 있고, 실행하지 않을 수도 있는 것이다. 상담자가 자발적으로 충고하지 않고 요청이나 강권에 의해서 하나님을 경외하는 마음으로 검손하게 충고나 조언을 했다면, 그에게는 그 충고에 대한 책임이 없다. 마찬가지로 그 충고를 받은 내담자도 그 충고를 따를 필요가 없다. 그 충고대로 실행하거나 하지 않는 것은 그의 자유의지와 판단의 소관이다.

영적으로 약한 이 시대에는 영적 지도 즉, 성경 말씀에 따라 영적 지도를 구하는 것이 가장 합당하다. 우리는 교부들이 가르친 대로 이웃이 요청하지도 않았는데도, 자발적으로 이웃에게 충고하는 일을 금해야 한다. 자발적으로 이웃에게 충고하는 것은 우리 자신이 신령한 지식과 가치를 지니고 있다는 표시이며, 따라서 교만과 자기기만의 표시이다.5) 그러나 이것은 언제라도 필요하다면, 요청이 없어도 자기에게 맡겨진 형제들을 가르쳐야 하는 지도자들과 수도원장들에게는 해당되지 않는다.6) 그러나 비록 지도자들이라도 다른 수도원을 방문할 때는 알렉산드리아의 성 마카리우스가 파코미우스Pachomius에게 한 충고에 따라 행하는 것이 옳다. 파코미우스가 마카리우스에게 형제들을 가르치고 판단하는 일에 대해서 물었을 때, 마카리우스는 이렇게 말했다: "당신의 제자들을 가르치고 판단하지만, 결코 외부인은 판단하지 마시오."7) 하나님을 기쁘게 하기를 원하는 모든 수도원장들은 이 규칙을 지켜왔고, 지금도 지키고 있다.

---

5) St. Peter Damascene 및 다른 교부들의 의견을 참고했다.
6) 참조; "너는 말씀을 전파하라 때를 얻든지 못 얻든지 항상 힘쓰라 범사에 오래 참음과 가르침으로 경책하며 경계하며 권하라"(딤후 4:2).
7) 『사막 교부들의 금언』 중 알렉산드리아의 마카리우스 편을 참조하라.

14.
수도생활의 목표

신앙생활의 본질은 우리의 손상된 의지를 치료하여 하나님의 의지와 결합시키며, 이 결합에 의해 그것을 성화시키는 데 있다. 타락한 상태에 있는 우리 인간의 의지는 하나님의 뜻을 대적한다. 이처럼 맹목적이며 하나님께 대해 적대감을 가지고 있는 타락한 인간의 의지는 끊임없이 하나님의 뜻을 거스르려고 노력한다. 그는 자기의 노력이 성공하지 못하면 화내고 불평하고 당황하며 슬퍼하고 낙담하고 나태하고 투덜거리며 하나님을 모독하며 절망한다. 하나님의 뜻을 따르기 위해 자기의 뜻을 부인하는 것은 주님께서 명하신 자기부인이다. 그것은 그리스도인의 구원과 온전함을 이루는 데 반드시 필요한 조건이다. 그러므로 이 조건이 충족되지 못하면 구원은 불가능하게 되고, 온전함은 더욱 이루지 못하게 된다.

하나님의 뜻을 행하려면 그 뜻을 알아야 한다. 하나님의 뜻을 알아야 자신의 손상된 의지를 부인할 수 있고, 하나님의 뜻에 의해 치유받을 수 있다. 하나님의 뜻은 거룩한 신비이다. 사도 바울은 "사람의 사정을 사람의 속에 있는 영 외에는 누가 알리요 이와 같이 하나님의 사정도 하나님의 영 외에는 아무도 알지 못하느니라"(고전 2:11)고 했다. 그러므로 인간은 거룩한 계시를 통해서만 하나님의 뜻을 알게 된다. 영감을 받은 다윗은 "주는 나의 하나님이시니 나를 가르쳐 주의 뜻을 행케 하소서 주의 신이 선하시니 나를 공평한 땅에 인도하소서"(시 143:10)라고 했다. "내 눈을 열어서 주의 법의 기이한 것을 보게 하소서 나는 땅에서 객이 되었사오니 주의 계명을 내게 숨기지 마소서"(시 119:18-19).

하나님의 뜻은 하나님의 율법1) 안에서 인류에게 계시된다. 그러나 그것은 성육신하신 하나님의 말씀에 의해 자세하고 분명하게 우리에게 알려진다. 그것은 참으로 고귀한 지식이므로 믿음으로 받아야 한다. 주님은 말씀하셨다: "내가 하늘로서 내려온 것은 내 뜻을 행하려 함이 아니요 나를 보내신 이의 뜻을 행하려 함이니라 나를 보내신 이의 뜻은 내게 주신 자 중에 내가 하나도 잃어버리지 아니하고 마지막 날에 다시 살리는 이것이니라 내 아버지의 뜻은 아들을 보고 믿는 자마다 영생을 얻는 이것이니 마지막 날에 내가 이를 다시 살리리라 하시니라"(요 6:38-40); "내가 내 자의로 말한 것이 아니요 나를 보내신 아버지께서 나의 말할 것과 이를 것을 친히 명령하여 주셨으니 나는 그의 명령이 영생인줄 아노라 그러므로 나의 이르는 것은 내 아버지께서 내게 말씀하신 그대로 이르노라 하시니라(요 12:49-50).

하나님의 뜻을 연구하는 것은 기쁨과 영적 위로가 충만한 일이면서 동시에 큰 슬픔과 낙심과 시련과 유혹을 주는 일이기도 하다. 그것은 자기부인, 타락한 본성의 극복, 영혼의 멸망을 면하게 해 주는 일과 불가분의 관계에 있다. 그것은 옛 사람을 십자가에 못 박는 일을 포함한다.2) 그것은 정욕적인

---

1) 러시아어로 "하나님의 율법" 이란 성경(Holy Scripture), 그리고 교회에서 가르치는 거룩한 전승(Holy Tradition)을 의미한다.
2) "그리스도 예수의 사람들은 육체와 함께 그 정과 욕심을 십자가에 못 박았느니라"(갈 5:24);

14. 수도 생활의 목표

마음과 견해를 부인하고 멸시하고 없애는 것을 요구한다. 사도 바울은 "너희는 이 세대를 본받지 말고 오직 마음을 새롭게 함으로 변화를 받아 하나님의 선하시고 기뻐하시고 온전하신 뜻이 무엇인지 분별하도록 하라"(롬 12:2)고 했다.

하나님의 아들께서 하나님의 뜻을 지극히 정확하고 성실하게 사람들에게 전하셨다. 또 하나님의 뜻의 계시를 지극히 실질적인 결과와 연결시키셨으므로, 성경은 "본래 하나님을 본 사람이 없으되 아버지 품속에 있는 독생하신 하나님이 나타내셨느니라"(요 1:18)고 했다. 다시 말해서 주님은 인간이 충분히 받아들일 수 있는 방법—인간 스스로의 힘에 의해서가 아니라, 거룩하신 은혜의 풍성한 활동을 통하여—으로 하나님의 뜻을 계시하셨다. 주님의 말씀이 의미하는 바는 이와 같다: "세상 중에서 내게 주신 사람들에게 내가 아버지의 이름을 나타내었나이다 저희는 아버지의 것이었는데 내게 주셨으며 저희는 아버지의 말씀을 지키었나이다…내가 아버지의 이름을 저희에게 알게 하였고 또 알게 하리니 이는 나를 사랑하신 사랑이 저희 안에 있고 나도 저희 안에 있게 하려 함이니이다"(요 17:6, 26). 모든 이름 위에 뛰어난 분의 이름을 계시하는 것은 모든 지식을 초월하신 분에 관한 완전한 지식이다. 하나님의 뜻에 의해 인간이 성화된 결과로 그에게 계시되어지는 지고한 지식은 거룩한 사랑, 인간과 하나님과의 합일로 이루어진다.

복음의 계명 중 어떤 것은 우리에게 하나님을 기쁘게 하는 방법을 가르쳐 준다. 또 어떤 계명들은 외부의 세력이 우리에게 작용할 때에 그것들에게 어떻게 대응해야 하나님을 기쁘게 하는지 가르쳐 준다. 전자보다 후자가

"너희가 서로 거짓말을 말라 옛 사람과 그 행위를 벗어버리고 새 사람을 입었으니 이는 자기를 창조하신 자의 형상을 좇아 지식에까지 새롭게 하심을 받는 자니라"(골 3:9-10).

더 배우기 어렵다. 그러나 영혼이 후자를 배우고 받아들일 때 전자를 만족스러울 정도로 이해할 수 있다. 우리는 하나님께서 세상의 운명, 모든 개인의 운명을 다스리신다는 것을 확신해야 한다. 생활의 경험과 시련은 이러한 복음의 교훈을 확증하고 견고히 해 준다. 믿음으로 이 교훈을 받아들이는 사람은 겸손하게 하나님께 복종하며, 모든 환난과 근심으로부터 벗어나고, 영혼의 평화를 얻으며, 강건한 능력을 얻는다. 이처럼 복음의 교훈을 받아들이는 사람은 "믿음의 방패를 가지고 이로써 능히 악한 자의 모든 화전을 소멸한다"(엡 6:16).

거룩한 교부들은 이러한 믿음을 독단적인 믿음과 구별하여 실천적인 믿음, 혹은 적극적인 믿음이라고 했다. 그것은 우리가 복음의 계명을 실천할 때에 나타난다. 그것은 그 계명들을 실천하는 분량에 비례하여 성장한다. 만일 우리가 계명을 등한히 하면 실천적 믿음은 희미해진다. 때가 되면 이 믿음은 은혜로 말미암아 살아있는 믿음으로 변화되며, 이 살아있는 믿음은 우리에게 신령한 능력을 충만히 채워준다. 하나님의 성도들은 이 믿음에 의해 "저희가 믿음으로 나라들을 이기기도 하며 의를 행하기도 하며 약속을 받기도 하며 사자들의 입을 막기도 하며 불의 세력을 멸하기도 하며 칼날을 피하기도 하며 연약한 가운데서 강하게 되기도 하며 전쟁에 용맹되어 이방 사람들의 진을 물리치기도 한다"(히 11:33-34).

하나님의 뜻이 현시顯示, 하나님의 특별한 섭리나 일반적 섭리, 사적이거나 공적인 사회생활, 하나님께서 허락하시는 세상일이나 도덕적인 일이나 신령한 일에 대하여 우리는 알 수는 없지만 하나님의 판단을 경건하게 신뢰하는 태도를 지녀야 한다. 베드로는 "그러므로 하나님의 능하신 손 아래서 겸손하라 때가 되면 너희를 높이시리라 너희 염려를 다 주께 맡겨 버리라 이는 저가 너희를 권고하심이니라"(벧전 5:6-7)고 했다.

14. 수도 생활의 목표

우리는 바벨론에 포로로 잡혀가 하나님께 대한 믿음으로 인해 가혹한 시련을 겪었고, 결국 하나님께서 섭리하신 모든 일은 하나님의 의로운 판단에 따른 것이라고 고백한 거룩한 세 청년의 기도에 나타난 훌륭한 본보기를 좇아 자신을 겸손히 해야 한다(단 3:24-45 참조). 주님께서는 "실족케 하는 일이 없을 수 없다"(마 18:7)고 말씀하셨으며, 장차 주님을 믿는 신자들과 인류에게 임할 두려운 재앙들을 예고하시면서 "난리와 난리 소문을 듣겠으나 너희는 삼가 두려워 말라 이런 일이 있어야 하되 끝은 아직 아니니라"(마 24:6)고 하셨다. 그러므로 지극히 선하시고 지혜로우시며 전능하신 하나님께서 선포하신 명령과 결정에 대적하는 말을 하거나 생각하는 것은 우리에게 합당한 일이 아니며, 그렇게 할 권리도 우리에게는 없다.

> "심지어 부모와 형제와 친척과 벗이 너희를 넘겨주어 너희 중에 몇을 죽이게 하겠고 또 너희가 내 이름으로 인하여 모든 사람에게 미움을 받을 것이나 사람들이 너희를 출회할 뿐아니라 때가 이르면 무릇 너희를 죽이는 자가 생각하기를 이것이 하나님을 섬기는 예라 하리라…이것을 너희에게 이름은 너희로 내 안에서 평안을 누리게 하려함이라 세상에서는 너희가 환난을 당하나 담대하라 내가 세상을 이기었노라 하시니라"(눅 21:16-17; 요 16:2,33)

주님은 참된 신자들이 이 세상에 사는 동안의 처지, 하나님께서 그들을 위해 미리 예정해 놓으신 처지를 말씀하신 뒤에 "너희 머리털 하나도 상치 아니하리라"(눅 21:18)고 하셨다. 이것은 "하나님께서 지치지 않고 너희를 돌보실 것이다. 하나님께서 주무시지 않고 너희를 지키실 것이다. 하나님께서 전능하신 손으로 너희를 붙드실 것이다. 그러므로 하나님께서 너희의 구원을 위하여 지극히 거룩하신 뜻에 따라 허락하지 않는 한 슬픔이나 고난이 너희에게 임하지 않을 것이다"는 의미이다.

명확한 명령으로 끝맺으셨다: "너희의 인내로 너희 영혼을 얻으리라" (눅 21:19). 하나님을 이 세상의 통치자로 인정하고 믿으라. 경건하게, 그리고 자기를 부인하며 하나님의 뜻에 자신을 복종시켜라. 이렇게 인정하고 복종할 때, 거룩한 인내가 우리의 영혼에 주는 평화로 인해서 알게 될 것이다. 우리 입술에서 하나님의 판단을 대적하는 말을 제해버리며, 복음서의 기자인 누가가 자신과 동료들에 관하여 "저가 권함을 받지 아니하므로 우리가 주의 뜻대로 이루어지이다하고 그쳤노라"(행 21:32)고 기록한 것처럼 하나님의 위대한 뜻만 생각하도록 하라.

하나님의 판단에 거슬리는 성질을 가진 생각은 모두 사탄에게서 비롯된 것임을 알아야 한다. 그런 생각은 하나님을 대적하는 것이므로 애초에 배척해야 한다. 주님은 이에 관한 예를 우리에게 제시하셨다. 주님께서 제자들에게 자신이 곧 고난을 당하고 가혹한 죽음을 당하셔야 한다는 말씀하셨을 때, 베드로는 옛사람의 본성적 연민 끝에 끌려 "주여, 그리 마옵소서. 이 일이 결코 주에게 미치지 아니하리이다"(마 16:22)고 말했다. 이에 주님은 그의 생각의 원천이 어디에 있는지를 드러내시며 대답하셨다. "사탄아 내 뒤로 물러가라 너는 나를 넘어지게 하는 자로다 네가 하나님의 일을 생각지 아니하고도 도리어 사람의 일을 생각하는도다"(마 16:23).

우리의 영혼이 하나님의 판단과 섭리로 인해 괴로워하는 이유는 무엇인가? 그것은 우리가 하나님을 하나님으로 존경하지 않기 때문이다. 우리가 하나님을 하나님으로 여겨 그에게 복종하지 않기 때문이다. 우리 자신을 하나님 앞의 합당한 자리에 두지 않기 때문이다. 우리의 교만과 소경됨 때문이다. 우리의 타락하고 더러워지고 왜곡된 의지를 억지하고 버리지 않기 때문이다. "내가 주의 모든 계명에 주의할 때에는 부끄럽지 아니하리이다 내가 주의 의로운 판단을 배울 때에는 정직한 마음으로 주께 감사하리이다"(시 119:6-7); "주는 내 구원의 하나님이시니 내가 종일 주를 바라나이다"(시 25:5). 하나님께서 내 구원을 위해 나에게 허락하신 모든 환난과 고통을 이 세상에 사는 동안 기쁨으로 인내하며 견디겠나이다.

『사다리』의 저자 요한 클리마쿠스는 하나님께서 겸손하고 겸비한 마음으로 행하는 수도사들에게만 주시는 영적 분별력을 정의하기를 "일반적인 의미로 분별이란 어떤 일을 하거나, 어느 곳에서나 하나님의 뜻을 확실히 이해하는 것을 말한다. 그것은 오직 마음과 말이 순결한 사람들에게만 발견된다"고 했다.

15.
이웃을 사랑함으로 하나님의 사랑을 얻는다

주님은 자신의 모든 특별한 명령들을 두 개의 주된 일반적인 계명으로 요약하셨다. "예수께서 가라사대 네 마음을 다하고 목숨을 다하고 뜻을 다하여 주 너의 하나님을 사랑하라 하셨으니 이것이 크고 첫째 되는 계명이요 둘째는 그와 같으니 네 이웃을 네 몸과 같이 사랑하라 하셨으니 이 두 계명이 온 율법과 선지자의 강령이니라"(마 22:37-40).

하나님은 하나님의 형상인 사람보다 우위에 계시므로 하나님을 사랑하라는 계명은 하나님의 형상을 사랑하라는 계명보다 훨씬 위에 있다. 그러나 이웃을 사랑하라는 계명은 하나님을 사랑하라는 계명의 기초가 된다. 기초를 놓지 않고서 건물을 짓는 일은 허사이다. 기초가 없는 건물은 설 수 없다. 우리는 이웃 사랑에 의해 하나님 사랑으로 들어간다. 하나님을 향한 신자의 사랑은 곧 그리스도를 향한 사랑이요, 이웃을 향한 사랑은 이웃 속에 있는 그리스도를 향한 사랑이다. 이웃을 사랑함으로써—주님이 명령하신 바와 같이 주님 안에 있는 이웃을 사랑함으로써 그리스도를 향한 사랑을 얻는다.

15. 이웃을 사랑함으로 하나님의 사랑을 이룰 수 있다

그리스도를 향한 사랑은 곧 하나님을 향한 사랑이다.

신학자이며 복음서 기자인 거룩한 사도 요한은 그의 서신에서 하나님을 향한 사랑과 우리 이웃에 대한 사랑의 연합을 훌륭하게 설명했다. 사도 요한의 가르침에 의하면 먼저 자기 형제를 사랑하지 않고서는 하나님을 사랑할 수 없다. 그리고 형제 사랑은 이것과 관련된 주님의 계명을 실천하는 것으로 이루어진다(요이 1:6).

모든 거룩한 영적 지도자들도 같은 것을 가르친다. 대 안토니는 "우리 영혼의 생사는 이웃에 달려 있다. 우리는 형제의 마음을 얻음으로써 하나님의 마음을 얻으며 형제에게 범죄함으로써 그리스도께 범죄한다"고 했다. 이집트 스케테의 교부 중에서 위대한 존 콜로보스 John Colovos 는 "집은 지붕부터 지을 수 없다. 건물은 반드시 기초부터 지어 올라가 지붕을 씌워야 한다"[1]고 했다. 그 기초가 무엇이냐는 질문에 그는 "그 기초는 우리의 이웃이다. 우리는 이웃을 마음을 얻고, 그와 함께 시작해야 한다. 그리스도의 모든 계명은 그 위에 기초를 둔다"고 대답했다. 금욕고행자 마가 St. Mark 는 "우리는 이웃을 통하지 않고서는 구원을 얻을 수 없다"[2]고 했다. 이것이 모든 거룩한 교부들이 주장하고 가르친 것이다. 이것이 보편적인 기독교의 가르침이요, 교회의 가르침이며, 그리스도의 가르침이다.

우리들의 과업의 기초인 이웃사랑을 이루기 위해 모든 주의를 기울이라. 마음의 명령과 충동에 따라 이웃을 사랑하지 말고, 복음의 계명에 따라 사랑하라. 하나님께서 우리의 본성 안에 심어주신 사랑은 타락으로 말미암아 손상되었으므로 올바르게 활동하지 못한다. 어떤 경우에도 본성적 사랑이 활동하도록 허락해서는 안 된다. 그것은 이미 순결함을 상실했으므로, 그

---

1) *Alphabetical Patrology and Memorable Sayings*, chs. 9 and 37.
2) *on Paradise and the Spiritual Law*, 제6장 참조.

활동은 마치 더럽혀진 제물처럼 하나님 보시기에 가증한 것이다. 그것의 활동에 의한 열매는 영혼을 멸망시킨다. 이웃을 사랑하되 이 같이 사랑하라. 그에게 화를 내지 말며 불평을 하거나 노를 품지 말라. 이웃에게 욕설이나 책망이나 빈정대는 말을 하지 말라. 가능한 그와 화평하게 지내라. 이웃 앞에서 겸손히 행하라. 직접적으로나 간접적으로 복수하려 하지 마라. 기회가 있을 때마다 그에게 양보하라. 말다툼이나 논쟁하는 습관은 이기주의와 자만심의 표시로 여기고 거기에서 벗어나라. 자신을 비방하는 자를 칭찬하라. 악을 선으로 갚으라. 당신을 공격하고 당신에게 부당한 일을 행하고 유혹하고 박해하는 자들을 위해 기도하라(마 5:21-48 참조). 어떤 일을 할 때에나 결코 이웃을 정죄하지 말라. 이웃에 대해 좋다거나 나쁘다는 판단을 하지 말라. 악한 사람에게서 눈을 떼지 말라. 당신은 하나님 앞에서 그를 대신하여 심문을 받게 될 것이다(마 7:11 참조).

당신의 이웃에게서 대접을 받고 싶은 대로 이웃을 대접하라. 그리하면 하늘에 계신 당신의 아버지께서도 당신의 많은 죄, 당신을 쉽게 지옥에 내던져 영원히 그곳에 갇혀 있게 할 무서운 죄의 빚을 탕감해 주실 것이다(마 18:23-25 참조).

이웃에게 애욕, 특히 불순한 정욕을 품지 말라. 여기에서 이웃이란 남성뿐만 아니라, 여성도 의미한다. 만일 당신이 원수의 독화살에 맞아 상처를 입었다고 해도 낙심하지 말라. 우리에게는 선천적으로 온갖 종류의 정욕에 감염되는 경향이 있으며, 위대한 성인들도 이런 식으로 고난을 받았음을 기억하라. 당신을 치료하기 위해 모든 정력과 노력을 기울이라.

마지막으로, 형제와 말을 많이 하거나 잡담을 하거나 너무 친밀하게 지내거나 친밀한 행동을 함으로써 그에게 해를 끼치지 않도록 하라. 만일 이웃에게 이러한 유혹을 퍼지 않고 삼간다면 하나님께서 명령하셨으며 기뻐하시는 사랑을 그에게 나타낼 수 있다. 그렇게 함으로써 하나님을 사랑할 수 있는 길을 열게 될 것이다.

성 시므온은 이렇게 말했다: "어떤 사람도 특별하게 사랑하지 말라. 특히 삶이 지극히 선하여 책망할 것이 없는 것처럼 보인다고 해서 결코 그를 특별히 사랑하지 말라. 왜냐하면 신령한 사랑이 정욕적인 사랑으로 변하여 당신은 무익한 고난에 빠지게 될 것이기 때문이다. 이런 일은 대체로 신령한 생활을 하려고 애쓰는 사람들에게 발생한다. 공동체 안의 모든 형제, 특히 당신을 알고 있는 세상 사람들에 대해서 자신을 이방인처럼 여기며, 모든 사람을 똑같이 사랑하라."

시리아의 성 이삭은 이렇게 말했다: "청년을 사랑하는 것은 간음이며, 하나님께서 싫어하시는 일이다. 그러한 상처에는 치료할 약도 없다. 아무런 차별 없이 모든 사람을 긍휼히 여겨 사랑하는 사람은 온전함을 얻는다. 젊은 사람이 젊은 사람을 따르는 것을 볼 때, 지혜로운 사람은 슬퍼하며 눈물을 흘린다. 그러나 젊은 사람을 따르는 늙은 사람은 젊은이보다 더 더러운 정욕을 갖게 된다. 비록 그가 젊은이와 정숙하게 교제하더라도 그의 마음은 상처를 입는다."[3]

---

[3] *St. Isaac the Syrian*, ch. 8.

16.
이웃을 겸손하게 대하면 이웃사랑을 이룰 수 있다

이웃을 사랑하려면 먼저 우리의 대인관계에 있어서 겸손이 선행되어야 한다. 이웃에 대한 증오심으로는 그를 정죄하고 비판하고 헐뜯고 비난하고 중상하며 험담하는 일 즉, 교만이 선행된다.

거룩한 영적 스승들은 항상 "내가 진실로 너희에게 이르노니 너희가 여기 내 형제 중에 지극히 작은 자 하나에게 한 것이 곧 내게 한 것이니라"(마 25:40)는 주님의 말씀을 기억했다. 그들은 자신의 이웃이 존경할 가치가 있는지 여부는 상관치 않았다. 그들은 이웃의 수많은 분명한 결점에 주의를 기울이지 않았다. 그들은 자기의 이웃은 하나님의 현상이며, 또 그리스도께서는 우리가 이웃에게 행하는 것을 자신에게 행한 것으로 여겨 받아주신다는 점을 잊지 않으려 했다.

타락하고 교만한 천사는 이러한 생각을 싫어하며, 우리에게서 그것을 훔치려고 전력을 다한다. 이 관념은 타락한 본성의 육체적이고 동물적인 견해[1]와는 맞지 않는 이질적인 것이기 때문에, 그것을 기억 속에 보존해

16. 이웃을 겸손하게 대하면 이웃사랑을 이룰 수 있다

주기 위해서는 특별한 노력이 필요하다. 죄로 인해 손상된 심령이 이 개념을 항상 기억하고 이해하여 자신과 형제들과의 관계에 적응시키려면 대단한 영적 노력이 필요하다. 그러나 우리가 하나님의 자비하심으로 말미암아 이 개념을 파악하기만 하면, 그것은 이웃을 향한 순수한 사랑, 모든 사람에 대한 공평한 사랑의 원천이 된다. 그러한 사랑의 근거는 오직 하나, 즉 모든 이웃 속에서 존경받고 사랑받으시는 그리스도이시다.

이러한 진리의 인식은 가장 향기로운 회한, 지극히 열렬하며 산만하지 않고 집중적인 기도의 원천이 된다. 거룩한 사도 도시테우스Dositheus가 화를 낼 때마다 자신에게 이렇게 말했다. "도시티우스야! 너는 화를 내고 있구나. 너는 화를 내어 형제의 기분을 상하게 하는 것을 부끄럽게 여기지 않느냐? 너는 그가 곧 그리스도이시며, 또 네가 그리스도의 기분을 상하게 하고 있음을 알지 못하느냐?"

위대한 성 아폴로스Apolos는 자신을 찾아오는 낯선 형제들을 영접하는 일에 관해 제자들을 가르쳤다: "그들에게 땅에 엎드려 절해야 한다. 우리가 그들에게 절하는 것은 곧 인간이 아닌 하나님께 절하는 것이다. 그들이 형제로 보이는가? 그렇다면 주 하나님을 보는 것이다. 이것은 우리가 아브라함에게서 배웠다.[2] 우리는 형제들을 환대하며 호의를 베풀어야 한다는 것을 롯에게서 배웠다. 롯은 천사들에게 자기 집에서 밤을 지내라고 강권하였다."[3]

가장 수도생활에 숙달되고 성령의 은사들을 많이 받았던 이집트의 수도

---

[1] 육체적이고 인간적인 관점은 여기에서 아무런 힘이나 권위를 갖지 못한다. 완전한 사랑은 두려움을 내어쫓으며 영적 통찰력을 회복시킨다. 우리는 그리스도를 분명히 깨달아 자신이나 옛 사람이 남아있지 못하게 해야 한다.
[2] 창세기 18장
[3] 창세기 19장 참조

사들은 모두 이러한 사고방식과 행동방식을 채택했다. 선지자는 이런 훌륭한 수도사들이 나타나게 될 것을 예견하고 예고했으니, 다윗은 이집트의 수도사들에 관해 말하기를 기도의 사람들4)이 이집트에서 나올 것이라고 예고했다(시 68:31).

4세기의 성 카시안St. Cassian은 로마인으로서 다음과 같이 말했다.

"우리(카시안과 게르마누스)가 장로의 규율을 배우기 위해 이집트 영토 내에 있는 시리아에 도착했을 때, 그곳의 형제들은 우리를 각별히 친절하게 영접해 주었으므로 우리는 크게 놀랐다. 더욱이 팔레스타인의 수도원에서는 정해진 식사 시간을 반드시 지켜야 한다고 배웠는데, 그들은 식사시간을 지키지 않았다. 그들은 수요일과 금요일에 정규 금식의 제외하고는 내가 가는 곳마다 정규적인 그날의 금식을 실천하지 않도록 해 주었다. 우리는 어느 장상에게 물었다. "왜 당신들은 금식을 등한히 합니까?" 그는 대답하기를 "나는 언제라도 금식을 할 수 있지만 당신들은 결국은 내게서 떠날 사람들입니다. 비록 금식은 유익하고 또 필요한 일이지만, 그것은 하나의 은사이며 자발적인 희생제사입니다. 반면에 실질적인 방법으로 사랑을 실천하는 것은 계명에서 요구한 불변의 의무입니다. 나는 당신 속에 있는 그리스도를 영접하며, 그분에게 마음에서 우러나는 지극한 환대를 베풀어야 합니다. 내가 그리스도로 인한 사랑을 당신에게 베풀고 난 뒤 당신이 떠나고 나면, 나는 홀로 은거하며 더욱 금식함으로써 앞서 금식을 게을리 한 것을 보상할 수 있습니다. 주님은 혼인집 손님들이 신랑과 함께 있을 동안에 슬퍼할 수 있느뇨 그러나 신랑을 빼앗길 날이 이르리니 그 때에는 금식할 것이니라(마 9:15)고 말씀하셨습니다"라고 대답했다."5)

---

4) 슬라브 어로 Men of Prayer 라고 번역되었다. 그리스어로는 장로(Elders) 또는 대사(Ambassadors)에서 유래되었다. 따라서 대표자들(Representative), 중보자들(Intercessors)이라고 할 수 있다.

16. 이웃을 겸손하게 대하면 이웃 사랑을 이룰 수 있다

공동체에서 형제들과 함께 생활하면서 당신 자신은 죄인으로, 모든 형제들은 천사들로 여기라. 당신을 위하기보다는 형제들을 위해 생활하라. 당신이 아닌 이웃이 선택되었을 때에 그것을 당연한 것으로 여기며, 그 일을 기뻐하라. 당신이 친밀한 교우관계와 친교를 피한다면 쉽게 이러한 영혼의 태도를 얻을 수 있을 것이다. 반면에 당신이 사람들과 자유롭고 안일하게 친밀하게 지낸다면 당신은 결코 성인의 견해에 이르지 못하며, 또 사도 바울처럼 진지하게 "그리스도 예수께서 죄인을 구원하시려고 세상에 임하셨다 하였도다 죄인 중에 내가 괴수니라"(딤전 1:15)고 느껴 말할 수 없을 것이다.

이웃과 교제할 때 겸손과 사랑을 나타낸다면, 마음의 완악함과 냉담함이 축출될 것이다. 그것은 마치 무덤 앞이 놓인 바위를 굴려 제거하는 것과 같은 것이며, 마음은 이제까지 죽어 있어 누리지 못했던 하나님과의 신령한 관계를 누리게 될 것이다. 마음은 새로운 광경을 보게 될 것이니 즉, 죄로 인한 상처투성이의 타락한 본성을 보게 될 것이다. 그는 이 비참한 상태를 하나님께 고백하고 자비를 구하기 시작할 것이다. 그의 심령은 슬퍼하고 통회할 것이다. 이것이 진정한 기도의 출발점이다.

시리아의 성 이삭은 화를 잘 내는 사람의 기도를 바위 위에 씨를 뿌리는 것[6])에 비유했다. 자기 이웃을 정죄하고 멸시하는 사람의 기도에 대해서도 같은 말을 할 수 있다. 하나님은 교만하고 화를 내는 사람의 기도를 듣지 않으실 뿐 아니라, 그러한 영혼에게 여러 가지 굴욕적인 시련을 주시어 그로 하여금 다시 이웃과의 관계에 있어서 사랑을 회복하며 이웃을 사랑하게 만드신다. 우리들의 기도는 하나님을 향한 사랑의 실제적인 표현이다.[7])

---

5) St. Cassian, Bk, On Gluttony, Ch. 24. 마가복음 2:19.
6) 실제로 성 이삭은 "바다에 씨 뿌리는 것"(sowing in the sea)이라고 했다.
7) *Ladder*, 28:33.

17.
기도

　일반적으로 거룩한 교부들의 견해에 의하면, 기도는 복음의 계명들의 수행으로 태어난 딸이자 모든 덕의 어머니이다. 기도는 인간의 영과 하나님의 영의 결합을 통해서 덕을 생산한다. 기도를 이루어내는 덕과 기도가 이루어내는 덕은 서로 다르다. 전자는 혼$_{soul}$에 관한 것이요, 후자는 영$_{spirit}$에 관한 것이다. 기도는 두 가지 계명 중에서 크고 으뜸가는 계명을 실천하는 것이다.1) 사람은 은혜의 능력으로 죽은 자들 가운데서 일어나 마치 혼을 받은 듯이 소생할 때, 기도의 작용에 의해 자기의 모든 생각과 힘과 존재를 하나님께 바칠 수 있다.2)

　기도는 신앙인의 영적 진보의 거울이다.3) 자신의 기도를 살펴봄으로써 이미 구원을 얻었는지, 아직도 거룩한 항구에 도착하지 못하고 어지러운 정욕의 바다에서 괴로움을 당하고 있는지를 분별할 수 있다. 그것을 분별할

---

1) "예수께서 가라사대 네 마음을 다하고 목숨을 다하고 뜻을 다하여 주 너의 하나님을 사랑하라 하셨으니 이것이 크고 첫째 되는 계명이요 둘째는 그와 같으니 네 이웃을 네 몸과 같이 사랑하라 하셨으니 이 두 계명이 온 율법과 선지자의 강령이니라"(마 22: 37-40)
2) *Ladder*, 28:45.
3) Ibid. 28:34

수 있는 기준은 영감이 충만했던 다윗의 기도이다. "나의 원수가 승리치 못하므로 주께서 나를 기뻐하시는 줄을 내가 아나이다 주께서 나를 나의 완전한 중에 붙드시고 영영히 주의 앞에 세우시나이다"(시 41:11-12). 이 기도의 의미는 "오, 주님! 당신께서 나에게 자비를 베푸셨으며, 또 내가 기도의 능력에 의해 모든 악한 생각과 형상과 감정을 끊임없이 배척하고 승리하였으므로 나를 당신에게 인도하셨음을 알았습니다."

인간이 모든 이웃에게 자비와 긍휼을 베풀며 자기에게 범죄한 사람들을 용서할 때에 하나님께서도 그에게 자비와 긍휼을 베푸실 것이다.

기도는 가장 우선적으로 해야 할 일이다. 기도가 모든 활동의 중심이며 핵심이 되어야 한다. 우리는 기도에 의해 가장 친밀한 방법으로 주님께 매달릴 수 있고, "주와 한 영"(고전 6:17)으로 연합된다. 우리는 올바르게 기도하는 법을 배워야 한다. 그리하면 주님은 기도 안에서, 기도를 통해서 우리의 구원을 이룬다. 우리의 타락한 본성과 우리를 노예상태, 즉 인간과 타락한 천사들이 공통적으로 가지고 있는 하나님을 혐오하는 상태에 붙들어두려고 전력을 다하는 타락한 천사들은 우리가 규칙적으로 기도하는 것과 기도가 발전하고 성장하지 못하도록 방해한다.

18.
기도 준비

　기도는 매우 중요한 일이므로, 기도를 하기에 앞서 준비가 반드시 필요하다. 기도하기 전에는 먼저 준비를 갖추어야 하며, 절대 하나님을 시험하려 하지 말아야 한다.[1] 『사다리』의 저자 요한은 다음과 같이 말했다: "우리는 우리의 임금이신 하나님 앞에 서서 그와 대화를 나누려할 때 준비 없이 경솔하게 해서는 안 된다. 그렇지 않으면 우리가 임금 앞에 서기 위해 갖추어야 하는 예복도 입지 않고 무기도 갖추지 않는 것을 하나님께서 멀리서 보시고 종과 하인들에게 우리를 결박하여 내어 쫓으라 명하시며, 우리의 탄원서를 찢어 우리의 면전에 내팽개치실 것이다."[2]

　기도를 위해 갖추어야 하는 첫째 준비는 이웃에게 화를 내고 그들을 비난하는 일을 하지 않는 것이다. 이것은 주님께서도 친히 명하신 것이다. "서서 기도할 때에 아무에게나 혐의가 있거든 용서하라 그리하여야 하늘에 계신 너희 아버지도 너희 허물을 사하여 주시리라 하셨더라"(막 11:25). 또한

---
[1] "시원을 하기 전에 자신을 준비시켜 주님을 떠보는 인간처럼 되지 마라"(집회서 19:23).
[2] *Ladder* 28:3.

하나님을 믿는 믿음의 능력과 하나님의 뜻에 복종하고 순종하는 능력에 의해 모든 염려를 버려야 하며, 자신의 죄악됨에 대한 자각 및 그에 따른 뉘우침, 그리고 겸손한 정신을 준비해야 한다. 하나님이 인간본성에게서 받으시는 제물은 영혼이나 육체를 부분적으로 드리는 제물이 아니라 상한 심령이다. 다윗은 타락된 상태에 머물러 있는 모든 사람을 위해서 "주는 제사를 즐겨 아니하시나니 그렇지 않으면 내가 드렸을 것이라 주는 번제를 기뻐 아니하시나이다 하나님의 구하시는 제사는 상한 심령이라 하나님이여 상하고 통회하는 마음을 주께서 멸시치 아니하시리이다"(시 51:16-17)라는 기도를 드렸다. 시리아의 성 이삭은 "하나님은 자신이 죄인임을 깨닫지 못하는 사람의 기도를 받지 않으신다"3)고 어느 거룩한 교부의 말을 인용하였다.

우리는 보이지 않는 하나님 앞에 서서 기도할 때에 마치 하나님을 보는 것같이 하며, 또 하나님께서 우리를 주의 깊게 보고 계신다는 확신을 가지고 하라. 보이지 않는 하나님 앞에 기도하러 설 때에는 마치 중한 죄를 지어 사형선고를 받은 죄수가 엄하고 공의로운 재판관 앞에 서 있듯이 하라. 심판관이신 그의 목전에서 의로운 인생은 한 사람도 없지만, 그분은 자기 종에게는 심판을 행하지 않으시며, 형언할 수 없는 사랑으로 우리들의 죄를 용서하시는 분이시다. 우리는 이렇듯 지고하신 하나님, 심판주 앞이 서 있다. 기도할 때에 하나님께 대한 경외심을 느껴라. 그리고 하나님의 현존에 대한 경외심의 작용을 느끼라. 그러면 눈에 보이지 않는 그분을 영적으로 보게 될 것이며, 기도는 하나님의 무서운 심판을 예상하고 앞질러 그 앞에 서는 것임을 깨달을 것이다.

기도할 때에는 머리를 숙이고 시선은 땅에다 두며 움직이지 말라. 슬픈

---

3) *Ladder* 28:1

마음, 영혼 깊은 데서 솟아나는 한숨, 많은 눈물로 기도를 하라. 기도라는 일로 씨름하는 사람들에게는 열렬한 표면적인 태도도 매우 중요하고 도움이 된다. 특히 영혼의 성향이 육체의 자세와 일치하는 초심자들에게 이러한 것이 필요하다.

사도 바울이 기도할 때에 감사해야 한다고 명하셨다: "쉬지 말고 기도하라 범사에 감사하라 이는 그리스도 예수 안에서 너희를 향하신 하나님의 뜻이니라"(살전 5:17,18). "감사"의 의미는 무엇인가? 그것은 하나님께서 온 인류, 각 사람에게 주신 무수한 축복으로 인해 하나님을 찬양하는 것을 의미한다. 이렇게 감사함으로써 영혼은 놀라운 평화로 충만하게 된다. 사방에서 슬픔이 에워싸도 그는 기쁨으로 충만하게 된다. 사람은 감사함으로써 살아있는 믿음을 얻어 자신에 관한 모든 근심을 버리고 사람과 마귀들에 대한 두려움을 짓밟게 되며, 자신을 온전히 하나님의 뜻에 굴복시킨다.

영혼이 이러한 성품을 갖추는 것은 기도를 위한 훌륭한 준비를 이루는 것이다. "그러므로 너희가 그리스도 예수를 주로 받았으니 그 안에서 행하되 그 안에 뿌리를 박으며 세움을 입어 교훈을 받은 대로 믿음에 굳게 서서 감사함을 넘치게 하라"(골 2:6-7); "주 안에서 항상 기뻐하라 내가 다시 말하노니 기뻐하라 너희 관용을 모든 사람에게 알게 하라 주께서 가까우시니라 아무 것도 염려하지 말고 오직 모든 일에 기도와 간구로, 너희 구할 것을 감사함으로 하나님께 아뢰라"(빌 4:4-6).

거룩한 교부 바르사누피우스와 요한이 저술한 『영성생활 지침』 Direction in the Spiritual Life에는 영적으로 감사하려고 노력하는 일의 중요성이 자세히 설명되어 있다.

19.
집중적인 기도

기도에는 반드시 집중력이 협동되어야 한다. 집중적인 기도는 기도하는 사람의 귀중한 재산이 되며, 주의력이 결핍된 기도는 기도하는 사람과 관계없게 된다. 집중해서 드리는 기도는 풍성한 열매를 맺으나, 부주의한 기도는 가시와 엉겅퀴를 맺는다.[1]

기도의 열매는 마음의 조명, 뉘우치는 심령, 그리고 영혼을 성령으로 살리는 것 등이다. 가시와 엉겅퀴는 영혼의 무감각, 그리고 기도의 분량이나 기도하는 데 보낸 시간에 만족하고, 그것으로 인해 우쭐대는 완악한 마음에서 솟아나는 바리새적인 자만심의 상징이다.

주의를 다른데 빼앗기지 않고 불필요한 생각이나 형상들에서 벗어나 기도하게 해주는 황홀한 집중력은 하나님이 주시는 은혜로운 선물이다. 우리는 기도할 때마다 집중하여 기도하도록 우리 자신을 강권함으로써 이러한

---

[1] "땅이 네게 가시덤불과 엉겅퀴를 낼 것이라"(창 3:18); "만일 가시와 엉겅퀴를 내면 버림을 당하고 저주함에 가까와 그 마지막은 불사름이 되리라"(히 6:8); "경건의 모양은 있으나 경건의 능력은 부인하는 자니 이같은 자들에게서 네가 돌아서라"(딤후 3:5)

은혜의 은사—영혼을 구원하는 집중력이라는 은사—를 받고자하는 진지한 갈망을 나타낸다. 『사다리』의 저자 요한 클리마쿠스의 조언에 의하면 은혜의 도움을 받지 못한 사람은 자신의 정신mind을 기도의 말로 에워싸서 인위적으로 기도에 집중할 수 있다. 기도하는데 익숙하지 않아서 정신이 기도말의 울타리를 벗어나면, 다시 그 속으로 끌어들여야 한다. 타락한 상태의 정신은 본성적으로 불안정하며 사방으로 방황하는 경향이 있다. 그러나 하나님은 마음에 안정성을 주실 수 있으며, 우리가 참고 인내하며 기도를 실천하면 하나님께서는 합당하다고 여기시는 때에 그 보상으로 평강을 주실 것이다.

기도하는 동안 주의를 집중하는 데 특히 도움이 되는 것은 기도의 말을 서두르지 않고 매우 신중하게 발음하는 것이다. 정신이 쉽게 기도의 말에 에워싸이며, 한 마디로부터도 빠져나가지 못하도록 서두르지 말고 한 마디 한 마디를 발음하도록 하라. 혼자서 기도할 때에는 소리를 내어서 기도하라. 이것도 주의를 집중하는 데 도움이 된다.

지기의 수실에서 기도의 규칙을 수행할 때에 특히 쉽게 집중적인 기도를 실천할 수 있다. 그러므로 우리는 그렇게 하도록 자신을 훈련해야 한다. 사랑하는 형제여, 수도원 수실에서의 수련과 기도의 규칙에 자신을 길들이기 위해 필요한 멍에—단조로움과 강제성—를 거부하지 말라. 즉, 자신을 기도라는 강력한 무기로 무장하라. 기회가 있을 때 기도의 실천에 자신을 길들이도록 하라.

지극히 능하신 하나님은 기도 안에서 활동하시므로 기도는 매우 강하다. 기도는 "구원의 투구와 성령의 검 곧 하나님의 말씀"(엡 6:17)이다. 기도는 본질적으로 하나님과 인간이 교제하고 연합하는 일이다. 기도의 작용으로 인간은 하나님과 화해하게 된다. 기도는 얼싸안고 우는 모녀의 눈물이며,

19. 집중적인 기도

유혹의 강을 건너는 다리이며, 재앙으로부터 보호하는 성벽이다. 기도는 갈등의 박멸이요, 끝없는 활동이며, 덕행의 샘이요, 신령한 은사의 원천이다. 기도는 눈에 보이지 않는 진보요, 절망을 잘라내는 도끼이며, 소망의 증거요, 슬픔으로부터 해방이요, 수도사의 보화이다.

우리는 처음에는 억지로라도 기도해야 한다. 그러면 곧 기도는 위안을 주기 시작할 것이며, 이 위안은 그 강압을 가볍게 해주고, 우리를 강권하도록 용기를 준다. 실제로 풍성한 위로의 은사를 받았기 때문에, 자신을 강제할 필요가 없는 금욕고행자는 거의 없다.

기도는 우리의 옛사람에게, 즉 중생하지 못한 자아, 또는 본성에 대해서 잔인하게 작용한다. 옛사람은 우리 안에 살아있는 한 마치 죽음처럼 기도를 대적한다.[2] 기도의 능력과 그것이 주는 유익한 효과를 아는 타락한 영들은 어떤 수단을 써서라도 우리의 주의를 산만하게 만들어 기도하지 못하게 한다. 그것들은 우리로 하여금 기도하기로 배정된 시간을 다른 일에 사용하도록 자극한다. 또는 기도하는 시간에 무수한 세속적인 생각들, 악한 백일몽, 몽상, 상상, 환상 등이 들끓게 하여 세속적으로 주의를 산만하게 하고 집중하지 못하게 함으로써 기도를 무력하게 하고 오염시킨다.

---

[2] 참조: "그리스도 예수의 사람들은 육체와 함께 그 정과 욕심을 십자가에 못 박았느니라"(갈 5:24).

20.
수실규칙

수실규칙은 수도자가 몇 차례 기도하고 시편을 암송하며 예수기도를 실행하느냐에 관한 것이다. 그것은 각 사람의 영혼과 육체의 능력에 따라 결정된다. 각 사람이 지니고 있는 능력은 무한히 다르므로 수도생활을 원하는 사람들에게 제공되는 규칙과 그 형태 또한 다양하다. 기도의 규칙에 제공되는 일반적인 원리는 다음과 같다. 기도의 규칙은 결코 기도자의 체력에 비해 지나치거나 그를 약하게 하거나, 그의 건강을 해쳐 모든 종류의 규칙을 포기하게 만들어서는 안 된다. 기도자가 기도의 규칙을 포기하게 되는 것은 일반적으로 그가 채택하거나 그에게 부과된 규칙이 그의 능력에 맞지 않는 데서 비롯된 결과이다. 반면에 적절하고 현명한 규칙은 평생 동안 그 수도사의 재산으로 존재하며, 생이 끝날 때까지 발전과 성장을 계속하고, 그의 발전 정도에 비례하여 표면적인 형태와 내면적 가치에 있어서 하나님의 특성을 이룬다.

튼튼하고 건강한 사람에게는 많은 양의 기도가 지시되며, 약한 사람에게는 적은 양의 기도가 지시된다. 인간의 체력과 능력은 사람마다 크게 다르기 때문이다.

21.
예수기도

엄격히 말해서 거룩한 교부들이 말하는 기도는 예수기도를 의미하는데, 그것은 "하나님의 아들 예수 그리스도여, 죄인인 나를 불쌍히 여기소서"라고 기도하는 것이다. 『사다리』의 저자 요한은 침묵을 지키며 관상에 잠기는 사람들에1) 대해 말하기를, 그들 중 어떤 사람들은 대부분의 시간을 찬양하며 묵상하는 데 보내며, 어떤 사람들은 기도하는 데 보낸다고 했다.2) 여기에서 노래한다는 것은 기도하는 마음으로 시편을 읽는 것을 의미하며(그 시대에는 오늘날과 같은 기도의 형태는 존재하지 않았다) "기도"라는 용어는 예수기도를 의미한다. 『사다리』의 저자 요한이 말한 것으로 "밤 시간의 대부분은 기도에 바치고, 그 나머지 시간에는 시편을 낭독하라"3)는 말에서도 역시 동일한 의미를 지닌다. 요한 클리마쿠스John Climacus, 위대한 금욕자이며 수도생활의 안내인인 신 신학자St. Simeon the New Theologian 와 시내산의 성인 그레고리St. Gregory the Sinaite 도 "기도"와 "시편"의 의미를 마찬가지로 설

---

1) 또는, 침묵을 실천하는 사람들
2) *Ladder* 27:33
3) *Ladder* 27:77

명했다.

예수기도에는 두 가지 형태가 있는데, 입으로 드리는 구송기도vocal prayer 와 정신으로 드리는 기도mental prayer이다. 구송기도를 주의 깊게 바치면 저절로 정신으로 드리는 기도로 발전하게 된다. 예수기도는 처음에는 구송으로 드려야 한다. 예수기도는 서서 해야 하지만, 몸이 허약하거나 지쳐 있을 때에는 앉거나 누워서 할 수 있다. 예수기도에 필수적인 요소는 주의를 집중하는 것, 기도말로 정신을 에워싸는 것, 서두르지 않고 천천히 기도말을 정확히 발음하는 것, 그리고 상한 심령이다. 물론 이것은 어느 기도에나 필요한 조건들이지만 예수기도를 실천하는 데 있어서 특히 필요하고 반드시 지켜져야 한다. 찬송가 영창을 할 때에는 여러 가지 생각으로 에워싸여 있으므로 무의식중에 정신의 집중력이 떨어지고, 그로 인해 분심이 일어난다. 그러나 예수기도를 하면 마음이 하나의 생각, 즉 예수 그리스도의 이름을 통해 죄를 용서받는다는 생각에 집중한다. 겉으로 이 활동은 매우 건조한 것으로 보이지만, 실제로 실천해 보면 어떤 영혼의 활동보다 가장 유력하고 유익한 것임이 증명된다. 이 기도의 능력과 가치는 전능하시고 지극히 거룩하신 주 예수 그리스도의 이름에서 비롯된다.

선지자 요엘은 신인神人이신 주님에 대해 "누구든지 여호와의 이름을 부르는 자는 구원을 얻으리라"(요엘 2:32)고 했다. 또 사도 바울도 요엘의 말을 그대로 되풀이했으며(롬 10:13), "네가 만일 네 입으로 예수를 주로 시인하며 또 하나님께서 그를 죽은 자 가운데서 살리신 것을 네 마음에 믿으면 구원을 얻으리니"(롬 10:9)라고 했다. 사도 베드로는 유대 산헤드린 앞에서 날 때부터 절름발이였던 사람을 주 예수 그리스도의 이름으로 고쳐주면서 "이에 베드로가 성령이 충만하여 가로되 백성의 관원과 장로들아 만일 병인에게 행한 착한 일에 대하여 이 사람이 어떻게 구원을 얻었느냐고 오늘 우리에게 질문하면 너희와 모든 이스라엘 백성들은 알라 너희가 십자가에 못 박고 하나님이 죽은 자 가운데서 살리신 나사렛 예수 그리스도의 이름으로 이 사람이 건강하게 되어 너희 앞에 섰느니라 이 예수는 너희 건축자들의 버린 돌로서 집 모퉁이의 머릿돌이 되었느니라 다른이로서는 구원을 얻을 수 없나니 천하 인간에 구원을 얻을 만한 다른 이름을 우리에게 주신 일이 없음이니라"(행 4:8-12)고 했다.

주 예수 그리스도께서 기도할 때에 거룩하고 거룩한 "예수"의 이름을 부르며 기도하라고 하셨다. 이것은 주님께서 제자들과 성만찬을 나누시면서, 즉 인류의 구원을 위하여 자원하여 배반과 고통의 장소로 떠나시기 전 중요한 순간에 나누신 심각한 대화를 기록한 요한복음을 보면 확실히 알 수 있다(요 13-16장). 그 때 주님이 주신 교훈은 마지막 유언의 특성을 가지고 있다. 주님은 이 말씀 속에서 제자들과 모든 신자들의 영혼을 구원하는 최종적인 명령, 영생을 얻는 분명하고 확실한 보증을 해석해 주셨다.

여러 가지 약속과 신령한 은사 중에는 예수의 이름으로 기도하라는 명령이 있다. "너희가 내 이름으로 무엇을 구하든지 내가 시행하리니 이는 아버지로 하여금 아들을 인하여 영광을 얻으시게 하려 함이라 내 이름으로 무엇이든지 내게 구하면 내가 시행하리라"(요 14:13-14); ."그 날에는 너희가 아무 것도 내게 묻지 아니하리라 내가 진실로 진실로 너희에게 이르노니 너희가 무엇이든지 아버지께 구하는 것을 내 이름으로 주시리라 지금까지는 너희가 내 이름으로 아무 것도 구하지 아니하였으나 구하라 그리하면 받으리니 너희 기쁨이 충만하리라"(요 16:23-24).

주 예수 이름으로 구하는 자에게 주어져 그가 기쁨으로 충만하도록 하는 것은 무엇인가? 그것은 주님의 말대로 "내 이름으로 보내실 성령"(요 14:26)이다. 이 체험에 따른 지식은 거룩한 교부들의 것이며, 그들의 전승이다.[4]

21. 예수기도

---

4) *St. Kalistus and Ignatius*, "Directions to Hesychasts," ch. 12.

22.
예수기도의 실천

　예수기도를 처음 시작하는 사람은 서두르지 말고 주의를 집중하여 예수기도를 100번 드려라. 그리하여 더 많은 예수기도를 드릴 수 있다고 생각되면 다시 100번을 더하라. 시간이 흐르면서 필요에 따라 그 횟수를 늘일 수도 있다. 서두르지 않고 주의를 집중하여 예수기도를 100번 드리려면 대략 30분이 소요된다. 그러나 어떤 수도자에게는 더 많은 시간이 걸리기도 한다. 절대 서둘러서 예수기도를 드려서는 안 된다. 예수기도를 드린 뒤에는 잠시 쉬어 마음의 집중을 돕도록 해야 한다. 쉬지 않고 계속하여 예수기도를 드리면 마음이 산만해진다. 호흡은 조심하여 부드럽고 서서히 하라. 그리하면 정신이 산만해지는 것을 막을 수 있다. 이렇게 예수기도를 마친 뒤에는 다른 생각을 하지 말고, 허무하고 유혹적이며 미망된 꿈에 빠지지 않도록 하라. 다만 잠들 때까지 기도하면서 시간을 보내도록 하라. 잠자리에 들어서도 잠들 때까지 예수기도를 반복하라. 잠에서 깨어나면서 하는 최초의 생각과 말과 행동이 예수기도가 되도록 훈련하라. 교부들은 우리에게 저녁 식사 후에 죽음을 묵상하라고 조언하고 있다. 이것은 참으로 옳은 조언이다. 실제로 살아있는 예수기도는 죽음을 묵상하는 일과 불가분의 관계가 있다. 죽음을 묵상하는 것은 자신이 일시적으로 죽음에 복종

22. 예수기도의 실천

함으로써 죽음을 폐하시고 인간에게 영생을 주시는 주 예수 그리스도께 드리는 살아있는 기도와 연결되어있다.

예배 의식이 진행되는 동안에도 예수기도를 실천하는 것이 유익하다. 그렇게 하는 것은 분심分心을 막고 교회의 찬양과 성경 강독에 집중하도록 도움을 준다. 예수기도가 우리의 끊임없는 기도가 될 때까지 훈련하라. 예수기도는 짧기 때문에 매우 편리하다. 교부들은 말하기를 "수도사는 먹든지 마시든지, 수실에 있든지 예배를 드리든지, 여행을 하든지 또는 무엇을 하든지 끊임없이 '주 예수 그리스도 하나님의 아들이시여, 죄인인 나를 불쌍히 여기소서'라고 외쳐야 한다"고 했다.

23.
쉬지 말고 기도하라

하나님께서 끊임없이 기도하라고 명령하셨다. 주님께서 "구하라 그러면 너희에게 주실 것이요 찾으라 그러면 찾을 것이요 문을 두드리라 그러면 너희에게 열릴 것이니…하물며 하나님께서 그 밤낮 부르짖는 택하신 자들의 원한을 풀어 주지 아니하시겠느냐 저희에게 오래 참으시겠느냐"(마 7:7; 눅 18:7)고 말씀하셨다.

사도 바울은 주님이 가르치심을 그대로 되풀이 하여 "쉬지 말고 기도하라"(살전 5:17)고 했으며, 또 "그러므로 각처에서 남자들이 분노와 다툼이 없이 거룩한 손을 들어 기도하기를 원하노라"(딤전 2:8)고 했다. 여기서 "남자들"이란 그리스도의 온전함에 이른 기독교인들을 의미한다. 성숙하고 온전한 기독교인들만이 "분노와 다툼 없이" 기도할 수 있다. 다시 말해서 지극히 평화롭게, 이웃에게 조금도 화를 내거나 비판하지 않고, 이웃을 향한 순수한 사랑을 가지고, 불필요한 생각과 상상으로 인해 산만해지지 않고 기도할 수 있다. 이러한 사람들의 마음과 심령에 의해 성화되어 모든 정욕으로부터 깨끗하게 되었으므로 언제 어디서나 거룩한 손을 들어 하나

23. 쉬지 말고 기도하라

님께 기도할 수 있다.

초심자는 쉬지 않는 기도를 할 수 없다. 그러므로 쉬지 않는 기도를 할 수 있게 되려면 자주 기도를 실천하는 수밖에 없다. 자주 예수기도를 드리다 보면 조만간 저절로 쉬지 않는 기도를 드릴 수 있게 된다. 쉬지 않는 기도를 실천하는 가장 쉬운 방법은 예수기도를 드리는 것이므로 초심자는 가능한 한 자주 예수기도에 전념해야 한다. 당신에게 자유시간이 있는가? 절대 그 시간을 나태하게 보내지 말라. 비현실적이며 어리석은 망상에 빠지거나 헛되고 사소한 일에 시간을 보내지 말고 그 시간을 예수기도를 실행하는 데 사용하라.

몸이 약해서, 정확히 말하자면 타락한 본성에서 비롯된 허황된 생각이나 공상으로 인해 분심되더라도 결코 낙심하지 말며 태만하지 말라. 하나님 앞에서 당신의 경솔함과 비천함을 회개하라. 자비하신 하나님 앞에 진심으로 무릎을 꿇어 엎드리라. 그리고 유혹하는 꿈과 생각들에 맞설 예방조처들을 취하라.

자주 기도하는 훈련이 되어 있지 않은 사람은 결코 쉬지 않고 기도하지 못한다. 쉬지 않고 끊임없이 드리는 기도는 하나님의 은사로서 신실함이 증명된 종에게 주시는 선물이다. "끊임없는 기도에 의하지 않고서는 결코 하나님께 가까이 갈 수 없다."[1] 끊임없는 기도는 인간을 향한 하나님의 자비의 상징이다. 그것은 영혼의 모든 능력을 하나님께 기울이고 있음을 상징한다. "주여 나를 긍휼히 여기소서 내가 종일 주께 부르짖나이다 주여 내 영혼이 주를 우러러 보오니 주여 내 영혼을 기쁘게 하소서"(시 86:3-4).

---

1) *St. Isaac the Syrian*, ch. 69

24.
세 종류의 예수기도[1]

예수기도를 바로 드리기를 바라는 사람은 다음과 같은 교부들의 저서를 읽음으로써 자신과 자신의 기도를 시험해봐야 한다: ①예루셀렘의 헤시키우스Hesychius의 『절제에 관한 논문』 *The Article on Sobriety*, ②시나이의 필로테우스Philotheus의 『절제』에 관한 글들, ③필라델피아의 대주교 성 테올렙투스 St. Theoleptus의 『그리스도 안에서의 은밀한 활동에 관한 설교』 *The Discourses on Secret Activity in Christ*, ④신 신학자 시므온Symeon the New Teologian과 시나이의 그레고리St. Gregory of Sinai의 글들, ⑤니세포르스Necephotus, 칼리스투스Kallistus, 익나티우스 크산포울루스Ignatius Xanthopolos 등의 저서, ⑥닐 소르스키Nile Sorsky의 전승들, ⑦성 도로테우스St. Dorotheus의 『심포지움』 *Symposium*.

독자들은 시므온의 저서 『필로칼리아』 *Philokalia* 중에서 "세 가지의 기도 방법"이라는 제목의 글, 성 니세포루스의 글, 성 칼리스투스와 이그나티우스 크산포울루스의 글에서 자연스러운 호흡과 함께 정신을 마음으로 이끄

---

[1] 구송으로 바치는 기도Oral Prayer, 정신으로 바치는 예수기도Mental Prayer, 진정한 예수기도Cordial Jesus Prayer를 말한다.

는 기술art, 다른 말로 하자면 정신의 기도mental prayer를 할 수 있도록 도와주는 기법이나 기술에 대한 교훈을 얻을 수 있을 것이다. 이러한 교부들의 가르침은 그리 어렵지 않은데도 실제로 많은 독자들은 어려움을 느낀다. 나는 사랑하는 형제들에게 이 방법이 저절로 이해되지 않는다면, 그것을 애써 터득하지 말라고 충고한다. 많은 사람들이 이것을 배우려고 연습하다가 아무 소득도 얻지 못하고 폐만 상하게 되었다. 이 기도의 본질은 기도하는 동안에 정신과 마음이 연합하는 데 있으며, 이는 하나님이 정하신 시간에 하나님의 은혜로 이루어진다. 앞에서 말한 과정2)은 예수기도를 서두르지 않고 정확히 발음하며, 매번 예수기도 사이에 잠시 멈추거나 휴식하고, 부드러우면서 서두르지 않는 호흡을 하며, 기도말로 정신을 에워싸게 함으로써 온전히 전심과 마음이 일치하게 된다. 이러한 수단의 도움으로써 쉽게 어느 정도 집중attention의 단계에 다다를 수 있다. 기도할 때 정신집중은 곧바로 마음의 공명을 이끌어 내기 시작한다. 정신과 마음의 공명은 점차 정신이 마음과 연합으로 이끌며, 이 때 교부들이 말한 연합의 과정이 자연적으로 나타난다. 이러한 물리적이며 기계적인 수단들은 모두 예수기도를 드릴 때 가능한 한 쉽고 빠르게 정신집중에 이르게 하기 위한 것뿐이며, 그 수단 자체가 목적이 아니다.

    기도에 있어서 본질적이며 필수적인 요소는 정신집중이다. 정신집중 없는 예수기도는 있을 수 없다. 진실로 은혜로 주어진 정신집중은 우리의 마음을 세상에 대하여 죽이는 데서 비롯된다.3) 그러나 수단은 언제나 수단일

---

2) 정신이 마음과 연합하게 되는 과정mechanism을 말한다.
3) "그러나 내게는 우리 주 예수 그리스도의 십자가 외에 결코 자랑할 것이 없으니 그리스도로 말미암아 세상이 나를 대하여 십자가에 못 박히고 내가 또한 세상을 대하여 그러하니라"(갈 5:1); "미쁘다 이 말이여, 우리가 주와 함께 죽었으면 또한 함께 살 것이요"(딤후2:11); "우리가 항상 예수 죽인 것을 몸에 짊어짐은 예수의 생명도 우리 몸에 나타나게 하려 함이라 우리 산 자가 항상 예수를 위하여 죽음에 넘기움은 예수의 생명이 또한 우리 죽을 육체에 나타나게 하려 함이니라 그런즉 사망은 우리 안에서 역사하고 생명은 너희 안에서 하느니라 기록한바

뿐이다. 호흡법을 사용하여 정신을 마음으로 인도해야 한다고 제시한 거룩한 교부들은 정신이 마음과 연합하는 습관을 획득했을 때(더욱 정확하게 말하자면 은혜의 활동에 따른 선물로서 이 결합을 획득했을 때)에는 이러한 기술의 도움을 받을 필요가 없이 자신의 움직임에 의해 마음과 결합한다고 했다. 그렇게 되어야 마땅하다. 마음과 정신의 분리, 그리고 이들이 서로 대적하는 현상은 우리가 타락하여 범죄한 데서 비롯된 결과이다. 하나님의 은혜가 타락으로 말미암아 깨어지고 부서진 인간을 치료하기 위해 그 손을 내밀 때 당연히 인간의 찢긴 부분들을 서로 결합시키며, 정신을 마음과 영혼뿐만 아니라 육체와도 연합시키며, 하나님을 향한 유일하고 참된 갈망ardour을 준다.4)

정신과 마음의 결합과 더불어 우리는 모든 정욕적인 생각과 감정에 저항할 수 있는 능력을 얻는다. 인간적인 기술로 이것을 얻을 수 있는 결과이겠는가? 아니다. 은혜의 결과이다. 그것은 눈에 보이지 않는 수고를 보호해 주는 성령의 열매이다. 육체적이고 본능적인 사람은 그것을 결코 이해할 수 없다.

기도에 의해 정신이 찾아내는 마음의 처소에 관한 교부들의 저서를 읽을 때 우리는 창조주께서 마음의 상부에 놓아주신 신령한 영혼의 능력5)을 이해하도록 해야 한다. 이것은 인간의 마음과 동물의 마음을 구별해 준다. 동

내가 믿는 고로 말하였다 한 것 같이 우리가 같은 믿음의 마음을 가졌으니 우리도 믿는 고로 또한 말하노라 주 예수를 다시 살리신 이가 예수와 함께 우리도 다시 살리사 너희와 함께 그 앞에 서게 하실 줄을 아노니 모든 것을 너희를 위하여 하는 것은 은혜가 많은 사람의 감사함으로 말미암아 더하여 넘쳐서 하나님께 영광을 돌리게 하려 함이라 그러므로 우리가 낙심하지 아니하노니 겉사람은 후패하나 우리의 속은 날로 새롭도다"(고후 4:10-16); "너희가 육신대로 살면 반드시 죽을 것이로되 영으로써 몸의 행실을 죽이면 살리니"(롬 8:13)

4) 갈망ardour은 영어로 devotion, aspiration, craving, yearning, longing, elan 등의 의미가 있다.
5) 마음의 능력the power of the soul에 대하여 필로칼리아에 있는 성 시나이의 필로테우스Philotheus of Sinai 부분을 읽으라.

24. 세 종류의 예수기도

물도 인간과 같은 의지의 능력이나 투쟁과 분노의 능력과 욕망을 가지고 있다. 그러나 영성의 능력은 양심, 또는 우리들의 영의 의식 속에[6], 하나님께 대한 경외심 속에, 하나님과 이웃을 향한 신령한 사랑 속에, 참회와 겸손과 온유한 정신 속에, 상한 마음이나 죄로 인한 통절한 애통 속에, 그밖에 동물들은 알지 못하는 신령한 영적 감정 속에 나타난다. 영혼의 능력은 정신으로서, 이는 영적인 것이기는 하지만 두뇌 속에 자리 잡고 있다. 마찬가지로 영성의 세력, 또는 인간의 영은 비록 신령한 것이지만 왼쪽 가슴 젖꼭지에서 조금 윗부분에 있는 마음의 상부에 자리 잡고 있다.

마음과 정신의 결합은 정신에서 비롯된 신령한 생각과 마음에서 비롯된 신령한 감정의 결합이다. 타락 이후 인간의 생각과 감정은 신령한 상태에서 세속적이고 육적인 상태로 변화하였다. 따라서 복음의 계명에 의해 정신과 영을 들어 올려 신령한 생각과 감정을 가질 필요가 있다. 마음과 정신이 치료될 때 신령한 생각과 감정은 주님 안에서 결합되며, 마음 안에서 영성, 또는 영이 거하는 부분에 점차 놀랍고 신령한 하나님의 성전, 인간의 손으로 지은 것이 아닌 지성소가 조성될 것이다. 성령에 의해 제사장이나 대제사장으로 임명된 정신은 신령과 진정으로 하나님을 예배하기 위해 그곳으로 내려온다.[7] 그리될 때 기독교인은 성경이 말하는 바 "하나님의 성전과 우상이 어찌 일치가 되리요 우리는 살아 계신 하나님의 성전이라 이와 같이 하나님께서 가라사대 내가 저희 가운데 거하며 두루 행하여 나는 저희 하나님이 되고 저희는 나의 백성이 되리라"(고후 6:16)는 말씀을 경험으로 알게 된다.

영성의 힘이 자리 잡고 있는 곳 즉, 마음의 중심으로부터 아랫부분에는

---

6) 이것은 전혀 "지식"에 의존하지 않는다. 여기서 지식이란 고린도후서 4:6에 나오는 이해understanding, 이성reason을 의미한다.
7) 참조: "하나님은 영이시니 예배하는 자가 신령과 진정으로 예배할찌니라"(요 4:24).

질투의 세력이 자리 잡고 있으며, 그보다 더 아랫부분에는 정념과 의지의 세력이 자리 잡고 있다. 동물들의 내면에서는 이 두 가지 세력이 매우 거칠게 행동한다. 왜냐하면 그것들은 전혀 영성과 연결되어 있지 않기 때문이다. 그러나 인간의 내면에서는 영의 발달 정도와 방법에 비례하여 이 두 세력이 활동한다. 그러나 그리스도의 지식, 즉 복음 앞에서 분명히 죄악된 것뿐만 아니라 본성적인 생각들과 감정까지도 버린 진정한 기독교인 안에 있는 영이나 영의 세력에 종속될 수 있으며 바르게 행동할 수 있다.

마음과 정신은 영과 진리라는 매개체에 의해서만 결합될 수 있다. 우리가 타락한 본성을 완전히 복음의 지시에 복종시키지 않는 한, 끊임없이 더욱 복음의 계명에 순종함으로써 우리를 치유하도록 성령의 은혜를 이끌지 않는 한, 우리가 성령의 보호하심 즉, 은혜의 손길에 의해 치료되어 생명을 회복하지 않는 한 정신과 마음은 결합될 수 없다.

악한 감정과 생각은 이 결합을 붕괴시킨다. 뿐만 아니라 겉으로 의로운 것처럼 교묘하게 위장한 모든 본성적인 생각과 감정들도 정신과 마음의 결합을 파괴하며 서로 대적하게 한다. 복음에서 제공하는 영적 지도에서 벗어나게 되면 모든 보조수단이나 기술은 아무 소용이 없게 되므로 마음과 정신은 결코 결합하지 못한다.

마음과 정신의 결합에 선행하는 계명의 실천은 그 결합 뒤에 따르는 계명의 실천과는 다른 것이다. 마음과 정신이 결합하기 전에 우리는 자신의 타락한 본성을 강압하고 억제하면서 대단히 힘들고 어렵게 계명을 실천한다. 그러나 이 둘이 결합한 뒤에는 이것들을 결합시킨 신령한 세력이 우리에게 계명을 성취하도록 강권하므로, 그 일은 쉽고 가볍고 달콤하고 즐겁게 된다. 시편 기자는 "주께서 내 마음을 넓히시오면 내가 주의 계명의 길로 달려가리이다"(시 119:32)라고 말했다.

24. 세 종류의 예수기도

예수기도를 실행하는 사람에게 그레고리St. Gregory the Sinaite, 헤시키우스Hesychius of Jerusalem, 필로테우스Philotheus of Sinai, 그리고 닐 소르스키Nile Sorsky의 저서에 대한 바실 폴리아노메로울스키Basil Polianomerroulsky의 주해서의 통독은 매우 유익할 것이다. 이 주해서를 읽은 뒤에 『필로칼리아』Philokalia를 읽으면 더욱 분명히 깨닫게 되고 더욱 유익하게 될 것이다. 교부들의 저서를 읽을 때에 우리는 그들의 시대에 초심자에게 적용되었던 표준이 우리 시대에는 매우 숙련된 사람에게 적용되는 표준이 라는 사실을 잊어서는 안 된다. 교부들의 교훈을 자기 자신이나 자신의 행동에 적용시키는 일은 매우 신중하게 해야 한다.

25.
거룩한 묵상

라스토프Rastov의 성인 데메트리Demetry와 보로네즈Voronezh의 성인 티콘Tichon은 거룩한 묵상divine meditation을 실천했다. 즉, 말씀이신 하나님의 성육신, 그의 놀라운 지상생활, 우리를 구원하기 위해 겪으신 지극한 고난, 영광스러운 부활과 승천을 묵상하였다. 그리고 인간의 운명과 타락, 주님에 의한 중생, 그리고 기독교의 오묘한 신비 등을 묵상하였다.

이 성인들은 거룩한 묵상을 통해 얻은 의견들을 그들의 저서에 남겼다. 성 다마스커스의 피터St. Peter of Damascus는 다른 금욕적 작가들과 마찬가지로 이러한 묵상 소견들을 영적 환상으로 분류했으며, 영적 환상의 범주 중에서 제4단계에 속하는 것으로 분류했다. 피터 성인에 의하면 모든 신령한 환상은 일종의 신비한 상태로서 우리가 회개하여 정결해진 정도에 따라 나타난다. 회개뿐만 아니라 신령한 환상에도 등급이 있다. 기독교의 신비는 수도자의 영적 발달 정도에 비례하여 계시된다. 데미트리와 티콘 성인의 묵상집은 그들의 영적 발달 정도를 나타내 준다. 거룩한 묵상생활을 실천하려는 사람은 이 성인들의 저서를 읽어보라. 거룩한 묵상은 영혼의 오류를 벗어나

25. 거룩한 묵상

게 해 주며 유익을 준다. 한편 회개하여 정화되지 못한 수도사가 기독교 교리를 정확하게 이해하지 못한 채 자신의 의지에 따라 행하는 묵상은 매우 잘못된 것으로 해를 끼친다. 그것은 필연적으로 잘못된 것일 수밖에 없으며, 따라서 해로운 결과와 자기기만을 산출하며, 치명적 오류라는 위기를 낳는다.

성인들은 정확하고 자세하게 정통적 신학교육을 받았고, 자신의 거룩한 생활에 의해 기독교인으로서 온전함의 정상에 이른 사람들이다. 그들에게 있어서 거룩한 묵상은 자연스러운 것이었다. 신학에 대한 근본적이고 정확한 이해가 없으며, 참회[1]로서 깨끗해지지 못한 사람들에게 묵상 생활은 어울리지 않는다. 이런 까닭에 거룩한 교부들은 준비가 안 된 사람들에게 묵상생활을 금했다. 『사다리』의 저자 요한은 "교리는 매우 깊고 심오한 바다와 같다. 묵상 기도자[2]가 지성을 가지고 그곳에서 헤엄치는 것은 참으로 위험한 일이다. 옷을 입은 채 수영을 하는 것처럼 위험하다. 또한 정념의 노예 상태에 있는 절대 신학[3]에 접근해서는 안 된다"고 말했다. 이것은 묵상 기도자에게 주는 경고이다. 오직 영적으로 능숙한 수도사들에게만 조용한 묵상기도[4] 생활이 허락된다.

옛날 많은 수도사들은 스스로 자신의 이해 능력을 초월한 교리를 탐구하려다가 치명적인 이단에 빠지고 말았다. 요한 클리마쿠스Climacus는 "겸손한 수도사는 쓸데없이 신비에 관여하지 않으나, 교만한 수도사는 하나님의 판단을 엿보고 캐려 한다"[5]고 했다. 이것은 참으로 올바른 지식이다. 거룩

---

1) penance, 또는 repentance
2) 헤시카스트)를 말한다. 이 말은 정교회의 은둔수도사를 말한다.
3) *Ladder* 27:10-11. 정교회 전통에서 신학theology 란 현대적 의미의 이론적인 교리나 신학이 아니라, 복음의 계명을 몸소 실천하며 체험하는 것을 의미한다. 여기서는 헬라어로 번역한 것으로서 예수기도hesychast 또는 독거solitary 생활을 뜻한다.
4) *Hesychasm: the Silent life of contemplative prayer.*

한 묵상생활을 행할 만큼 성숙하지 못했으며 거기에 합당치 못한 사람이 품는 묵상생활에 대한 갈망은 자만심의 발로이며 교만하고 신중치 못한 욕망이다. 기도와 영혼을 강건케 하는 영적 독서에 힘쓰라. 이러한 훈련은 하나님께서 기뻐하시는 올바르고 안전하여 거룩한 몫을 위한 훈련이 될 것이다.

눈먼 장님이 치료를 받아 눈을 뜨게 되면 눈의 본성적 특성에 의해 사물을 볼 수 있게 된다. 마찬가지로 우리의 마음이 죄라는 질병에서 벗어나 깨끗함을 얻게 되면 저절로 기독교의 신비를 보기 시작한다. 노력하면서 하나님을 의지하라. 만일 기독교의 전반적 유익을 위해 깊은 비밀을 보고, 그것을 형제들에게 전파할 필요성을 느낀다면 하나님께서 분명히 당신에게 그 은사를 주실 것이다. 그러나 만일 그것이 하나님의 뜻이 아니라면 자신의 구원을 위해 본질적으로 필요한 것과 그러한 필요를 충분히 충족시켜주는 것을 얻고자 애쓰라. 참회와 슬픔의 감정, 죽음, 하나님의 심판, 영원한 불이 이글거리며 영원한 어두움이 다스리는 무서운 지옥에 대한 묵상과 결합된 순수한 기도를 얻으려고 노력하라. 이러한 묵상과 결합된 기도는 오류가 없는 훌륭한 묵상이며, 영혼에 큰 유익을 준다.

---

5) *Hesychasm: the Silent life of contemplative prayer* 25:11

26.
죽음을 묵상하라

수도사는 매일, 하루에도 여러 번 자신이 피할 수 없는 죽음에 직면해 있음을 생각해야 한다. 그리고 궁극적으로는 끊임없이 죽음을 생각하는 단계에 이르러야 한다.

우리의 마음은 타락으로 인해 매우 어두워졌으므로, 억지로라도 죽음을 생각하지 않으면 죽음을 완전히 망각할 수도 있다. 죽음을 망각한다면 우리는 이 세상에서 영원히 살 것으로 생각할 것이다. 그리고 사후에 영원한 세계로 가서 거기서 당할 일에 대해서는 전혀 생각하지 않고, 이 세상의 삶만을 위해 모든 것을 희생시킬 것이다. 그리고 대담하고도 무엄하게 그리스도의 계명을 무시하고 죄를 범할 것이다. 우리는 쉬지 않고 기도하는 일은 물론 간헐적으로 어쩌다 드리던 기도마저 하지 않을 것이다. 다시 말해서 우리는 본질적이고 필수적인 일을 매우 가치가 없고 긴요하지 않은 것처럼 여기고 비웃을 것이다. 육신의 죽음을 망각하면 우리의 영혼은 죽는다.

반면에 육체의 죽음을 자주 묵상하는 사람은 영적으로 죽은 자들 가운데서 부활한다.1) 그는 이 세상에서 사는 것을 여관에 묵고 있는 나그네나, 감옥에 갇힌 죄수인 양 느끼면서 판결이나 처형될 날을 기다린다. 그의 눈 앞에는 항상 영원한 세계로 들어가는 문이 열려 있다. 그는 끊임없이 신령한 근심, 깊은 슬픔과 묵상으로 그쪽을 들여다본다. 그는 언제나 그리스도의 심판대 앞에 설 날을 생각하며 무엇이 그를 의롭다 해 줄 것이며, 그에게 어떤 판결이 내려질 지를 생각한다. 이 판결은 그의 영원한 운명을 결정짓는 것이다. 세상에서 느끼는 아름다움이나 쾌락은 전혀 그의 주의를 끌거나 사랑의 대상이 되지 못한다. 그는 장차 하나님의 심판대 앞에 설 때에 자신이 세상에서 이웃에게 행한 것에 대한 비판과 동일한 판결이 내려질 것임을 알고 있기 때문에 누구도 비판하지 않는다. 그는 용서를 얻고 구원을 유업으로 받기 위해 모든 사람과 모든 일을 용서한다. 그는 자신에게 하나님의 자비와 은혜가 베풀어지도록 모든 사람에게 관대하게 행하고 모든 일을 자비하게 행한다. 그는 자신에게 임하는 모든 환난과 시련을 장차 죄의 대가로 영원한 세계에서 치루어야 할 형벌을 면하게 해 주는 것으로 여겨 기쁨으로 받아들인다. 그는 혹시나 자신의 덕을 자랑하는 생각이 떠오르면 즉시 죽음을 기억하여 그 생각이 부끄럽고 어리석은 것임을 알고 축출한다.

하나님의 심판 때에 과연 우리의 덕이 무슨 의미를 가질 수 있는가? 하늘 나라조차 부정하게 보시는2) 하나님의 안전에서 우리의 덕이 무슨 가치를 지닐 수 있겠는가? 항상 기억하고 또 기억할 것은 "내 조상과 선조들도 죽은 것과 같이, 나도 분명히 죽는다. 인간은 결코 이 세상에서 영원히 살 수 없다. 이제까지 다른 모든 사람들에게 임했던 그러한 운명은 나에게도 임한다"는 사실이다. 회개를 위해 우리에게 주어진 시간을 헛되이 낭비하지 말라. 우리의 시선을 이 세상에 고정시키지 말라. 이 세상에서 우리의 역할은 단

---

1) 엡 2:1-6; 골 3:1; 롬 8:11, 36; 히 11:13-16; 고후 4:10
2) "하나님은 그 거룩한 자들을 믿지 아니 하시나니 하늘이라도 그의 보시기에 부정하거든"(욥기 15:15)

26. 죽음을 묵상하라

역배우에 불과하다. 우리는 이 세상에 유배된 유형수이다. 하나님의 긍휼하심으로 말미암아 지옥이라는 영원한 감옥과 거기에서 받게 될 영원한 고통을 피하기 위해 회심하고 회개할 수 있는 기회가 이 세상에서 주어졌다. 이 세상에서 잠시 순례생활을 하는 동안 영원한 세계에 있는 영혼의 안식처, 복된 피난처를 얻도록 노력하라. 세상의 소유를 부인하며, 타락한 본성의 영역 안에 있는 모든 육욕적이고 본성적인 것들을 부인함으로써 영원한 것을 소유하기를 구하라. 그리스도의 계명대로 실행함으로써 구하라. 범한 모든 죄를 진정으로 회개함으로써 구하라. 모든 시련과 환란을 주신 하나님께 감사하고 찬양함으로써 구하라. 많은 기도와 찬송으로 구하라. 예수기도와 죽음을 묵상함으로써 구하라.

예수기도와 죽음을 묵상하는 일―이 두 가지는 하나의 활동으로 통합된다. 예수기도를 드림으로써 죽음을 생생하게 기억하게 된다. 그것은 마치 죽음을 시사하는 것과 같으며, 이렇게 죽음을 미리 맛봄으로써 기도의 불은 더욱 맹렬하게 타오른다.

죽음을 묵상하는 일은 우리에게 반드시 필요하다. 죽음을 묵상하는 것은 영성생활에 있어서 필수요소이다. 그것은 우리가 자만심[3] 때문에 빠지게 되는 해악과 타락으로부터 영적 생명을 보호해 준다. 죽음과 하나님의 심판을 묵상함으로써 우리 자신의 영적 생명을 지키지 않으면, 우리는 금욕적이고 집중적 생활로 인해 쉽게 자만에 빠지게 된다. 자신의 노력이나 분투에 조금이라도 가치를 부여하고, 그것이 하나님 앞에서 공로가 된다고 여기는 것이야말로 영혼에 큰 재앙이 된다. 우리 자신이 영원한 고통은 물론이요, 이 세상의 모든 형벌을 받아야 마땅한 사람임을 인정하라. 이러한 자기평가는 우리의 영혼에 가장 진실되고 큰 유익을 줄 것이며, 하나님께서도 가장

---

[3] 또는 self-opinion으로서 자신의 노력 안에 자기과대평가$_{conceit}$와 자기신뢰를 포함시킨다.

그리스도를 본받아 사는 생활

기뻐하실 것이다.

가끔 죄인들을 기다리고 있는 영원한 재앙들을 헤아려 보라. 이러한 재앙들을 요약하여 기록하면서 눈앞에 생생하게 그려보라. 지옥의 고통을 미리 맛보도록 하라. 그리하면 그것들을 생생하게 기억하게 될 것이다. 따라서 우리의 영혼은 몸서리를 치며, 죄에서 도망쳐 나올 것이며, 자신에 대해 절망하고 무한히 선하신 하나님께 모든 소망을 두고서 겸손한 기도로 자비를 의지하게 될 것이다. 무섭고 측량할 수 없이 깊은 지옥의 구덩이를 기억하라. 그 구덩이는 바닥이 없다고 한다.[4] 이는 정확한 표현이다. 지옥과 인간의 관계가 바로 그것이다. 광대한 지옥은 여러 부분으로 나뉘어져 있으며 갖은 고통과 고문이 있어 모든 사람은 그가 이 세상에 살면서 행한 행위에 따른 보응을 받는다. 지옥의 어떤 부분에 갇히든지 그것은 영원한 것이며, 그 고통 또한 영원한 것이다. 그곳은 참을 수 없고 불가해한 어두움이 다스리며, 동시에 꺼지지 않는 불이 언제나 동일한 화력으로 타오르고 있다. 그곳에는 언제나 영원한 밤이 있을 뿐 낮이 없다. 그곳에서는 이 세상의 악취와 비교조차 할 수 없는 견딜 수 없는 냄새가 난다. 무서운 지옥의 벌레들은 졸지도 않고 자지도 않으며 지옥에 떨어진 죄인들을 뜯어먹고 또 뜯어먹는다. 그런데도 그들의 몸은 전혀 손상되지 않으며 그들의 존재도 멸망하지 않는다. 더욱이 이 벌레들은 그렇게 먹고도 배불러하지도 않는다. 이것이 지옥에서 겪는 모든 고통의 본질이다. 그것은 죽음보다 더 지독하면서도 죽지 않는다. 이 세상에서 생명을 원하듯이 지옥에서는 죽음을 갈망한다. 지옥에 있는 모든 죄수들에게는 죽음이 위로가 될 것이다. 그러

---

[4] "또 내가 보매 천사가 무저갱 열쇠와 큰 쇠사슬을 그 손에 가지고 하늘로서 내려와서 용을 잡으니 곧 옛 뱀이요 마귀요 사탄이라 잡아 일천년 동안 결박하여 무저갱에 던져 잠그고 그 위에 인봉하여 천년이 차도록 다시는 만국을 미혹하지 못하게 하였다가 그 후에는 반드시 잠간 놓이리라"(계 20:1-3)

26. 죽음을 묵상하라

나 그들에게는 죽음이 허락되지 않는다. 그들의 운명은 끝없는 고통이 지속되는 영원한 생명이다. 지옥에 떨어져 버림받은 영혼들은 견딜 수 없는 형벌에 의한 고통을 받는다. 그들은 그곳에서 견딜 수 없는 슬픔을 겪으면서, 지극히 무시무시한 영혼의 질병, 즉 절망으로 인해 고통당한다.

지옥에 떨어져 영원한 형벌을 받아야 한다는 선고가 당신에게 내려졌음을 인정하라. 그러면 마음 속에 강력하고 저항할 수 없는 기도의 외침이 우러나와 하나님께 자비를 구하게 될 것이며, 하나님은 당신을 지옥이 아닌 낙원으로 인도해 주실 것이다.

스스로 이 세상에서 상급을 받고 하늘나라의 상급도 받을 가치가 있다고 생각하는 자야말로 극악한 죄인들보다 지옥에 떨어질 위험이 더 크다. 죄 중에서 가장 큰 죄는 교만, 자기고집, 자만심이기 때문이다. 이것은 육체의 눈에는 보이지 않는 영의 죄인데, 때로는 겸손이라는 가면 아래 숨어 있다.

거룩한 교부들은 죽음을 묵상하고 심사숙고하였다. 위대한 파코미우스의 전기를 기록한 사람은 말하기를 "파코미우스는 끝없고 영원한 고통과 아픔을 생각하면서 항상 하나님을 경외하였다. 즉, 그는 꺼지지 않는 지옥 불과 죽지 않는 벌레들을 염두에 두고 항상 기억했다. 이렇게 함으로써 그는 자신을 악으로부터 보호하고 전보다 선한 상태로 나아갈 수 있었다"고 했다.

27.
하나님이 원하시는 좁은 길

우리 주 예수 그리스도께서는 이 세상에 계실 때 극도로 비천한 생활을 하셨으며, 원수들로부터 끊임없이 환난[1]과 냉대, 박해, 중상, 비방을 받으셨다. 그리고 마침내 일반 죄수들과 함께 치욕스러운 죽임을 당하셨다. 영생으로 인도하는 구원의 길은 좁고 험하다(마 7:14). 그 길은 우리 주님께서 거룩한 본이 되셔서 가르치신 길이다. 주님은 제자들과 추종자들이 이 세상에 사는 동안 환난을 당하고, 세상이 저희를 미워하고, 저희가 박해를 받고 죽임을 당할 것이라고 예고하셨다.[2] 주님은 악한 인간 세상에 사는 주님의 제자들과 그를 따르는 자들을 "이리 가운데 있는 양"으로 비유하셨다. 그러므로 주님의 참된 종들의 지상생활 속에 슬픔과 고통을 예정하셨다는 것을 알 수 있다. 하나님께서 정하신 것을 인간의 지혜와 분별과 계획과 걱정 등

---

1) *Skorb*(헬라어 *thlinsis*)=trouble, tribulation, distress, affliction, hardship, sorrow, adversity, suffering 등의 의미를 가진다. 영어나 우리나라 말로 동의어를 찾기 어렵다. 그러나 성경에 "그 때에 사람들이 너희를 환난에 넘겨주겠으며 너희를 죽이리니…"(마 24:9); ."내가 큰 환난과 애통한 마음이 있어 많은 눈물로 너희에게 썼노니…"(고후 2:4)이라고 기록되어 있다.
2) 요한복음 16:33; 15:18; 16:2-3

27. 하나님이 원하시는 좁은 길

으로 막을 수 없다. 그러므로 수도생활을 시작한 사람은 자신을 온전히 하나님의 뜻과 인도하심에 맡기고, 이 세상에서 순례생활을 하는 동안 당하는 모든 고난을 지고하신 분의 섭리로 그의 종에게 허락하신 것으로 여기고, 그것을 인내할 준비를 갖추어야 한다. 성경에는 다음과 같이 기록되어 있다.

> 애야, 주님을 섬기러 나아갈 때
> 너 자신을 시련에 대비시켜라
> 네 마음을 바로잡고 확고히 다지며
> 재앙이 닥칠 때 허둥대지 마라.
> 주님께 매달려 떨어지지 마라.
> 네가 마지막에 번창하리라.
> 너에게 닥친 것은 무엇이나 받아드리고
> 처지가 바뀌어 비천해지더라도 참고 견디라.
> 금은 불로 단련되고
> 주님께 맞갖은 이들은 비천의 도가니에서 단련된다.
> 질병과 가난 속에서도 그분을 신뢰하여라.(집회서 2:1-5)

왜 주님은 참된 종들을 위해서는 이 세상에서 고난을 예비하시고, 원수들을 위해서는 번영과 물질적 성공과 부유함을 예비하셨는가? 이 문제에 대해 육체적인 생각은 "그것과 정반대로 준비되어야 한다"고 말한다. 이것이 바로 인간은 타락한 존재라는 이유이다. 그는 낙원에서 하나님의 명령을 범함으로써 자신에게 죽음을 초래했고, 이 세상으로 내던짐을 당했다.[3]

---

3) 지혜서 1:12-16 참조 "그릇된 생활로 죽음을 불러들이지 말고 자기의 행위로 파멸을 끌어들이지 말라. 하느님께서는 죽음을 만들지 않으셨고, 산 이들의 멸망을 기뻐하시지 않으신다. 하느님께서는 만물을 존재하라고 창조하셨으며, 세상의 피조물이 다 이롭고 그 안에 독이 없으며, 저승의 지배가 지상에는 미치지 못한다. 정의는 죽지 않는다. 악인들은 행실과 말로 죽음을 불러내고 죽음을 친구로 여겨 그것을 열망하며 죽음과 계약을 맺는다. 그들은 죽음에 속한

그리스도를 본받아 사는 생활

범죄한 후 사망은 인간의 영혼을 공격했으며, 육체를 치료할 수 없을 만큼 감염시켰다. 육체의 생명은 영혼이며, 육체는 타락한 후에도 영혼으로부터 분리되지 않았다. 그러나 영혼의 생명은 성령인데, 타락한 직후 영혼은 성령에게 분리되었다. 성령은 죄로 인해 더럽혀지고 타락한 영혼을 떠나 홀로 버려두었다. 이처럼 죽은 영혼과 동물적 생명을 지닌 살아있는 육체를 가진 첫 인간은 세상으로 추방되었으며, 그 후 인간은 이 세상에 태어나 한정된 기간 동안만 살아야하는 운명이 지어졌다. 지상생활이 끝날 때가 되면, 일생 동안 죽음으로부터 부단히 공격을 받고 대항하여 왔지만 결국 우리들의 육신은 죽음에게 패배 당하고 만다.

참으로 짧은 지상생활은 창조주께서 인간을 긍휼히 여겨 인간 자신의 구원을 위해, 즉 죽음에서 생명으로 회복시키기 위해 사용하라고 주신 것이다. 성령으로 말미암는 인간의 구원이나 중생은 우리의 주님이신 주 예수 그리스도에 의해 성취된다. 주님께서 오시기 이전의 인간들은 약속된 주님에 대한 믿음에 의해 구원을 구해야 했고, 주님이 구원을 성취하신 뒤에 구원받도록 되어 있었다.

그러나 주님께서 오신 후, 이미 오신 주님을 믿는 믿음으로써 구원을 구해야 한다. 이 세상에 있는 동안에도 구원을 받아야 한다. 영혼이 육체로 분리된 후, 즉 개인적 심판을 받은 후에 주님의 은혜로 말미암아 궁극적이고 불변하는 구원을 받게 된다.

주님을 믿는 사람은 자신이 타락한 존재라는 것과 이 세상에서 죄수임을 인정하고 고백해야 한다. 그는 자신의 실생활에서 그것을 인정하고 고백함으로써 자신의 고백이 죽고 비효과적인 것이 아니라, 살아있으며 효과적인

자들이 되어 마땅하다."

27. 하나님이 원하시는 좁은 길

것이 되도록 해야 한다. 그렇게 하지 않는 한 그는 주님을 바로 인정할 수 없다. 왜냐하면 타락하여 죽어가는 사람에게만 구원자이신 주님이 필요하기 때문이다. 그리고 자신의 타락과 영원한 멸망을 인정하고 고백하지 않는 사람에게 주님은 전혀 불필요한 존재이며 아무 필요가 없다.

자신의 삶이 타락한 것임을 고백하는 것은 이 세상에서 겪는 모든 고난을 타락에 합당한 대가로 여기는 것이며, 자신의 죄에 대해 합당하고 당연한 결과라고 생각하며 그것을 감내하는 것이다. 그리고 이 고백은 자신을 하나님을 노하게 함으로써 버림받은 죄인으로 여기고, 자신에게 쾌락이란 당치도 않는 것으로 생각하고, 세상적인 쾌락을 부단히 거부하는 것이다.

현세의 지상생활은 영원한 삶의 앞마당에 불과하다. 만일 우리가 이 세상에서 잠시 사는 동안 값 없이 주신 구원—각 사람의 자유의지에 따라 받아들일 수도 있고 거부할 수도 있는 구원—을 유익하게 사용하지 못한다면, 이 세상은 매우 무섭고 끔찍한 고통을 겪는 영원한 지옥의 앞마당이 될 수도 있다. 이 세상을 살면서 이 세상의 고통보다 훨씬 큰 고난과 재앙을 맛보아 알고 이에 대해서 묵상해야 한다.

세상생활에서 우리의 기쁨과 위안은 구원에 대한 소망뿐이다. 주님은 말씀하시기를 이 세상에서 순례생활을 하는 동안 "이제 주린 자는 복이 있나니 너희가 배부름을 얻을 것임이요 이제 우는 자는 복이 있나니 너희가 웃을 것임이요…화 있을진저 너희 이제 배부른 자여 너희는 주리리로다 화 있을찐저 너희 이제 웃는 자여 너희가 애통하며 울리로다"(눅 6:21, 25)고 하셨다.

"이 세상에서의 기독교인의 삶은 온전히 행동으로, 그리고 개인적인 회개로 표현되는 참회생활이다. 그리스도께서는 우리를 불러 회개시키시러

오셨다. 주님은 "내가 죄인을 부르러 왔노라"(마 9:13)고 하셨다. 주님은 이 세상에서 우리에게 환락, 음식, 산책, 분망한 행동, 잔치, 무도회 등을 제공하시지 않는다. 주님은 우리에게 참회와 눈물과 비통함과 슬픔과 십자가를 주신다. 우리는 그리스도인이 이 세상생활을 어떻게 해야 하는지 아는가? 복음서를 읽어보면 알 수 있다. 그들은 금, 은, 먹을 것, 마실 것, 명예, 영광으로 인해 즐거워하는 것이 아니라 주님이신 하나님으로 기뻐하며, 그들을 향한 하나님의 선하고 인자하심으로 기뻐하며, 영생의 소망으로 인해 기뻐한다."4)

주님은 친히 인성을 취하셨다. 죄만 빼놓고 모든 인간의 연약함을 취하셨으며, 인간의 타락한 모습을 생생하게 아셨다. 주님은 이 세상에서 끊임없이 고난을 당하셨지만, 그 고난에 대해 전혀 불평을 하지 않으셨다. 오히려 주님은 고난은 하늘에 계신 아버지께서 그에게 주신 성배이므로 찌꺼기까지 마셔야 한다고 하셨다. 죄가 없으시며 지극히 거룩하신 주님은 범죄하여 죄에 물든 인류를 구원하기 위해 인성을 취하시고 고난을 겪으셨으며, 자신을 따르는 모든 사람들, 모든 신령한 족속과 가족들을 위한 구원의 방법으로써 고난을 예비하셨다. 그들은 실제로 자신의 타락과 죄악됨을 인식하며 주님을 구주로 시인하고 고백하며 주님과 연합하여 하나가 되는 자들이다. 동시에 주님은 자신의 고난을 통하여 자기 종들에게 고난 속에 말할 수 없는 영적 위안을 주입하여 구원의 진리와 구원으로 인도하는 고난의 길에 관한 진리를 확증하셨다.

죄가 없으시며 지극히 거룩하신 주님은 이 세상에서 고난을 당하셨다. 그러므로 범죄한 인간은 자신이 고난을 받아야 마땅하다는 것을 충분히 인식하고 기꺼이 고난을 받아야 한다. 우리는 잠시 고난을 받음으로써 영원

---

4) St. Tichon of Voronezh, *Sell Letter* 99, vol. xv.

한 고난으로부터 구원받으며, 신인이신 주님의 추종자와 친구들의 대열에 참가하게 됨을 기뻐해야 한다. 자신이 고난을 받아야 한다고 여기지 않고 고난을 거부하는 사람은 자신의 타락과 영원한 죽음을 인정하지 않는다. 이 세상에서의 삶을 세상적인 성공을 위해서만 사용하는 사람은 어리석게도 영원을 위해 존재하는 이 매우 짧은 기회를 잘못 생각하여 영원이란 존재하지 않는다고 여긴다. 그리하여 그는 영원한 재앙을 예비한다. 자신의 타락과 영원한 죽음을 인정하지 않는 사람은 주님을 인정하지 않고 배척한다. 구세주를 알기 전에 먼저 자신이 이 세상에서 형벌과 영원한 형벌을 받아야 할 자임을 인정해야 한다. 이는 우리를 구세주에 대한 지식으로 인도하는 바, 그 본보기를 낙원을 유업으로 받은 강도에게서 찾을 수 있다. 주님의 십자가 오른편에 달린 강도는 극악한 죄수였기 때문에 어떻게 쉽게 죄를 고백을 할 수 있었겠는가 라고 생각할 수도 있을 것이다. 그러나 그는 자신의 죄를 고백함으로써 그 자리에서 구원을 받았다. 그러나 주님의 십자가 왼편에 달렸던 또 한 강도 역시 극악한 죄인이었지만, 그는 자신의 죄를 인정하지 않았다. 죄를 깨닫지 못하는 것은 교만과 완악한 마음에서 비롯되기 때문이다. 그가 구원을 받았다는 기록은 없다. 죄에 대한 인식은 사랑과 겸손의 열매이다. 하나님의 성도들은 항상 신령한 은사를 풍성히 받고 있었지만, 스스로 죄인이라고 인식하며 살았다. 반면에 지독한 악인들이나 죄수들은 언제나 자신을 정당화하며 살았다. 그들은 죄 속에 빠져있는 동안 자신의 공로를 주장하는 것을 그치지 않았다.

성령은 옛 언약의 성도들이 이 세상을 사는 동안 "땅에 사는 외국인과 나그네"처럼 살았기 때문에 "궁핍과 환난과 학대를 받았다"고 말한다(히 11:13, 37). 이 사도는 자신과 같은 시대에 살고 있었던 참 하나님의 종들을 마땅히 영광을 받으실 분이시지만 수치와 십자가를 선택하신 분, 우리 신앙의 창시자이시며 보호자이신 예수께로 인도하며 "그러므로 예수도 자기

피로써 백성을 거룩케 하려고 성문 밖에서 고난을 받으셨느니라 그런즉 우리는 그 능욕을 지고 영문 밖으로 그에게 나아가자"(히 13:12-13)라고 권면했다.

"영문 밖"이란 무상하며 일시적인 것 즉, 세상이 가치 있게 여기는 것을 모두 부인하고 버리는 것을 의미한다. "그 능욕을 지고"란 주님께서 명하신 우리 몫의 십자가를 지고서 주님이 세상에서 겪으신 고난의 삶을 따르는 것이다. 모든 참 그리스도인은 이 부르심에 응답하여 안정되고 건전한 것이 아닌 이질적이며 변덕스러운 진영을 떠나 영원한 천국의 도성으로 가는 고난의 길을 따른다.

"징계는 다 받는 것이거늘 너희에게 없으면 사생자요 참 아들이 아니니라"(히12:8). 이 말씀에는 우리는 "다"라는 단어에 주의를 기울여야 한다. 모든 성도들은 이 세상에서 사는 동안 환난과 역경을 겪으며 살았다. 한 사람도 세상에서 번영이라는 넓은 길을 좇아 하늘에 이르지 않았다. "주께서 그 사랑하시는 자를 징계하시고 그의 받으시는 아들마다 채찍질하심이니라 하였으니"(히 12:6). 요한계시록에 주님은 "무릇 내가 사랑하는 자를 책망하여 징계하노라"(계 3:19)고 말씀하셨다. 이와 같이 성령의 증언들, 그리고 성경에 산재한 많은 말씀의 가르침을 받아 우리는 "하나님의 섭리에 의해 인간에게 주어진 환난은 그가 하나님의 택함을 받은 자임을 드러내는 참된 표적"이라고 확증할 수 있다. 주님은 어느 청년을 사랑하셨으므로 그에게 십자가를 지고 주님을 따르라고 말씀하셨다(막 10:21). 그러므로 우리는 주님의 부르심을 거부해서는 안 된다. 신자에게 환난이 임할 때에 그 환난을 받아야 마땅하다고 인정하는 것이 부르심에 응하는 것이다. 하나님께서 환난을 주신 것으로 인해 하나님께 감사와 영광을 드리며, 자신의 생명을 귀히 여기지 않으며, 하나님의 뜻, 특히 원수도 사랑하라는 사랑의

27. 하나님이 원하시는 좁은 길

계명에 자신을 완전히 굴복시키는 신자는 자신의 십자가를 지고 주님을 따르는 자이다. 고난은 하나님의 택한 자에게 주시는 참된 표적이다. 성령께서는 환난을 당하는 사람들을 거룩한 인사로 맞아주시며 이렇게 말씀하신다. "내 형제들아 너희가 여러 가지 시험을 만나거든 온전히 기쁘게 여기라"(약 1:2); "나를 인하여 너희를 욕하고 핍박하고 거짓으로 너희를 거스려 모든 악한 말을 할 때에는 너희에게 복이 있나니 기뻐하고 즐거워하라 하늘에서 너희의 상이 큼이라"(마 5:11, 12).

거룩한 사도 베드로는 기독교인들의 소명은 고난이라고 말했다(벧전 2:21). 이것이 지상생활을 위해 하나님께서 정해 놓으신 일이다. 인간은 주님을 믿고 마음과 입으로 그를 시인하며, 주님께서 주시는 십자가를 순종하여 받아들임으로써 행동으로 시인해야 한다. 십자가를 받아들이지 않는 사람은 결코 예수님의 제자가 될 수 없다(눅 14:27). "그러므로 하나님의 뜻대로 고난을 받는 자들은 또한 선을 행하는 가운데 그 영혼을 미쁘신 조물주께 부탁할찌어다"(벧전 4:19). 우리의 영혼의 조물주는 주님이시다. 주님은 믿는 자들의 영혼을 환난에 의해 창조하신다. 그러므로 우리는 주님의 뜻과 섭리에 자신을 온전히 맡기고 복음의 계명 실천에 총력을 기울여야 한다. 하나님의 뜻에 자신을 완전히 복종시키는 신자는 자기를 부인하고 모든 염려를 하나님께 맡기며 십자가를 주신 하나님께 감사와 영광을 돌린다. 그렇게 할 때에 특별하고 영적인 믿음의 능력이 그의 마음에 생긴다.

주님은 자기의 부르심을 받아들이는 자에게 성령으로 인을 치신다. 하나님의 종에게 있어서 세상에서의 고난은 기쁨의 원천이 된다. 반면에 슬픔이 없는 세상생활은 비록 그가 표면적으로는 경건하고 덕망이 있는 것처럼 보이지만 주님께서 그에게서 얼굴을 돌리셨으며, 그를 기뻐하시지 않는다는 상징이다.

다윗은 노래하기를 "의인은 고난이 많으나 여호와께서 그 모든 고난에서 건지시는도다"(시 34:19)라고 했다. 이는 참으로 옳은 찬양이다. 진실로 하나님을 섬기는 모든 사람들, 자신의 타락과 거짓된 의가 아니라, 주님의 의로 의롭다함을 얻은 의인들에게 하나님은 많은 환난을 주신다.

그러나 이 모든 환난은 저절로 흩어 사라진다. 어떤 환난도 하나님의 종을 궤멸시키지 못한다. 환난은 신자를 정결케 하고 온전케 한다. 다윗은 이 세상에서 세상의 쾌락과 성공을 추구하며 사는 죄인들의 환난에 대해서는 한 마디도 하지 않았다. 그들에게는 환난이 주어지지 않는다. 그들에게 환난은 무슨 유익이 되겠는가? 그들은 감사함으로 환난을 견디지 않으며 오히려 불행하고 낙담하고 하나님을 모독하고 절망함으로써 죄를 더할 뿐이다. 주님은 그들에게 생을 마칠 때까지 세상의 행복을 누리도록 섭리하셔서 최소한 자신의 번영으로 인해 정신을 차리게 하신다. 주님은 오직 회심이 가능하다고 예견되는 사람들, 하나님의 선견지명에 따라 이미 생명책에 기록된 의인들의 수에 포함된 죄인들에게만 환난을 보내시며, 주님의 의로 의롭게 하신다. 주님은 회개하여 새사람이 될 가망이 없는 의도적이고 악한 죄인들은 환난을 받을 자격이 없다고 여기신다. 그들은 그리스도의 가르침을 거부하였고 그리스도를 따르는 데 일심을 보이지 않았지 충동이나 무지 때문에 죄의 길에 들어선 것이 아니기 때문이다.

그리스도 안에서 고난을 받는 것은 그리스도를 섬기기 위해 자신을 온전히 복종시킨 사람들에게만 주어지는 지극히 큰 선물이다. 거룩한 다윗은 의인들에게 임하는 많은 환난을 이야기했으나, 죄인들의 환난에 대해서는 아무것도 말하지 않았다. 그들은 사생자요 아들이 아니기 때문에 주님의 징계를 자기에게로 끌어당기지 않는다. 다윗은 죄인의 죽음은 두려운 것이라고 말했다. 망각하고 예상치 못했던 죄인의 죽음은 참으로 두렵다. 죽음

27. 하나님이 원하시는 좁은 길

은 그들이 풍성한 즐거움을 누리고 있을 때 갑자기 덮쳐 그들을 영원한 고통의 심연으로 내던진다. 다윗은 이 세상에서 궁핍하게 사는 하나님의 종을 위로하기 위해서 "행악자를 인하여 불평하여 하지 말며 불의를 행하는 자를 투기하지 말지어다…여호와 앞에 잠잠하고 참아 기다리라 자기 길이 형통하며 악한 꾀를 이루는 자를 인하여 불평하여 말지어다…저희는 풀과 같이 속히 베임을 볼 것이며 푸른 채소 같이 쇠잔할 것임이로다"(시 37: 1, 7, 2)라고 노래했다.

다윗은 육욕적인 마음으로 인해 흔들리고 있는 신자의 입장에 서서 말하기를 "이는 내가 악인의 형통함을 보고 오만한 자를 질시하였음이로다 저희는 죽는 때에도 고통이 없고"(시 73:3, 4)라고 했다. 즉, 악인은 영적으로 무기력하고 치명적인 잠에 빠졌으며 영적으로 죽었기 때문에 아무런 고통도 느끼지 못한다는 것이다.

"타인과 같은 고난이 없고 타인과 같은 재앙도 없나니"(시 73:5). 이 말씀에서 "타인"이란 인간적 품위를 보존하고 있는 참 하나님의 종들을 의미한다. 그들은 자발적으로 경건을 연습하며 주님께서 주시는 징계에 복종한다. 부주의하게 살아가는 버림받은 죄인들은 경건한 수고도 하지 않고 도난도 겪지 않는다. 그렇다면 그들에게 임하는 결과는 무엇인가?

"그러므로 교만이 저희 목걸이요 강포가 저희의 입는 옷이며"(시 73:6). 악인의 내면에 있는 죄의식은 모조리 파괴되고 치료할 수 없이 거대한 자만심이 모습을 드러낸다. 악한 생활은 마치 그들이 항상 입는 의복처럼 뗄 수 없는 속성이므로 그것은 그들의 치욕이 된다. 그것은 하나님에 대한 무지, 즉 하나님과 하나님이 계시하신 모든 교회에 대한 거짓된 관념 안에 존재한다. 사망은 이런 생태에 있는 악하고 회개치 않는 죄인을 발견하고 잡아채어 하나님의 심판대 앞에 세운다.

성경에는 시련이라는 개념과 책망이라는 개념이 연결되어 있다: "또 아들들에게 권하는 것같이 너희에게 권면하신 말씀을 잊었도다 일렀으되 내 아들아 주의 징계하심을 경히 여기지 말며 그에게 꾸지람을 받을 때에 낙심하지 말라"(히 12:5). 이것은 "무릇 내가 사랑하는 자를 책망하여 징계하노니 그러므로 네가 열심을 내라 회개하라"(계 3:19)고 하신 주님의 말씀에도 분명히 나타난다.

그러면 시련과 책망이 연관된 이유는 무엇인가? 모든 고통은 마음에 숨겨진 욕망을 드러내어 활동하게 하기 때문이다. 환난이 오기 전까지는 사람은 스스로 평온하고 평화롭다고 생각한다. 그러나 환난이 닥치면 자신도 알지 못한 욕망들을 느끼게 되는데, 특히 분노, 슬픔, 낙심, 교만, 불신 등이 드러난다. 수도자에게 근본적으로 필요하고 유익한 것은 자신의 내면에 은밀하게 자리 잡고 있는 죄를 폭로하는 것이다.

환난을 올바르게 받아들여 견디면 믿음이 성장한다. 환난을 겪음으로써 우리는 자신의 연약함을 깨닫고 겸손하게 되며 자만심이 줄어든다. 사도 바울은 자신이 겪은 시련을 회상하면서 "형제들아 우리가 아시아에서 당한 환난을 너희가 알지 못하기를 원치 아니하노니 힘에 지나도록 심한 고생을 받아 살 소망까지 끊어지고 우리 마음에 사형 선고를 받은 줄 알았으니 이는 우리로 자기를 의뢰하지 말고 오직 죽은 자를 다시 살리시는 하나님만 의뢰하게 하심이라 그가 이같이 큰 사망에서 우리를 건지셨고 또 건지시리라 또한 이후에라도 건지시기를 그를 의지하여 바라노라"(고후 1:8-10)하고 했다.

타락 이후 우리의 마음은 가시와 엉겅퀴를 생산할 운명이 되었다. 특히 우리의 마음은 환난으로써 경작되지 않으면 교만해지기 쉽다. 영적 은사를 풍성히 받은 성도들도 이러한 위험에서 벗어나지 못한다. 사도 바울은 하나

27. 하나님이 원하시는 좁은 길

님의 섭리로 말미암아 자신에게 큰 고통이 임하였는데, 그것은 사소한 이유에서가 아니라 자신이 받은 풍성한 하나님의 계시와 환상으로 인하여 빠지게 될지도 모르는 교만으로부터 자신을 보호하기 위한 것이라고 했다. 바울은 자신이 시련을 받는 원인을 알기 전에는 복음의 사역에 방해가 되는 고통을 없게 해 달라고 세 번이나 하나님께 간청했다. 그러나 그러한 고통과 시련이 임하게 된 원인을 알고 난 뒤에는 "여러 계시를 받은 것이 지극히 크므로 너무 자고하지 않게 하시려고 내 육체에 가시 곧 사탄의 사자를 주셨으니 이는 나를 쳐서 너무 자고하지 않게 하려 하심이니라…그러므로 내가 그리스도를 위하여 약한 것들과 능욕과 궁핍과 핍박과 곤란을 기뻐하노니 이는 내가 약할 그 때에 곧 강함이니라…그러나 내게는 우리 주 예수 그리스도의 십자가 외에 결코 자랑할 것이 없으니 그리스도로 말미암아 세상이 나를 대하여 십자가에 못 박히고 내가 또한 세상을 대하여 그러하니라"(고후 12:7, 10; 갈 6:14)라고 했다.

거룩한 공동체 안에 있는 우리는 자원하여 쾌락을 거부하며, 우리의 뜻과 상관없이 하나님의 섭리에 의해 우리에게 주어지는 환난을 감내하자. 우리 영혼의 조물주이시며 건축자이신 분 앞에 우리 자신을 믿음으로 온전히 굴복시키자. 그분은 우리를 창조하셨으며, 그의 종이 되기를 원하는 자들의 영혼을 지으신다.5) 그분은 교회의 성례에 의해 우리를 건축하시며, 여러 가지 환난과 시련으로써 우리를 건축하시며, 하나님의 은혜로써 우리를 건축하신다. 주님은 "내가 참 포도나무요 내 아버지는 그 농부라 무릇 내게 있어 과실을 맺지 아니하는 가지는 아버지께서 이를 제해 버리시고 무릇 과실을 맺는 가지는 더 과실을 맺게 하려하여 이를 깨끗케 하시느니라"(요 15:1-2)고 말씀하셨다. 하나님께서 모든 포도나무 가지에서 구하시

---

5) 영혼을 집에 비유한다. 마태복음 7:25를 참조하라.

고 받으시는 열매는 그리스도 안에 있는 활동, 즉 복음의 실천임에 주의하라. 하나님께서 구하시고 받으시는 열매는 결코 본성적 선이 아니다. 그것은 악과 혼합되어 더럽혀졌기 때문이다. 주님은 "내 안에 거하라 나도 너희 안에 거하리라 가지가 포도나무에 붙어 있지 아니하면 절로 과실을 맺을 수 없음 같이 너희도 내 안에 있지 아니하면 그러하리라"(요 15:4)고 하셨다. 하늘에 계신 아버지께서는 그리스도 안에서 열매를 맺는 영혼들만 정결케 해 주신다. 그리스도 안에서 열매를 맺지 않는 영혼—타락한 본성 안에 거하며 본성적인 선이라는 열매 없는 열매를 맺으며 그것에 만족하는 영혼은 하나님의 보살핌을 받지 못한다. 결국 그것은 말라죽어 베임을 받고 포도원 밖으로 내쳐진다. 다시 말해서 교회의 품에서 쫓겨나 영원한 지옥 불에 떨어진다. 그곳에서 그 가지는 영원히 꺼지지 않는 불 속에서 타게 된다.

우리는 제멋대로 뻔뻔스럽게 스스로를 환난에 빠뜨려 주님을 시험해서는 안 된다. 그것은 미친 짓이며 교만하고 타락한 행위이다. 성경에는 "여호와께서 너로 실족치 않게 하시며 너를 지키시는 자가 졸지 아니하시리로다"(시 121:3)고 하였다. 또 "주 너의 하나님을 시험치 말라"(마 4:7)고도 하셨다. 무엄하게도 자원하여 자신을 시험에 내맡기는 대담하고 허영된 행동이 지니는 의미에 대해 주님께서는 그렇게 증거하셨다. 그러나 우리의 의지와는 상관없이 하나님의 섭리에 따라 임하는 환난과 시련은 하나님의 선물, 우리의 연약함을 위한 치료책, 우리를 선택하여 영원한 구원을 주려는 보증으로 여기며, 경건한 마음으로 받아들어야 한다.

환난의 열매는 영혼의 정화와 신령한 모습으로의 성장인바, 우리는 그것을 귀한 보화로 여기고 지켜야 한다. 이 열매는 우리가 환난과 책망에 복종하며, 시험의 자극을 받아 드러나는 정념의 유혹을 받지 않고 복음의 계명을 굳게 실천하려 할 때 지킬 수 있다. 십자가와 복음의 계명 사이에는 놀라

27. 하나님이 원하시는 좁은 길

운 관계가 있다. 계명의 실행은 그 행위자의 어깨에 십자가를 얹어놓는다. 그 십자가는 우리의 행위를 그리스도의 법에 따라 온전하고 정결케 하며, 그 법을 우리에게 설명해준다. 그리고 우리를 못 박으면서도 우리에게 영적 자유의식을 제공해 준다. 또 표면적인 환경은 고통스러울지라도 영적으로는 말할 수 없는 달콤함으로 우리를 가득 채워 준다. 성경에서는 갖은 고통을 받고 있는 사람들에게 다음과 같이 위로와 격려와 권면을 한다.

"주님을 경외하는 이들아, 그분의 자비를 기다려라.
빗나가지 마라. 넘어질까 두렵다.
주님을 경외하는 이들아, 그분을 믿어라.
너희 상급을 결코 잃지 않으리라.
주님을 경외하는 이들아
좋은 것들과 영원한 즐거움과 자비를 바라라.
그분의 보상은 기쁨을 곁들인 영원한 선물이다.
지난 세대를 살펴보아라.
누가 주님을 믿고서 부끄러운 일을 당한 적이 있느냐?
누가 주님께 부르짖는데 소홀히 한 적이 있느냐?
주님께서는 너그럽고 자비하시며
죄를 용서하시고 재앙의 때에 구해 주신다.
불행하여라, 비겁한 마음과 게으른 손,
두 길을 걷는 죄인!
불행하여라, 믿지 않는 까닭에 나약한 마음!
그 때문에 보호를 받지 못하리라.
불행하여라, 인내심을 잃어버린 너희!
주님께서 벌하러 오실 때 너희는 무엇을 하리오?
주님을 경외하는 이들은 그분의 말씀을 거역하지 않고
그분을 사랑하는 이들은 그분의 길을 지킨다.

주님을 경외하는 이들은 그분께서 기뻐하시는 바를 찾고
그분을 사랑하는 이들은 그분의 율법으로 만족한다.
주님을 경외하는 이들은 마음을 가다듬어
그분 앞에서 스스로 자신들을 낮춘다.
"인간의 손에 내맡기지 말고
주님의 손에 자신을 내맡기자.
정녕 그분의 위엄이 크신 것처럼
그분의 자비도 크시다."

(집회서 2:7-18)

사람의 유혹을 받아 사람의 수중에 떨어지는 사람은 그 사람을 도구로 하여 자신을 시험하신 하나님의 손을 보지 못한다. 그리하여 그 원인을 사람에게 돌림으로써 쉽게 사람을 즐겁게 하고 하나님을 배반한다. 사람에게 시험을 받을 때 신앙의 눈으로 하나님의 섭리를 보는 사람은 사람에게는 아무런 주의도 기울이지 않는다. 그는 영적 지혜와 명철을 사용하여 오로지 하나님의 수중에 거하며, 환난 중에 오직 하나님만을 의뢰한다.

로마 총독 빌라도가 육체의 지혜를 따랐기 때문에 자기 앞에 서 있는 주님에게 "내가 너를 놓을 권세도 있고 십자가에 못 박을 권세도 가지고 있다"고 말했다. 이에 대하여 주님은 "위에서 주지 아니하셨더면 나를 해할 권세가 없느니라"(요 19:10)고 대답하셨다. 우리는 참으로 맹목적인 도구이기 때문에 우리가 무엇을 위해 사용되고 있는지 깨닫지도 못하며 의심도 품지 않는다. 주님께서는 "너희의 인내로 너희 영혼을 얻으리라…그러나 끝까지 견디는 자는 구원을 얻으리라…오직 나의 의인은 믿음으로 말미암아 살리라 또한 뒤로 물러가면 내 마음이 저를 기뻐하지 아니하리라 하셨느니라"(눅 21:19; 마 24:13; 히 10:38)고 말씀하셨다.

28.
좁은 길

거룩한 교부들은 성서에 주어진 인내에 관한 교훈을 신령한 영적 식탁에서도 특히 중요한 음식으로 여겨 대단히 강력하고도 풍성하게 해석하였다. 이제 교부들의 저서에서 몇 가지를 발췌하여, 독자들이 환난을 당할 때에 도움을 받으며, 환난이 임하기 전에 온 영혼으로 그것을 대비할 수 있게 하겠다. 준비도 하지 않고 무장도 하지 않은 상태에서 갑자기 환난을 당하는 사람은 쉽게 흔들리고 패배한다.

『사다리』의 저자 요한은 자신의 저서에서 다음과 같이 기록했다:

"정당하거나 부당하게 책망을 받아들이지 않는 사람은 자신의 구원을 부인한다. 그러나 고통스럽거나 고통스럽지 않거나 책망을 받아들이는 사람은 곧 죄사함을 받게 될 것이다"(『사다리』 4:44).

"매 시간 조소와 능욕을 마치 생수처럼 마시라"(『사다리』 4:36).

"우리는 책망을 받을 때에, 주님께서 우리의 노력(주님을 위해 우리 자신에게 가혹하게 행하는 능력)을 보고서 우리의 죄를 씻어 주시며, 우리의 마음을 갉아먹고 있는 슬픔을 기쁨으로 바꾸어 주실 때까지 우리의 죄를 생각하자. "내 속에 생각이 많을 때에 주의 위안이 내 영혼을 즐겁게 하시기"(시 94:19) 때문이다. 또 "우리에게 많고 심한 고난을 보이신 주께서 우리를 다시 살리시며 땅 깊은 곳에서 다시 이끌어 올리시리이다"(시 71:20)라는 다윗의 기도를 잊어서는 안 된다"(『사다리』 4:43).

"매일 중상과 비난을 받으면서도 하나님을 위하여 자신을 정복하는 사람은 복 있는 사람이다. 그는 순교자들의 합창대에 참여하게 되며 천사들과 친구로서 교제하게 될 것이다. 스스로 매 시간 모든 수치와 비난을 받아야 한다고 여기는 수도사는 복 있는 사람이다"(『사다리』 4:44).

"작은 불길이 큰 밀납을 녹인다. 마찬가지로 예상치 못했던 조그만 모욕은 우리 마음의 모든 사나움, 무뚝뚝함, 무감각함, 완악함을 부드럽게 하고 씻어낸다"(『사다리』 4:88).

"영혼에게 괴로움과 굴욕은 쑥과 같이 쓰다. 반면에 칭찬과 명예와 인정 등은 마치 꿀과 같아서 쾌락을 사랑하는 사람에게 모든 달콤함을 준다. 그러나 이 모든 것들의 본성을 살펴보자. 쓰디쓴 쑥은 모든 내면의 더러움을 깨끗하게 하지만 꿀은 담즙만 증가시킨다"(『사다리』 4:103).

"인내하며 고통을 감당할 수 있는 사람들을 확실히 덕을 이룬 사람으로 여겨 책망하거나 꾸짖지 않고 내버려둔다면, 그들은 이전에 지녔던 온유함과 인내심을 잃게 된다. 아무리 좋고 비옥하며 열매를 많이 맺는 땅(참된 우리들의 마음)이라도 수치라는 물을 주지 않고 그대로 내버려준다면 정글로 변하여 자만심과 정욕이라는 가시만 생산한다."(『사다리』 4:27).

시리아의 성 이삭은 다음과 같이 말했다.

"만일 역경이나 투쟁이나 시련이 없이 하나님께 가까이 간 사람이 있다

28. 좁은 길

면 당신도 그를 본받으라."

"당신이 가는 길에서 평화만 발견할 때, 두려워하라. 왜냐하면 당신은 의인이 고난의 걸음으로 가야하는 올바른 길에서 멀리 떨어져 있기 때문이다. 하늘나라를 향해 가고 있다는 표시로서 당신이 겪는 시험의 강도를 알아보라. 당신이 하나님의 도성에 가까이 갈수록, 영적으로 발전하면 할수록 그만큼 임하는 시험은 커진다. 영혼의 내면에서 여러 가지 격렬한 시험을 느낀다면, 그것은 영혼이 높은 수준의 영성생활에 도착했으며, 전보다 많은 은혜를 받고 있다는 분명한 증거이다. 하나님께서는 은혜의 크기에 따라 영혼을 시련의 그루터기로 인도하신다. 우리는 시험을 받을 때 두 가지 서로 상반된 감정, 즉 기쁨과 두려움을 느낀다. 그것은 우리가 모든 성도들이 밟았고 주님께서 밟으신 길로 가고 있다는 데서 오는 기쁨이며, 우리 자신의 교만함으로 인해 시험에 굴복하지 않을까 하는 근심에서 오는 두려움이다. 덕을 얻으려 하는 갈망을 가지고 불철주야 하나님을 경외하며 살고 있는 영혼은 하루도 슬퍼하지 않는 날이 없다. 왜냐하면 덕은 슬픔과 불가분의 관계를 맺고 있기 때문이다. 아무런 의심 없이 환난을 빠져나오는 사람은 덕 또한 포기한다. 만일 덕을 갈망한다면 온갖 종류의 환난에 복종하라. 환난은 겸손을 낳는다. 하나님은 영혼이 슬픔 없이 존재하기를 원치 않으신다. 그러므로 슬픔 없이 존재하기를 원하는 사람은 하나님의 뜻을 벗어나 자신의 길을 구한다. 신비의 계시 속에 있는 참된 지식을 얻으려면 우리는 시련에 의해 겸손하게 되어야 한다. 역경을 당하지 않고 자신의 덕 안에 머물러 있는 사람에게 교만으로 향하는 문이 활짝 열려있다."

"하나님은 자주 사람들에게 시험을 허락하시며 사방에서 많은 악의 공격을 받도록 하신다. 욥의 경우에서처럼 육체에 고통을 주시고, 가난하게 하시며, 배척을 받고 따돌림을 당하게 하시며, 재물에 있어서도 일격을 가하신다. 그러나 그들의 영혼에는 해를 입히지 않으신다. 덕 안에서 살기를 원하여 의의 길로 걸어갈 때에는 환난을 만나지 않을 수 없으며, 육체의 고통과 연약함을 당하지 않을 수 없다. 그러나 자신의 의지를 만족시키는 삶을 원하는 사람은 질투, 또는 자신에게 해로운 것에 굴복하기 때문에 이미 정죄를 받은 사람이다. 의와 공평의 길을 걸으며 자신과 비슷한 많은 사람들과 함께 하나님을 향해 가는 사람이라면 자신에게 닥치는 시련을 피하지 말고 오히려 아무런 의심 없이 기쁨으로 받아들이고, 이러한 은사를 주신 하나님께 감사해야 한다. 즉, 하나님의 도를 위해 고난을 받은 선지자, 사도, 그리고 여러 성도들이 겪은 시련에 동참하게 해 주시며, 하나님을 위해 시험을 겪게 해주신 것에 감사해야 한다. 그 고통이 사람이나 마귀에게서 온 것이든, 육체에서 비롯된 것이든 감사함으로 받아야 한다. 어떤 시험이든 하나님의 허락 없이는 임하지 않기 때문이다. 그리하여 그 시험이 자신의 성화의 계기가 되도록 해야 한다. 하나님께서는 진리를 위해 시련을 겪음으로써 하나님과 연합하기를 원하는 사람에게만 은혜를 주신다. 그러므로 그리스도의 은사를 받지 못한 사람은 하나님의 은사를 얻기 위해 자신에게 임하는 시련을 인내하며 견디며 그것으로 인해 기뻐하는 경지에 이를 수 없다. 사도 바울도 이것을 증거하였다. 하나님 안에서 자신의 소망을 위해 견디는 일은 참으로 위대한 일이기 때문에 그는 이것을 은사라고 했다. "이것이 저희에게는 멸망의 빙거요 너희에게는 구원의 빙거니 이는 하나님께로부터 난 것이니라 그리스도를 위하여 너희에게 은혜를 주신 것은 다만 그를 믿을뿐 아니라 또한 그를 위하여 고난도 받게 하심이라"(빌 28-29). 또 베드로도 그의 서신에서 "그러나 의를 위하여 고난을 받으면 복 있는 자니…오직 너희가 그리스도의 고난에 참예하는 것으로 즐거워하라"(벧전 3:14; 4:13)고 했다. 그러므로 당신은 풍성한 즐거움과 쾌락 속에 있을 때 기뻐해서는 안 된다. 환난 속에 있을 때에 낙심하여 스스로 하나님의 길

28. 좁은 길

에서 멀리 떨어져 있다고 생각해서도 안 된다. 태초부터, 인류가 창조되던 때부터 하나님의 길은 십자가와 죽음의 길이었다. 그런데 매사가 이와 반대로 되어야 한다는 당신의 생각은 대체 어디에서 비롯된 것인가? 당신이 성도들의 발자취를 따르지 않고, 자신을 위한 특별한 길을 만들어 전혀 고난을 겪지 않는 길로 가기를 원한다면, 당신은 하나님의 길에서 벗어나 멀리 떨어져 있는 사람이다. 하나님의 길은 매일 십자가를 지는 길이다. 즐겁고 안락한 생활을 하면서 하늘나라에 간 사람은 없다. 시험은 모든 사람에게 유익한 것이다. 시험은 바울에게 유익한 것이었다. 그것은 "모든 입을 막고 온 세상으로 하나님의 심판 아래 있게" 하려는 것이다. 우리들은 시험을 받아 영적으로 부유하게 된다. 시험을 받아 연단될 때 연약한 자는 자신에게 해로운 것에서 자신을 지킬 수 있게 된다. 잠자는 자는 깨어 일어난다. 하나님으로부터 멀리 떠나있는 사람은 가까이 오게 되며, 하나님의 사람은 확신 속에서 굳건해진다. 징계를 받아 연단되지 않은 아들은 아버지의 집의 보화를 소유하지 못한다. 왜냐하면 그는 자신의 재산을 유익하게 사용할 능력이 없기 때문이다. 이런 이유로 하나님께서는 먼저 환난과 시련을 주시고, 그 후에 은혜를 주신다. 우리를 몸서리칠 만큼 연단하심으로 건강의 기쁨을 주시는 하나님께 영광을 돌릴지어다. 연단을 받을 때 고통을 느끼지 않는 사람은 없으며, 시험이라는 독을 마시면서 아픔을 느끼지 않는 사람은 한 사람도 없다. 시련을 받지 않고서는 강건한 마음을 획득할 수 없다. 그러나 시련을 견디는 일조차도 우리의 힘으로 되는 것이 아니다. 거룩한 불이 능력을 주지 않는데 어찌 흙으로 빚어진 그릇이 물을 담을 수 있겠는가? 자신을 낮추고 겸손하게 끊임없이 인내의 은사를 간구하면, 그것은 우리 주 예수 그리스도 안에서 주어질 것이다."

"두려움으로 인해 당신의 생각을 뒤집고 또 뒤집으며, 그것에 집착해서는 안 된다. 오히려 우리의 인도자께서 당신과 함께 하심을 확신해야 한다.

당신은 단 한 번의 고갯짓으로 만물을 움직이시고 흔드시고 통제하시며, 모든 것을 명령하시는 유일하신 하나님 아래의 모든 피조물과 함께 있음을 지혜롭게 깨달으라. 만물을 섭리하시고 다스리시는 하나님의 허락이 없으면 한 사람의 종이라도 동료 하인에게 해를 끼치지 못한다. 그러므로 용기를 가지라! 어떤 사람에게 자유가 주어졌다고 해도 모든 일에 있어서의 자유는 아니다. 지고하신 통치자께서 허락하시지 않는 한 마귀나 맹수나 악인은 우리를 파멸시키고 죽이려는 자신의 뜻을 이루지 못한다. 하나님의 뜻은 악한 피조물들이 자기가 하고 싶은 대로 행동하도록 자유의지를 허락하시지 않는다. 그렇지 않으면 육신을 입고 있는 사람은 한 사람도 살아남지 못할 것이다. 하나님은 자신의 피조세계를 버리지 않으시며, 악마와 인간이 피조세계를 제멋대로 하도록 내버려두지 않는다. 그러므로 언제나 "나에게는 나를 돌보아주시는 보호자가 계시다. 위로부터 허락하시지 않는 한 어떤 피조물도 내 앞에 나타나지 못한다"고 생각하라. 이 말을 믿으라. 그것들은 감히 당신의 눈 앞에 나타나지 못하며, 당신의 귀에 협박하는 소리를 지르지 못한다. 만일 위에 계신 하늘나라 임금으로부터 허락을 받았다면 말할 필요도 없이 즉각적인 행동이 그분의 뜻을 따를 것이다. 또 이렇게 생각하라: "만일 악한 것들이 하나님의 피조세계를 지배할 능력을 가지는 것이 하나님의 뜻이라면, 나는 그것을 악한 것으로 여기지 않고 받아들이겠다. 나는 내 주님의 뜻을 거스르기를 원치 않기 때문이다." 이렇게 함으로써 당신은 시험 중에도 풍성한 기쁨을 느낄 수 있다. 왜냐하면 하나님의 손이 우리에게 명령하고 다스리고 계심을 분명히 깨닫고 느낄 것이기 때문이다. 그러므로 믿음으로 심령을 든든히 하고 하나님을 신뢰하라. 그러면 "너는 밤에 놀램과 낮에 흐르는 살과 흑암 중에 행하는 염병과 백주에 황폐케 하는 파멸을 두려워 아니하리로다"(시 91:5,6).

위대한 성 마카리우스Macarius는 다음과 같이 말했다.

28. 좁은 길

 "영으로 태어난 하나님의 아들이 되기 위해 그리스도를 본받으려는 사람은 무엇보다 먼저 자신에게 임하는 모든 환난, 예를 들면 육체의 질병, 불쾌함, 사람들에게서 받는 부당한 행위와 모욕, 눈에 보이지 않는 원수의 공격 등을 너그럽게 견디어야 한다. 왜냐하면 하나님께서는 영혼이 진정으로 하나님을 사랑한다는 것을 분명히 밝히기 위해 거룩한 영혼들에게 여러 가지 시험을 허락하시기 때문이다. 성인, 교부, 선지자, 사도, 순교자들은 시련과 환난이라는 좁은 길을 따라갔으며, 그리하여 하나님을 기쁘게 했다. 하나님을 기쁘게 하기를 원하는 영혼에게는 무엇보다도 인내와 소망이 필요하다. 왜냐하면 우리가 환난을 받을 때 낙심하여 하나님 안에 있는 소망과 신뢰를 버리게 만드는 것이 마귀의 계략이기 때문이다. 하나님은 결코 자신을 신뢰하는 사람들이 완전히 지쳐 시험에 굴복하도록 허락하지 않으신다. 그러므로 사도 바울은 이렇게 말했다: "사람이 감당할 시험 밖에는 너희에게 당한 것이 없나니 오직 하나님은 미쁘사 너희가 감당치 못할 시험 당함을 허락지 아니하시고 시험 당할 즈음에 또한 피할 길을 내사 너희로 능히 감당하게 하시느니라"(고전 10:13). 마귀는 사람의 영혼을 자기 마음대로 괴롭힐 수 있는 것이 아니라, 하나님께서 허락하신 만큼만 괴롭힐 수 있다. 사람이 당나귀나 말이나 낙타에 짐을 실을 때에 그 짐승이 감당할 수 있는 만큼만 싣는다. 또 도공은 그릇을 가마에 넣고 구울 때에 얼마 동안 얼마만큼을 가마에서 구워야 하는지를 잘 판단하여 적당한 시간에 꺼낸다. 인간의 지식도 이러할진대, 하물며 지혜로우신 하나님께서는 각 사람의 영혼이 하늘나라를 물려받기에 합당하게 되기 위해 견디어야하는 시험의 분량을 얼마나 잘 아시겠는가?"

 은둔수도사인 성 이사야St. Isaiah는 이같이 말했다: "부지런히 자신을 살피라. 그리고 하나님으로서 말할 수 없는 영광과 위엄을 소유하시고 계신 주 예수 그리스도께서 우리를 위해 인간이 되셔서 "우리에게 본을 끼쳐 그 자취를 빠르게"(벧전 2:21) 하셨다는 사실을 대단한 경외심으로 묵상하라. 주님은 자기를 비어 종의 형체를 가지셨으며 가난하게 되셨고 많은 중상과 비난을 받으셨으며 "마치 도수장으로 끌려가는 어린양과 털 깎는 자 앞에 잠잠한 양 같이 그 입을 열지 아니하셨다"(사 53:7). 또한 우리를 위해 가장 수치스러운 죽음을 당하셨다. 그러므로 어떤 사람이 정당한 이유로, 또는 부당하게 우리를 슬프게 하거나, 무례하게 행할 때에 우리는 주님의 계명과 우리의 죄를 위하여 조용히 참고 인내해야 한다. 어떤 사람이 우리를 박해하여 죽이려 해도 우리는 도살장으로 끌려가는 양처럼 저항하지 말며, 오히려 조용하고 겸손하게 원수를 위해 기도하자."

"자신을 주의 깊게 살피라. 그리고 주님을 위하여 중상과 무례함과 고통을 참고 견디면 당신의 영혼은 구원을 얻게 된다고 생각하라. 당신이 지은 죄의 값으로 받아야 할 형벌은 그보다 훨씬 무거운 것이어야 한다고 생각하라. 주님을 위해 중상과 수치와 실망을 참고 견디는 것이 복된 일이라고 생각하라. 주님께서 당하신 크나 큰 고통과 중상 중에서 지극히 작은 것이나마 본받고 그가 겪으신 고통에 동참하고 따르도록 허락해 주신 것을 큰 은혜라고 생각하라. 우리를 성나게 하고 박해한 사람들이 기억날 때에 불평하지 말고 오히려 그들을 위해 기도하라. 그들을 위대한 은인으로 여겨라."

"죽어서나 살아서나, 낙심될 때라도 항상 하나님과 우리 주 예수 그리스도의 뜻에 믿음으로 기쁘게 순종하라. 항상 크고 무서운 시련, 슬픔, 실망, 유혹, 죽음 등을 기대하라. 그리하면 그것들이 당신을 정복하고 이기지 못할 것이다."

"자신을 살피라. 그리고 시간마다 당신을 대적하는 시험, 죽음, 공격, 큰 위험이 있으리라 기대하라. 그리고 그것들이 당신에게 닥쳐올 때에는 담대하고 굳세게 인내하며, 하나님 나라에 들어가려면 많은 환난을 겪어야 한다

28. 좁은 길

는 것을 기억하라."

"항상 자신을 살피라. 그리고 사람에게서는 아무 것도 기대하지 말고 오직 믿음으로 하나님께 모든 것을 기대하면서 항상 하나님의 현존 안에 머물라. 필요한 것이 있는가? 하나님께 구하라. 만일 하나님의 뜻이라면 하나님께서 그것을 허락해 주실 것이다. 우리가 가지고 있는 모든 것은 모두 사람에게서 온 것이 아니라, 하나님에게서 온 것으로 여기고 하나님께 감사하라. 부족한 것이 있는가? 그것을 사람에게 받기를 기대하지 말라. 누구에게도 불평하지 말며 누구에게도 그것을 요청하지 말라. 다만 모든 일을 너그럽고 침착하게 견디며 "내 죄를 고려할 때에 나는 많은 곤경을 받아야 마땅하다. 그러나 하나님의 뜻이라면 나에게 긍휼을 베푸셔서 내게 필요한 것을 주실 것이다"라고 생각하라. 우리가 이러한 심령상태를 소유할 때, 하나님께서는 우리에게 필요한 모든 것을 주실 것이다."

거룩한 교회는 수도사가 되기로 서원하는 사람에게 여러 가지 교훈을 주는데, 그 중에는 다음과 같은 권면이 포함되어 있다.

"당신은 하나님 이외에 다른 것을 더 좋아하지 말라. 당신은 아버지나 어머니, 형제와 자매, 어느 친척도 하나님보다 더 사랑하지 말라. 당신 자신을 하나님보다 더 사랑하지 말라. 비록 안락하고 영광스러워도 세상나라를 사랑하지 말라. 빈곤과 사람들로부터의 굴욕과 악의를 피하지 말라. 만일 그것이 어려운 일이라고 핑계를 댄다면 당신은 그리스도를 본받을 수 없다. 항상 소망 중에 하나님을 따라 생활한 사람들이 받은 축복을 생각하라. 태초 이래로 많이 수고하고 땀과 피를 흘리고 죽음으로써 이러한 축복을 획득한 순교자와 성도들을 생각하라. 매사에 방심하지 말며, 선한 그리스도의 군사답게 역경을 견디라. 자비가 풍성하신 하나님과 주님은 우리를 위하여 가난하게 되셨고, 우리가 그의 나라를 소유하여 부유하게 만들기 위해 우리와 같이 되셨다. 그러므로 우리는 주님을 본받으며 주님을 위해 모든 것을 견디며, 밤낮으로 주님의 계명을 지켜야 한다. 주님은 "아무든지 나를 따라 오려거든 자기를 부인하고 날마다 제 십자가를 지고 나를 좇을 것이니라" (눅 9:23)고 말씀하셨다. 이것은 우리가 죽는 순간까지 주님의 계명을 실천할 각오가 되어 있어야 한다는 의미이다. 당신은 굶주리고 목마르고 헐벗고 모욕과 비난을 받으며, 굴욕을 당하고 추방되며, 그 밖에 많은 고통을 받게 될 것이다. 그러나 이러한 고통을 받음으로써 하나님의 뜻에 따를 생활이 형성된다. 그런 까닭에 주님께서는 이러한 일을 당할 때에 "기뻐하고 즐거워하라 하늘에서 너희의 상이 크리라"고 하셨다. 우리 주 예수 그리스도에게 영광이 영원히 있을지어다. 아멘."

이것은 거룩한 교회의 영적 사고방식을 설명한 것으로서, 그리스도의 계명과 십자가의 놀라운 연합이 나타나 있다. 거룩한 교회는 바야흐로 수도사가 되려는 모든 사람에게 먼저 이 해석이 진리임을 믿고 고백할 것을 요구하며, 그 다음으로는 그것을 따르기로 서약하기를 요구한다. 교회는 수도생활 지원자에게 "당신은 능력을 주시는 하나님께 소망을 두고, 모든 것을 진리로 고백하며, 그리스도의 은혜로 죽는 날까지 이 서약을 지키기로 약속하는가?"라고 묻는다.

앞서 언급된 교회의 가르침의 진리를 인정하며, 자신이 듣고 인정하고 고백한 진리를 실제의 생활 속에서 증명하겠다고 맹세할 준비가 된 사람에게만 수도공동체에 입회가 허락된다.

이것은 거룩한 교회의 정신이며, 모든 교부들의 정신이다. 지금까지 몇 가지 글을 발췌하여 인용해 보았다. 물론 더 많은 글을 인용할 수도 있겠지만, 그것들은 모두 같은 내용의 가르침을 형태만 바꾼 것에 지나지 않는다. 우리는 빈약하지만 지극히 유익하고 복된 경험에 기초를 둔 충고로서 교부

28. 좁은 길

들의 조언을 마치겠다. 환난이 임할 때에 다음의 짧은 문장들을 암송하면 유익하다. 당신의 마음에 평화와 위로와 감미로움이 가득할 때까지 암송하라.

(1) "나는 내 행위에 합당한 보응을 받고 있습니다. 오, 주님! 당신의 나라가 임할 때 저를 기억하소서."

(2) "주님, 당신의 거룩한 뜻이 나에게, 그리고 나로 말미암아 이제부터 영원히 이루어지소서."

(3) "주님, 나는 당신의 피조물이며 당신의 종이옵니다. 내가 원하든지 원치 않든지 나는 당신의 권세 안에 있습니다. 당신의 거룩하신 뜻과 크신 자비하심에 따라 당신의 피조물을 다루소서."

(4) "주님, 당신께 영광을 돌리나이다. 당신이 내게 행하신 모든 일로 인하여 당신에게 영광을 돌리나이다. 이 세상의 형벌과 영원한 형벌을 받아 마땅한 나에게 당신께서는 지극히 자비하시고 공의로우신 심판을 베푸셨나이다."

(5) "나의 주님. 나의 하나님이시여. 당신에게 감사와 영광을 돌리나이다. 당신께서는 지극히 선하시고 지혜로우신 섭리로 이처럼 작고 미미한 시련을 내게 허락하시어, 내가 알지 못했던 욕망을 드러내셨으며, 나로 하여금 당신의 두려운 심판대 앞에서 답변하기를 쉽게 하셨으며, 영원한 지옥의 고통에서 구하셨나이다."

이 기도문들은 성경과 교부들의 저서에서 인용한 것이다. 이것들을 주의를 집중하여 서두르지 않고 암송하면 우리에게 대단히 빠르고 강력하고 유익하게 작용한다.

29.
환난은 특별한 운명

초대 시대의 교부들과 수도사들은 성령으로 충만하고 온전한 사람이었다. 그들은 마지막 시대의 수도생활에 대한 계시를 받았고 예언을 했는데, 이들의 계시와 예언은 모두 서로 일치한다. 그들은 마지막 시대의 수도생활은 매우 취약하여 초대교회 수도사들이 풍성하게 누리던 은사들을 받지 못할 것이며, 수도사들은 어렵게 구원 또한 발견할 것이라고 선포한다.

이집트의 어느 교부가 황홀경에 들어가 신령한 환상을 보았다. 그가 보니 세 명의 수도사가 해변에 서 있었다. 그런데 반대편 해변에서 소리가 들리기는 "날개를 달고 내게로 오라"고 했다. 이 소리가 있은 후, 두 명의 수도사는 불같은 날개를 받아 달고서 건너편으로 날아갔다. 그러나 세 번째 수도사는 날아가지 못하고 그 자리에 남아있었다. 그는 눈물을 흘리며 통곡하기 시작했다. 결국 그에게도 날개가 주어졌다. 그러나 그것은 불같이 빠른 날개가 아니라 매우 약해보이는 것이었으므로, 그는 바다에 빠질 듯 말 듯 하며 겨우 바다를 건너갔다. 처음 두 수도사는 초대 시대의 수도원을 의미하며, 세 번째 수도사는 양적으로나 성취면에서 빈약한 마지막 시대의 수도

29. 환난은 특별한 운명

원을 의미한다.

한 번은 이집트 스케테 지방의 교부들이 마지막 세대에 관해서 예언적 담화를 나누었다. 그들은 "우리는 이제까지 무엇을 했습니까?"라고 물었다. 위대한 사부 이스키리온Ishchyrion은 "우리는 하나님의 계명들을 실천해 왔다"고 대답했다. 그들은 다시 그에게 물었다. "그러면 우리 다음 세대의 사람들은 무엇을 행할 것입니까?" 사부는 "그들은 우리가 행한 절반을 행할 것이다"라고 대답했다. 그들은 또 질문하기를 "그러면 그 다음 세대의 사람들은 무엇을 행할 것입니까?"라고 물었다. 이스키리온 사부는 "그들은 전혀 수도적 활동을 하지 않을 것이다. 그러나 그들에게는 환난과 고통을 당하는 일이 허락될 것이며, 그것을 인내하여 견디는 사람은 우리보다 우위에 있게 될 것이다"라고 대답했다.

킬로-노보-예제르스키 수도원의 원장 아르키만드리트 아르카디우스Archimantrite Archadius는 1847년에 사망한 사람이다. 그는 자기 자신에 관해 다음과 같이 말했다: "나는 어떤 문제로 환난을 당한 일이 있다. 그 일로 인해 낙심하여 아침 예배에 참석했다. 교회에 있으면서 나의 환난에 대해 생각해 보았다. 그런데 나는 무의식중에 눈을 감고 일종의 망각상태에 들어갔다. 그러나 잠들었던 것은 아니었다. 왜냐하면 그 때 나는 낭독되고 있는 말씀을 모두 분명히 듣고 있었기 때문이다. 갑자기 내 눈 앞에 우리 수도원의 성인 키릴Kyril이 나타났다. 그는 나에게 "너는 왜 낙심하고 있느냐? 너는 마지막 시대의 수도사들은 고통을 통하여 구원되어야 함을 알지 못하느냐?"고 말했다." 이 말을 듣는 순간 아르키만드리트는 다시 정신을 차렸다. 그 환상은 아주 순진한 장상의 영혼 속에 깊은 평화를 남겨 주었다.

이처럼 고통은 오늘날 우리들에게 주어진 특별한 운명, 하나님께서 친히 우리에게 배정하신 운명이다. 이 사실이 우리 위안 근원이 되기를 바란다.

이것이 우리가 견뎌내야 하는 여러 가지 환난과 시련 속에서 우리를 격려해 주고 강건하게 해 주기를 바란다. "그러므로 하나님의 능하신 손 아래서 겸손하라 때가 되면 너희를 높이시리라 너희 염려를 다 주께 맡겨 버리라 이는 저가 너희를 권고하심이니라"(벧전 5:6-7). 우리는 전심으로 환난에 의한 연단에 자신을 맡기며, 아울러 조심하여 복음의 계명을 실천하도록 하자. 이것이 우리를 위한 하나님의 뜻이다.[1]

대체로 우리의 고난은 매우 하찮은 것처럼 보인다. 처음에는 그것이 고난이라고 여길 정도도 아니다. 그러나 이것이 바로 우리들의 원수가 연약한 인간과 오랜 싸움을 통해 얻은 특별한 전술이다. 타락한 영은 잔인하고 힘든 시험을 인간에게 준다면 금방 그것이 마귀로부터 온 시험이라는 것을 쉽게 분별하리라는 것을 안다. 그렇게 되면 사람들은 오히려 이에 대항하려고 내면에 열정을 일으키고, 그 시험을 견디어 이길 수 있는 용기를 갖춘다는 사실을 알게 되었다. 그래서 마귀는 전략을 바꾸었다. 우리의 원수는 이제 힘들고 거친 시험을 사용하지 않는다. 그는 약하지만 미세하며, 그럼에도 매우 강하게 작용하는 시험을 심는다. 이런 시험은 우리들의 마음을 우유부단한 상태가 되게 하며 의심으로 마음을 가득 채운다. 그것으로 인해 영혼의 힘을 점차 쇠잔되며, 절망과 게으름에 빠지며, 자신의 연약함과 절망과 무력함을 이유로 욕망 속에 거하게 함으로써 결국 멸망하게 만든다. 하나님은 오늘을 사는 믿는 자들을 대적하기 위한 사탄의 교활함과 그가 일으킨 싸움이 얼마나 치열한 것인 줄 잘 알고 계신다. 하나님께서는 과거의 용사들에게 주신 것과 같은 면류관을 오늘날의 믿음의 용사들에게도 주신다. 그러므로 게으름과 나태함과 무기력함*acedia*에 굴복되어서는 안 된다. 오히려 우리는 복음의 계명 실천에 모든 주의력과 힘을 기울여야 한다.

---

[1] 영적훈련으로서의 고통을 참음; "너희가 참음은 징계를 받기 위함이라 하나님이 아들과 같이 너희를 대우하시나니 어찌 아비가 징계하지 않는 아들이 있으리요"(히 12:7).

29. 환난은 특별한 운명

복음의 계명에 순종할 때에 원수의 무수한 덫과 그가 계획하고 설치하려는 교활한 생각들이 우리에게 밝게 드러난다. 과거에는 신자들을 그리스도로부터 끌어내리며 이 세상에서 진정한 믿음을 파괴하기 위해서 가혹한 환난과 시련을 주었으나, 오늘날에는 표면적으로 사소한 환난과 시련을 주며 더욱 쉽게 사람들을 속이기 위해 껍질만 남겨둔다는 것을 우리는 알아야 한다. 미미하지만 지극히 사악한 치밀하게 세운 원수의 시험은 가혹하고 분명하고 직접적인 공격보다 훨씬 성공을 거두고 있음을 명심해야 할 것이다.

현대 기독교인들은 고통을 특히 부담스럽게 여기는 주된 이유를 제도 자체에서 찾을 수 있으며, 특히 영적 교육의 결핍에서 그 원인을 찾을 수 있다. 영적 교육의 결핍이야말로 가장 큰 불행이다. 이 불행을 우리가 쉽게 인식하지 못하는 것이 문제이다. 신령한 지식이 없이 충만한 혈기로 인한 정념으로 가득 찬 신앙인들은 일반적으로 수도원에서 받는 교육이나 자신이 원하는 교육에서 만족한다. 그러나 성경과 교부들의 저서를 주의 깊이 연구하는 사람들은 다음과 같은 사실을 깨닫기 시작한다(그러나 이러한 수도사는 극소수에 불과하다). 즉, 신앙인으로서 성공하기 위해서는 영적 교육이 반드시 필요하며, 외관상 화려하고 찬란하게 보이는 눈먼 세상에서 크게 찬양을 받는 세상의 교육은 어두움 속에 머물러 있으며 그 추종자들을 어두움 즉, 타락한 영들의 영역에 가두어 둔다는 사실이다. 유일하게 유익한 지식은 살아있는 사람의 입술에서 나온 것이 아니라, 책에 기록된 하나님의 말씀에 의한 영적 지도이다. 그러므로 필요를 느끼는 사람들은 어느 정도 자신을 지도할 수 있다.

개인적인 연구와 자습으로 참된 유익을 얻을 수 있으나, 흔히 거기에는 많은 오류와 실수가 따르기도 한다. 그것은 정욕의 지배하에 있는 무지한 인간으로서는 피할 수 없는 결과이다. 초심자들은 무지하며, 마음에 정념이 우위를 차지하고 있기 때문에 성경을 바르게 이해하지 못하고 굳건히 말씀을 준수하지 못한다. 우리는 죄의 바다 위를 날아 건너편으로 갈 때에 가끔 약해지고 지쳐서 바다 속에 빠져 죽을 위험에 처하기도 한다. 우리에게는 살아있는 영을 담고 있는 그릇인 지도자가 부족하며, 또 많은 위험에 에워싸여 있다. 그러므로 우리는 슬피 울며 애통해야 한다. 우리는 궁핍한 처지에 있으며 잘못된 길로 나가 있다. 그리고 이러한 미혹과 오류에서 우리를 불러내고 인도해 줄 살아있는 음성도 없다. 타락한 영은 우리를 오류 속에 붙들어두기 위해 책이 있다는 생각까지도 지워버리려 한다. 예언의 영의 도움으로 우리의 불행을 예견한 선지자는 구원받기를 갈망하는 사람의 입장에 서서 "주님, 어서오사 나를 도우소서"라고 외쳤다. 왜냐하면 오늘날 성인이라고는 한 사람도 남아있지 않기 때문이다. 우리에게는 구원의 길을 보여줄 지도자나 성령 충만한 안내자가 없으며, 구원 받기를 원하는 영혼이 완전히 신뢰하여 자신을 위탁할 사람이 없기 때문이다. "여호와여 도우소서 경건한 자가 끊어지며 충실한 자가 인생 중에 없어지도소이다 저희가 이웃에게 각기 거짓을 말함이여 아첨하는 입술과 두 마음으로 말하는도다."(시 12:1-2)

    세상 지식은 오류와 개인적인 견해(자기주장, 자만심)를 증가시키고 퍼뜨릴 뿐이다. 우리는 매우 연약한 반면 우리를 에워싸고 있는 시험은 크게 증가하였으며, 병든 우리 마음의 눈앞에 여러 가지 유혹과 매혹적인 것이 제시되어 우리 마음을 하나님에게서 벗어나게 한다. 우리의 마음은 크게 흩어져 있기 때문에 구원의 수단인 하나님의 말씀의 명령까지도 포기해 버렸다. 우리에게는 조금도 흐트러지지 않은 침착한 생활이 필요하다. 그러나 우리의 타락한 의지는 그와 반대되는 것을 요구한다. 물질적인 성공, 세상의 성공을 얻으려 애를 쓴다. 우리는 명예를 원하며 풍요로움과 사치를 원한다. 우리는 세상의 오락과 즐거움을 원한다. 이것을 얻으려면 타락한 본성의 발달에만 관심을 가져야 한다. 우리는 거듭난 본성이라는 개념조차 상실했다. 복음의 계명은 잊혀지고 등한시된다. 우리는 신령한 활동을 전혀 알지도 못한다. 우리는 완전히 육체적인 활동에 몰두해 있으며 세상 사람들 앞에 경건하고 거룩해 보이는 가운데 그 상급을 얻으려는 목적을 가지고 있다. 우리는 좁고 협착한 구원의 길을 버리고 넓고 쉬운 길로 가고 있다. "혈과 육에 대한 것이 아니요 정사와 권세와 이 어두움의 세상 주관자들과 하늘에 있는 악의 영들"(엡 6:12)을 대적하는 싸움, 즉 육체의 눈에는 보이지 않는 싸움터로 우리를 인도할 선지자도 지도자도 우리에게는 없다. 지금 세상에는 성인들이 남아있지 않으며 수도사들은 극소수로 감소되었다. 그리고 우리는 자신의 죄로 인하여 이 세상 모든 것 중에 가장 비천하게 되었다.

"실족케 하는 일들이 있음을 인하여 세상에 화가 있도다 실족케 하는 일이 없을 수는 없으나 실족케 하는 그 사람에게는 화가 있도다"(마 18:7)라고 주님은 말씀하셨다. 시험이 임하는 것도 하나님께서 허락하신 일이며, 시험으로 말미암아 정신적으로 불행해지는 것도 하나님께서 허락한 일이다. 세상 끝이 되면 시험이 널리 퍼지겠으며 "불법이 성하므로 많은 사람의 사랑이 식어진다"(마 24:12). 주님은 인자가 올 때에 세상에서 믿음을 보겠느냐"(눅 18:8)고 말씀하셨다. 이스라엘(교회)은 칼(시험이라는 치명적인 독)에 의해 황폐하게 되며 텅 비게 될 것이다. 하나님의 뜻을 따르는 생활을 하기가 어렵다. 왜냐하면 시험의 한복판에서 살면서 항상 시험을 눈 앞에 두고 있으므로 그 영향을 받지 않을 수 없기 때문일 것이다. 따뜻한 곳에서 얼음은 그 단단함을 잃고 물로 변하듯이, 선한 의지로 넘쳐흐르는 심령이라도 끊임없는 시험의 영향을 받으면 연약해지고 변화된다. 오늘날 전반적으로 배교가 널리 퍼져 있기 때문에 하나님의 율법에 따라 살기가 매우 어렵다. 스스로 기독교인이라고 말하며 겉으로 기독교인인 체하는 배교자들이 증

그리스도를 본받아 사는 생활

가하고 있으며, 그들은 더욱 그리스도의 참된 추종자들을 쉽게 박해한다.

성 티콘의 말에 의하면, 증가하고 있는 배교자들은 참 기독교인들의 주위에 수많은 덫을 놓으며, 그들의 구원의 길과 하나님을 섬기려는 선한 의지 속에 많은 장애물을 설치한다. 그리고 그들은 강압적인 권위, 중상, 음흉한 속임수, 다양한 기만, 잔인한 박해 등으로 하나님의 종들을 대적한다. 세상의 주님은 자신을 미워한 헤롯, 유대의 서기관들, 바리새인, 제사장, 대제사장들로부터 숨을 피난처를 멀고 하찮은 나사렛에서도 찾을 수 없었다. 마찬가지로 마지막 시대의 참된 수도사들은 어느 정도 자유로이 하나님을 섬기며 배교자들에게 끌려가 배교하여 사탄을 섬기지 않을 수 있는 숨은 피난처를 거의 발견할 수 없을 것이다. 오! 재앙의 시대여! 오! 비참한 사태여! 오! 감각적 생활을 하고 있는 사람들의 눈에는 뜨이지 않지만 역력한 재앙이여! 유한한 세상에서 시작되지만, 유한한 세상에서 끝나지 않고 영원으로 넘어가는 재앙이여! 오직 참 기독교인과 참 수도자들만이 깨달을 수 있으며, 그것에 사로잡혀 멸망하는 사람들은 깨닫지 못하는 재앙 중의 재앙이여!

우리는 이처럼 신령한 환상을 목격한 증인이므로 시험의 불길 속에 있을 때에 바벨론의 풀무불 속에서 복된 세 청년이 부른 찬양의 노래와 신앙을 고백하자. 사랑으로 이 세상 모든 인류와 자신을 결합하자. 세상 모든 인류의 대표자로서 하나님 앞에서 신앙고백과 찬가를 부르며, 우리 자신과 온 인류를 위한 겸손한 기도를 쏟아놓자.

주 저희 조상들의 하느님, 찬미받으소서.
당신의 이름은 영원히 영광 받으소서.
저희에게 말씀하신 모든 일마다 당신께서는 의로우시고
당신께서 하신 일은 모두 진실하며 당신의 길은 다 올바릅니다.

29. 환난은 특별한 운명

당신의 판결은 모두 진실입니다.
그 모든 것을 저희에게,
저희 조상들의 거룩한 도성 예루살렘에 내리실 적에
당신께서는 진실되게 판정하셨습니다.
저희의 죄를 보시고 당신께서는 진실히 판결하시어
그 모든 것을 내리셨습니다.
저희는 당신에게서 멀어져 죄를 짓고 법을 어겼습니다.
정녕 저희는 모든 일에서 큰 죄를 지었고
당신의 계명들에 순종하지 않았습니다.
저희는 그것들을 따르지도 않고
잘되라고 저희에게 명령하신 대로 하지도 않았습니다.
그러므로 저희에게 내리신 모든 것,
저희에게 하신 모든 것을
당신께서는 진실한 판결에 따라 행하셨습니다.
당신께서는 저희를 무도한 원수들, 가장 가증스러운 반역자들,
불의한 임금, 온 세상에서 가장 사악한 임금에게 넘기셨습니다.
이제 저희는 입을 열 수도 없습니다.
당신의 종들과 당신을 경배하는 이들에게는 수치와 치욕뿐입니다.
당신의 이름을 생각하시어 저희를 끝까지 저버리시지 마시고
당신의 계약을 폐기하지 마소서.
당신의 벗 아브라함
당신의 종 이삭
당신의 거룩한 사람 이스라엘을 보시어
저희에게 당신의 자비를 거두지 마소서.
당신께서는 그들의 자손들을 하늘의 별처럼,
바닷가의 모래처럼 많게 해 주시겠다고 약속하셨습니다.
주님, 저희는 모든 민족들 가운데서 가장 작은 민족이 되었습니다.

저희의 죄 때문에
저희는 오늘 온 세상에서 가장 보잘것없는 백성이 되고 말았습니다.
지금 저희에게 제후도 예언자도 지도자도 없고
번제물도 희생 제물도 예불도 분향도 없으며,
당신께 제물을 바쳐 자비를 얻을 곳도 없습니다.
그렇지만 저희의 부서진 영혼과 겸손해진 정신을 보시어
저희를 숫양과 황소의 번제물로,
수만 마리의 살진 양으로 받아주소서.
이것이 오늘 저희가 당신께 바치는 희생 제물이 되어
당신을 온전히 따를 수 있게 하소서.
정녕 당신을 신뢰하는 이들은 수치를 당하지 않습니다.
이제 저희는 마음을 다하여 당신을 따르렵니다.
당신을 경외하고 당신의 얼굴을 찾으렵니다.
저희가 수치를 당하지 않게 해 주소서.
당신의 호의에 따라,
당신의 크신 자비에 따라 저희를 대해 주소서.
당신의 놀라운 업적에 따라 저희를 구하시어
주님, 당신의 이름을 영광스럽게 하소서.

(다니엘 3:26-43)

거룩한 교부들은 마지막 시대의 수도사들에 대해 "마지막 날에 진실로 하나님을 위해 일하려는 사람들은 사람들로부터 자신을 안전하게 숨길 것이며, 지금처럼 기적과 표적을 행하지 않을 것이다. 그러나 그들은 겸손과 결합된 행동의 길을 걸을 것이다"라고 말했다.

실제로 오늘날 우리들을 위한 확실한 구원의 길은 어떤 것인가? 그것은 안팎으로 임하는 모든 시험의 세력으로부터 우리를 보호할 수 있는 길이다. 그것은 표면적으로 어디에서나 너무 친근한 대화나 교제를 하지 말며,2)

29. 환난은 특별한 운명

되도록 기도처 안에 거하며, 마음을 다하여3) 복음의 계명을 연구하고 행하는 것이며, 하나님의 뜻4)을 연구하고 행하는 것이며, 하나님께서 섭리로 허락하신 모든 환난과 시련을 불평하지 않고 인내하고 견디며 자신이 그러한 환난을 받아야 마땅한 사람이라고 인정하는 것이다. 복음의 계명은 수도사에게 겸손을 가르쳐 주며, 십자가는 우리를 굴욕 속에서 온전케 한다. 굴욕은 육체와 영혼에서 모든 악한 정념을 제거하고 하나님의 은혜로 이끈다. 바로 여기에 구원이 존재한다.

---

2) 이 말의 의미는 (1) 가능한 한 사람들과 같이 적게 일하고; (2) 사람들과 말을 할 때는 너무 친밀하게 하지 말라는 의미이다.
3) "무슨 일을 하든지 마음을 다하여 주께 하듯 하고 사람에게 하듯 하지 말라 이는 유업의 상을 주께 받을줄 앎이니 너희는 주 그리스도를 섬기느니라"(골 3:23-24)
4) "너희는 이 세대를 본받지 말고 오직 마음을 새롭게 함으로 변화를 받아 하나님의 선하시고 기뻐하시고 온전하신 뜻이 무엇인지 분별하도록 하라"(롬 12:2).

30.
시험의 근원

시험의 원천은 네 가지 즉, 우리의 타락한 본성, 세상, 인간, 악마에게서 비롯된다. 그러나 엄격하게 말하자면 시험의 근원은 오직 하나 즉, 우리의 타락한 본성에서 비롯된다. 우리의 본성이 타락한 상태에 있지 않다면, 우리의 내면에서 결코 악이 일어나지 못할 것이며, 세상의 시험이 우리에게 영향을 못 끼칠 것이며, 인간들이 서로를 대적하여 일어나지 않을 것이며, 타락한 영들이 우리에게 접근하지 못할 것이다. 이런 까닭에 성경에는 "오직 각 사람이 시험을 받는 것은 자기 욕심에 끌려 미혹됨이니"(약1:14)라고 했다. 그러나 무한히 선하시고 지혜로우신 하나님께서는 구원받기로 예정된 사람들을 위해 모든 일을 예비하셨는바, 모든 시험은 참 하나님의 종들에게 큰 유익을 가져오며, 그들의 구원과 영적 발전을 크게 돕는다. 악에게는 전혀 선한 목적이 없으며 오직 악한 목적만 갖는다. 그러나 하나님께서는 우리의 구원 사역을 훌륭하게 예비하셨으므로 이 세상에서나 영원한 세상에서 하나님의 종을 해치려고 행동하는 악한 목표만 가진 악이라 할지라도 그의 구원을 촉구하신다.

30. 시험의 근원

영적 비밀로서 인간으로 하여금 하나님의 선하심에 동참하게 해 주는 구원을 악은 결코 이해하지 못한다. 악은 하나님의 선하심을 전혀 알지 못하며 오직 자신의 선 즉, 희석된 악, 또는 악과 혼합되고 악으로 물든 타락한 본성의 선을 이해할 뿐이다. 위대한 성 마카리우스는 "악은 자신의 악한 의도로써 선을 돕는다"고 했다. 사도 바울도 "하나님을 사랑하는 자 곧 그 뜻대로 부르심을 입은 자들에게는 모든 것이 합력하여 선을 이루느니라" (롬 8:28)고 했다.

타락한 본성은 여러 가지 형태의 죄를 토해내며 복음과 논쟁을 벌인다. 여기에서 죄란 행위로 나타나는 죄뿐만 아니라, 마음과 육체의 생각과 감정에 나타나는 죄도 포함된다. 타락한 본성은 우리들에게 복음의 빛 안에서 자신과 모든 인간의 타락에 대한 경험적이고 자세한 지식을 주며, 주님의 필요성에 대한 경험적 지식을 주고, 복음이 영혼을 치료하여 소생케 한다는 경험적 지식과 타락에 의해 자기 자신과 모든 인류에게 가해진 무수한 상처와 결점들을 보게 함으로써 영원히 상하고 겸손한 심령을 준다. 타락으로 말미암아 모든 인간에게 주입되었고 모든 인간에게서 발견되는 죄라는 독은, 구원 받기로 된 사람들의 심령 속에서는 하나님의 섭리로 말미암아 실질적이며 참된 유익이 되도록 작용한다.

세상은 우리들을 시험함으로써 이 세상생활이 무상하고 덧없는 것이며, 세상에서 달콤하고 바람직하고 위대한 것은 종국에는 허무하고 불행한 것으로 변한다는 경험적 지식을 준다. 이러한 경험적 지식을 바탕으로 우리들은 세상생활, 우리들의 여관인 이 세상, 세상의 아들들이 바람직하게 여기는 모든 것들을 냉담하게 대하는 태도를 갖게 되며, 자신의 정신과 심령의 시선을 영원한 것에게 돌리며, 죽음 저편에 있는 자신의 운명을 위해 지극히 열렬하게 하나님께 기도하기 시작한다.

인간들은 신앙인들을 시험함으로써 그에게 가장 고귀한 복음의 계명, 즉 원수를 사랑하라는 계명을 실천하는 자doer[5])가 되는 기회를 준다. 원수를 사랑하라는 것은 복음이 명령한 이웃사랑의 최고봉이다. 원수를 사랑하게 된 사람은 이웃 사랑이라는 일에 있어서 완전함에 이른 사람이며, 그에게는 이미 자동적으로 하나님 사상의 문들이 열려 있다. 모든 장애물들은 제거되었으며, 영원한 빗장이 풀리고 자물쇠가 열린다. 이제 더 이상 이웃을 비판하지 않는다. 이웃의 모든 죄를 이미 용서하였으므로, 이제 다만 하나의 몸 안에 있는 동료 지체인 이웃을 위해 기도할 뿐이다. 이제 하나님의 종이 직면하는 환난은 모두 하나님께서 허락하신 것임을 깨닫고 믿는다. 이제 모든 일에 있어서 하나님의 뜻에 복종한다. 그리고 거룩한 평화의 사랑스럽고 친밀하고 막역한 친구, 하나님께서 이웃에게 행하라고 명하신 모든 것을 성취한 사람이므로 자유로이 거룩한 사랑의 품에 들어간다. 사람들로부터 오는 여러 가지 시험에 복종하며, 그 시험을 통해 악의와 교만을 토해내지 않는 자는 결코 이러한 경지에 이를 수 없다.

일반적으로 타락한 본성으로부터 오는 시험, 세상으로부터의 시험, 인간으로부터의 시험을 통해 연단된 뒤에 악령들로부터의 시험이 허락된다. 악령들은 처음에는 우리의 타락한 본성이 복음의 가르침과 싸우는 것을 도와주거나, 세상이나 인간들로 말미암은 시험에 동참한다. 그러나 나중에는 하나님의 특별한 허락을 받아 그리스도의 종을 공개적으로 공공연하게 공격하여 큰 싸움에 몰아넣는다. 이 싸움에서 승리하는 자는 특별한 영적 은사들을 받는다. 그 예는 대 안토니, 고난자 요한John the Sufferer 및 여러 거룩한 수도사들에게서 찾아볼 수 있다. 악령들과 싸워 그 시험을 통과하지 못한 사람은 결코 그들과의 교제를 끊지 못하며, 따라서 이 세상이나 내세

---

[5]) "하나님 앞에서는 율법을 듣는 자가 의인이 아니요 오직 율법을 행하는 자라야 의롭다 하심을 얻으리니"(롬 2:13).

에서 그들로부터의 예속에서 벗어나 완전한 자유를 얻지 못한다. 이러한 상태에서 세상을 떠나는 사람은 천국문 앞에서 악마에게 고통을 받아야 한다.6) 성 마카리우스는 "악마의 시험을 통해 연단되지 않는 영혼은 자라지 못하며 하늘나라에 합당치 못하다"7)고 했다.

악은 모든 환난과 시험의 원인이다. 전능하시고 지혜로우신 하나님은 시험과 환난이 영혼의 구원을 위해 작용하게 하신다. 또한 하나님의 종들에게 지고한 복음의 계명을 실행하며, 자기 십자가를 지고 그리스도를 좇으며, 주님의 가장 친밀한 제자가 될 수 있는 기회를 마련해 주신다. 그러나 멸망의 아들들에게는 시험과 환난이 치명적으로 작용한다. 악은 그들을 멸망시킨다. 그들은 악을 정복하지 못하며 과거의 죄에 새로운 죄를 더해간다. 그런고로 주님의 옆에서 십자가에 달렸던 강도는 십자가 위에서 주님을 모독하며 자신의 죄를 장식했다.8) 전능하시고 지혜로우신 하나님은 온전히 악한 의도와 목표로 작용하는 악으로 말미암아 알지도 못하는 사이에 미리 정하신 하나님의 섭리를 이루게 만드신다. 그러므로 유대의 성직자들은 신인이신 주님에 대한 증오심과 탐심에 끌려 일생 동안 주님을 박해하며, 가장 수치스러운 죽음을 겪게 하려는 음모를 꾸몄다. 그러나 무한히 전능하시고 지혜로우신 하나님은 유대의 제사장들을 하나님의 예정하신 계획을 실천할 눈먼 도구로 사용하셨다. 하나님께서는 지극히 거룩하신 그리스도

---

6) 천국문toll-gate이란 자신이 지은 죄에 대한 값을 치르는 것을 말하며, 여기서 치루어야 할 값(toll-money)은 영적인 고통이다. "진실로 네게 이르노니 네가 호리라도 남김이 없이 다 갚기 전에는 결단코 거기서 나오지 못하리라"(마5:26); 각각 공력이 나타날 터인데 그 날이 공력을 밝히리니 이는 불로 나타내고 그 불이 각 사람의 공력이 어떠한 것을 시험할 것임이니라 만일 누구든지 그 위에 세운 공력이 그대로 있으면 상을 받고 누구든지 공력이 불타면 해를 받으리니 그러나 자기는 구원을 얻되 불 가운데서 얻은 것 같으리라"(고전3:13-15). "우리가 우리에게 죄 지은 자를 사하여 준 것 같이 우리 죄를 사하여 주옵시고"(마6:12).
7) Word 7, ch. 14.
8) "달린 행악자 중 하나는 비방하여 가로되 네가 그리스도가 아니냐 너와 우리를 구원하라 하되"(누가복음 23:39).

께서 범죄한 인류를 위해 고난을 받으심으로써 자신의 고난에 의해 범죄한 인류를 대속하고, 구원받기를 원하는 모든 사람들에게 하늘나라에 이르는 구원의 길, 십자가의 길을 열게 하셨다.9)

악은 하나님의 종들과의 관계에 있어서 자신의 것은 전혀 얻지 못하며 다만 하나님의 도구로 쓰인다. 악은 하나님의 고개짓과 부르심에 따라 작용하지만, 선을 알지 못하기 때문에 악 자체나 악을 행하는 사람에게 있어서는 언제나 악으로 존재한다.

우리에게 임하는 환난은 저절로 임한 것이 아니라, 하나님의 허락에 의해 임했음을 분명히 알자. 참고 인내하며 환난을 견디고 환난을 주신 하나님께 감사와 찬송을 드리자. 환난을 거부하며 협착한 길을 피하려는 사람은 자신의 구원의 길에서 역행하는 자이다. 그는 영적으로 눈이 멀었기 때문에 하나님께서 자기 종들을 위해 정하신 구원의 계획과 질서를 방해할 생각을 품는 사람이다.

---

9) "그러나 하나님이 모든 선지자의 입을 의탁하사 자기의 그리스도의 해 받으실 일을 미리 알게 하신 것을 이와 같이 이루셨느니라"(행 3:18).

31.
시험받을 때에 담대하라

이 세상 전쟁터에서 싸우는 군사들을 지휘하는 장군은 전세가 아무리 불리하게 되더라도 낙심하지 않아야 하며, 마음은 반석처럼 요동치지 않아야 한다. 그러한 강건함이 가장 건전하고 유익한 결정을 내릴 수 있게 해 준다. 그것은 또한 적군을 당황케 하고 만용을 감소시키는 반면 자신의 군대에게는 용기를 불어넣는다. 이런 성품을 지닌 장군은 큰 승리를 거둔다. 계속하여 패배하고 불운이 겹치다가도 갑자기 결정적인 승리를 거두게 된다.

보이지 않는 영적 전장에서 죄와 싸우는 용사인 우리들의 마음도 이와 같아야 한다. 우리는 인간이나 타락한 본성에서 비롯되는 어떤 시험에도 동요되어서는 안 된다. 전능하신 하나님, 우리가 섬기는 하나님께 대한 믿음이 마음의 평정과 힘의 원천이 되어야 한다. 비겁함과 마음의 동요는 불신앙의 산물이다. 우리가 믿음에 의지할 때 비겁함과 마음이 동요됨은 마치 태양이 떠오르면 밤의 어두움이 사라지듯이 사라진다.

만일 원수가 우리에게 여러 가지 악한 생각과 감정[1]을 제공한다거나,

그리스도를 받아 사는 생활

우리의 타락한 본성에서 그러한 생각이 솟아올라도 놀라지 말라. 그것을 특별한 일인 듯이 여겨서 놀라지 말라. 그리고 "나는 불의_(不義)_ 속에서 태어났다. 죄에 감염된 내 본성을 당연히 감염된 것이 나타날 수밖에 없다"고 자신에게 말하라. 그렇다! 우리의 타락한 본성이 복음의 계명2)에 의해 경작되기 시작할 때에 열매를 내지 않을 수 없다. 쟁기로 땅을 갈기 시작하면 잡초의 뿌리는 땅 표면으로 드러난다. 그리고 규칙적으로 갈게 되면 점차 잡초들은 제거되고 땅은 깨끗해진다. 마찬가지로 마음 밭을 복음의 계명으로 경작하면 모든 죄의 근원이 되는 생각과 감정의 깊은 뿌리는 표면으로 드러날 것이며, 계속하여 규칙적으로 갈면 결국 죽게 된다.

내면에서 갑자기 정욕이 솟아올라도, 그것으로 인해 동요하지 말라. 마찬가지로 분노, 탐욕, 낙심이 일어나도 그것으로 인해 동요하지 말라. 그것은 어쩔 수 없이 일어나게 마련이다. 어떤 욕망이 나타나면 지체하지 말고 즉시 복음의 계명에 의해 그것을 베어버리라. 그 욕망에 굴복하거나 그 욕망을 탐닉하지 않으면 결국 욕망의 죽음을 보게 될 것이다. 그러나 그것에 탐닉하고 교제하고, 그것으로 인해 즐거워한다면, 그것이 우리를 억압하고 죽일 것이다.

악한 생각과 감정은 우리의 타락한 본성에서 비롯된 것이다. 그러나 악한 생각과 감정이 끊임없이 떠오르기 시작한다면, 그것들은 우리의 원수인 타락한 천사가 가져오는 것이거나, 원수나 마귀가 우리의 타락한 본성으로 하여금 그런 생각이나 감정을 특히 증가시키도록 강요한다는 표시이다.

타락한 영은 끊임없이 그리고 끈질기게 우리를 공격함으로써 우리 안에 죄의 씨를 뿌리고 가꾸며, 우리로 하여금 어떤 죄를 자주 기억하고 그것에

---

1) *Oshchushchenia*로서 sensation, sentiments, feeling 등으로도 번역될 수 있다.
2) "그리스도의 법"(갈 6:2), "ηευμετ와 성령의 검(엡 6:17).

익숙해지게 하며, 우리 안에 특별히 그 죄로 기우는 경향을 일으키며, 마치 그것이 본성적인 자질인 양 습관화되게 만들려고 애쓴다. 악한 습관은 정념(또는, 악)이라고 부른다. 그것은 사람에게서 자유를 빼앗고 타락한 천사와 죄의 노예로 만든다.

끈질기게 반복되는 악한 생각과 감정의 공격에 대항하는 것을 싸움conflict이라고 한다. 이 싸움을 하는 신앙인에게 가장 좋은 무기는 고백이다. 고백성사야말로 싸움을 하는 수도사에게 있어서 유일한 무기이다. 어떤 경우에 있어서나, 그것은 가장 강력하고 효과적인 무기이다. 마귀가 일으킨 시험을 받을 때에 가능한 한 자주 고백을 하라. 마귀는 은밀하게 행하는 것을 좋아한다. 그는 눈에 뜨이지 않고 알지 못하게 행하는 것을 좋아한다. 그는 "사자가 그 굴혈에 엎드림 같이 저가 은밀한 곳에 엎드려 가련한 자를 잡으려고 기다린다"(시 10:9). 그는 겉으로 드러나는 것을 견디지 못한다. 그는 겉으로 드러나 빛으로 나오게 되면 먹이를 두고 달아난다. 비록 악한 생각이기는 하지만 끈질기게 영혼을 사로잡지 않고 간헐적으로 일어난다면, 즉각적으로 고백할 필요가 없다. 그것들을 배척하거나 주의를 기울이지 말고, 복음의 계명을 기억함으로써 악한 생각들을 억누르고 대적하라. 그리스도의 거룩한 비밀인 성찬 앞에서 고백할 때, 그것들을 일일이 열거하지 말고 보편적인 용어로써 아뢰라. 정확하게 고백해야 하는 중한 죄 외에도 의식적으로, 또는 무의식중에 여러 가지 생각과 말과 행동으로 범한 죄도 고백하라.[3]

---

[3] "이러므로 너희 죄를 서로 고하며 병 낫기를 위하여 서로 기도하라 의인의 간구는 역사하는 힘이 많으니라"(약 5:16).

32.
마음의 경계

우리 주님은 여러 가지로 지극히 거룩한 구원의 유산을 주셨는데, 그 중에서도 자신을 항상 기도하는 마음으로 경계vigilance하라고 하셨다. 이것을 교부들의 저서에서는 절제, 또는 경계라고 한다. 주님은 제자들에게 "시험에 들지 않게 깨어 있어 기도하라"(마 26:41), "깨어 있으라 내가 너희에게 하는 이 말이 모든 사람에게 하는 말이니라 하시니라"(막 13:37)고 하셨다.

예루살렘의 성 헤시키우스Hesychius는 경계를 "절제, 또는 경계는 하나님의 모든 덕과 계명에 이르는 길이다"라고 정의하였다.[1] 이 말에 비추어 볼 때, 경계는 복음의 계명, 나아가서는 모든 성경을 주의 깊게 항상 연구하는 데서 오는 것임이 분명하다. 경계란 자신의 행동, 말, 생각, 감정에 있어서 모든 복음의 계명을 굳게 지키려고 꾸준히 노력하는 것이다. 그 목표를 달성하려면 끊임없이 깨어 있어야 하며, 하나님의 율법을 묵상해야 하며, 지극히 열렬한 기도로 하나님께 도움을 구해야 한다.

성 헤시키우스는 마음의 경계에 대하여 다음과 같이 기록했다.

---

1) 『필로칼리아』 제3장.

32. 마음의 경계

"경계는 끊임없는 활동이다. 경계는 절제, 또는 영적인 기술spiritual art[2]이다. 오랫동안 부지런히 하나님의 도움을 받아 경계를 실천하는 사람은 악한 행위와 정욕적인 말과 행위로부터 완전히 해방된다. 경계를 실천하는 사람은 비밀스러운 하나님의 지식을 얻을 수 있으며, 숨겨진 거룩한 비밀의 해답을 얻을 수 있다. 경계는 신구약 성경에 있는 모든 하나님의 계명을 성취하게 하며, 내세의 모든 축복을 준다. 경계는 진정으로 순결한 마음이다. 그러나 경계는 너무나 위대하고 귀한 것이기 때문에, 보다 정확히 말하자면 무관심 때문에 우리들에게서 찾아보기 어렵다."[3]

"경계는 끊임없는 마음의 침묵이다. 모든 생각들로부터 자유로우며, 항상 끊임없이 하나님과 하나님의 아들 예수 그리스도를 부르며, 오직 그분의 이름을 담아 호흡하며, 그분과 함께 원수들을 대적하여 용감히 싸우며, 유일하게 죄를 사할 권세를 가지신 그분께 죄를 고백하는 것이다. 이런 영혼은 기도로써 자주 마음의 비밀을 아시는 그리스도를 포용한다. 그리고 그는 달콤함과 자신의 내면생활을 사람들에게 숨기기 위해 백방으로 노력한다. 그리하여 악한 존재가 은밀하게 악을 도입하여 그 선한 역사를 파괴하지 못하도록 한다."[4]

"경계는 정신을 굳게 통제하는 것이며, 그러기 위해서 마음의 문에 경계를 세운다. 그래서 "약탈하는 생각들"[5]이 들어오는 것을 보고, 그것들이 말하는 소리를 들으며, 이 강도들이 하려는 행동을 알며, 마귀가 우리들의 정신을 유혹하려고 만들고 투사投射하는 형상들을 알게 된다."[6]

---

[2] 기술(art)이란 보편적으로 적용되는 정한 규격이나 완전한 사양이 없는 것으로서 행위자의 마음의 성향에 따라 평생 동안 이루어나가는 것을 의미한다. 이러한 관점에서 현대문화에서 사용하는 테크닉과 다르다.
[3] 『필로칼리아』 제1장.
[4] 『필로칼리아』 제5장.
[5] 분심케 하는 정념들을 의미한다.

"위대한 입법자 모세는 이 경계의 덕이 널리 미치는 영향력과 고도의 창의성 및 의와 순결을 지적하고, 우리가 어떻게 그것을 시작하여 완전케 해야 하는지를 가르치면서 "삼가 너는 마음에 악념을 품지 말라"(신 15:9)고 했다. "악념"이란 정신적으로 하나님께 악하고 증오스러운 것을 나타내는 것으로, 교부들은 이를 마귀가 마음에 제공한 유혹attraction[7] 이라고 했다. 이것이 우리의 마음에 들어오면 우리의 생각은 즉시 그것을 따르며 매일 정욕적으로 그것을 추구한다."[8]

경계는 죄의 근원과 시작인 악한 생각과 감정에 대항한다. 경계는 인간 존재의 근원 안에, 인간의 생각과 감정 안에 계명을 성취한다. 경계는 깨어 있는 영혼에게 그의 타락한 본성을 드러낸다. 경계는 우리에게 타락한 영들을 드러내주고, 인간이 타락한 영들의 뜻을 행함으로써 그들에게 의존하며, 그들의 뜻이나 자신의 악한 의지를 행할 때 더욱 깊이 그것들에 의존하게 된다는 것도 보여준다. 우리 자신의 타락한 의지와 악마들의 뜻을 좇는 것은 우리의 타락을 심화시키고 우리의 영속적인 특성이 되면서 우리에게 영원한 멸망을 보증한다.

경계는 진정한 영적 활동에 있어서 없어서는 안 될 특성이다. 경계로 인해 보이거나 보이지 않는 모든 활동이 하나님의 뜻에 따라 이루어지며, 그 일이 악마를 섬기는 일과 혼합되지 않도록 막아준다. 경계는 마음을 청결하게 하며 하나님을 보게 한다.[9] 하나님의 봄Vision of God은 마음이 순수한 사람에게 주어지며 청결한 마음을 무정념dispassion 상태로 들어 올려 주는 축복된

---

6) 『필로칼리아』 제6장.
7) 그리스어 *prosvole*은 영어로 application, kiss, proposal, suggestion, impact, assult, attck 등의 의미를 지닌다.
8) 『필로칼리아』 제2장.
9) "마음이 청결한 자는 복이 있나니 저희가 하나님을 볼 것임이요"(마 5:8)

32. 마음의 경계

은사이다.

경계는 쉬지 않는 기도(살전 5:17)와 뗄 수 없는 관계이다. 경계는 기도에서 태어나며 기도를 낳는다. 이처럼 이 두 가지 덕은 서로를 탄생시킴으로써 불가분의 일치 속에 결합된다.

경계는 영적 생활이다. 경계는 하늘나라의 삶이다. 경계는 자신의 모든 소망을 하나님께 집중시키며 성직매매나 인간에 대한 신뢰를 버리는 참된 겸손이다. 이런 까닭에 이런 사람은 매우 오만하다는 중상과 비난을 받으며 큰 박해를 받는다.

여기서 성 헤시키우스가 구약의 계명을 유대적 의미가 아니라 신령한 의미로 이야기한 것을 소개하는 것도 유익할 것이다. 그리스도 안에서 영의 눈을 가리고 있던 베일이 벗겨질 때 유대인은 기독교인이 된다. 그렇게 되면 구약성서에서도 신약성서를 읽는 사람과 동일한 의미를 취한다. 신약성서에 분명히 서술된 율법이 구약성서에서는 상징과 비유로 표현되어 있다. 그러므로 우리는 먼저 신약성서부터 공부해야 한다. 장차 적절한 때가 되면 구약성서에 대한 영적 이해에 이르게 될 것인데, 이것은 영적으로 발전한 사람들의 특징이다.

경계는 점진적으로 얻어진다. 경계는 오랫동안 계속하여 실천함으로써 얻어진다. 그것은 특히 주의 깊은 독서와 기도, 항상 자신을 경계하여 지키는 습관과 방심하지 않는 것, 모든 말과 행동의 가능성을 고려하는 것, 우리의 모든 생각과 감정에 주목하는 것, 조금이라도 죄의 먹이가 되지 않도록 자신을 지키는 것에서 생겨난다. "근신하라 깨어라 너희 대적 마귀가 우는 사자 같이 두루 다니며 삼킬 자를 찾나니 너희는 믿음을 굳게 하여 저를 대적하라 이는 세상에 있는 너희 형제들도 동일한 고난을 당하는 줄을 앎이니라"(벧전 5:8-9).

위대한 성 유티미우스Euthymius는 악마의 시험을 받고 있는 어느 수도사에게 "그룹 천사처럼 열심히 주시注視하며, 어디에서든 부지런히 자신을 경계하라. 왜냐하면 당신은 그물과 덫 사이를 걷고 있기 때문이다"10)라고 말했다.

성 바르사누피우스와 선지자 요한은 하나님이 기뻐하시는 근신하는 생활을 원하는 사람에게 실질적인 경계에 대한 훌륭한 충고를 했다. 그 내용인 즉, 우리는 어떤 일에 착수하기 전에 자신의 생각을 하나님께로 들어 올려 그의 깨우치심과 도우심을 구해야 한다는 것이었다.11)

경계를 게을리하지 않으려면 마음을 신선하고 밝게 지키려고 온갖 주의를 기울여야 한다. 음식, 마실 것, 수면 등을 지혜롭게 조절하지 않거나, 지나치게 말을 많이 하거나, 세상적인 오락을 하거나, 세상적인 염려를 하면 마음은 어두워진다. 주님은 말씀하시기를 "너희는 스스로 조심하라 그렇지 않으면 방탕함과 술취함과 생활의 염려로 마음이 둔하여지고 뜻밖에 그 날이 덫과 같이 너희에게 임하리라 이 날은 온 지구상에 거하는 모든 사람에게 임하리라 이러므로 너희는 장차 올 이 모든 일을 능히 피하고 인자 앞에 서도록 항상 기도하며 깨어 있으라"(눅 21:34-36)고 하셨다.

모든 인류를 전반적으로 심판하실 날이 갑자기 임하듯이, 각 개인의 심판 날인 죽는 날도 갑자기 임할 것이다. 우리는 언제 부름을 받을지 알지 못한다. 어떤 사람은 이 세상에서 태어나자마자 영원한 세상으로 불려가는가 하면, 잠시 살다가 가는 사람, 중년까지 살다가 가는 사람, 늙을 때까지

---

10) Jan. 20. *Life of Euthymius the Great.*
11) *Answers* 260, 261 & 583.

32. 마음의 경계

살다가 가는 사람도 있다. 아주 장수하다가 이 세상의 장막(육체)이 거처로서 마땅치 않게 되어 세상을 떠나는 사람은 극소수이다. 불멸에 대한 우리의 의식은 타락으로 인해 왜곡되었으므로 세상에서 순례생활을 하는 동안 우리의 육체가 영원히 존재하며, 지극히 풍성하고 수확이 많은 활동으로 충만하다고 여긴다. 이러한 느낌은 어린아이나 청년이나 장년이나 노인이나 한결같이 느끼는 것이다. 모든 사람은 불멸의 존재로 불멸의 영혼을 갖고 피조되었다. 그러므로 그들의 육체도 불멸해야 한다.

그러나 타락은 그들의 육체와 영혼을 죽음으로 공격했다. 그러나 그들은 이것을 알지 못하거나, 알기를 원치 않거나 잘 못 알고 있다. 이런 까닭에 이 세상에서의 삶에 관한 그들의 정신적 견해와 마음의 느낌은 거짓되고 자기기만(망상)으로 가득 찼다. 그러므로 나이 고하를 막론하고 모든 사람들은 인간의 수명이 영원하다는 헛된 생각을 한다. 이 세상 순례를 마치고 죽음의 문 앞에 서면, 미래로 무한히 뻗어있는 길은 매우 짧았던 것처럼 보일 것이며, 우리의 구원을 위해 주어진 시간과 기회를 만회할 수 없을 정도로 낭비했기 때문에 구원을 얻지 못했다는 것을 알게 될 것이다. 세속적인 사람들은 보통 친척이나 친구들의 죽음을 "예견치 못한 재앙"이라고 말하는데, 이는 그들의 망상을 잘 표현하는 말이다. 이미 나이가 들어 연약해졌으며, 오래 전부터 무덤으로 기어들어가고 있으면서도 죽음을 예상하지 못한 재앙이라 한다. 어쨌든 죽음을 대비하지 않은 모든 사람은 재앙이라고 여긴다. 반면에 주님께서 오실 때에 깨어있어 이 세상생활을 근신하여 옳게 바라보고, 죽음을 이해하며, 죽음이란 나이나 건강상태를 불문하고 누구에게는 임하는 것으로 여기고 대비하는 종들은 복이 있다.

우리는 세상에서 순례생활을 하는 동안 자신을 깨어 지키며 끊임없이 기도로써 하나님께 도우심을 구해야 한다. 다윗이 "주의 말씀은 내 발의 등이요 내 길에 빛이니이다"(시 119:105)라고 노래했듯이, 복음이 우리의 순례길에 등불이 되어야 한다. 우리는 어두운 밤 좁은 길을 여행하고 있다. 그러므로 끊임없이 깨어 경계하는 마음이 꼭 필요하다. 깨어 경계해야만 우리의 타락한 본성에 끌려가지 않으며, 타락한 본성에 끌려간 부모형제에게 끌려가지 않으며, 인간으로서는 이해할 수 없는 타락한 천사들의 교활함과 악함, 그리고 모든 덫과 사나운 악으로부터 피할 수 있다.

자신을 염려와 산만한 정신으로부터 지킨 후, 우리의 육체에 주의를 돌려야 한다. 왜냐하면 정신적으로 깨어있는 일은 육체에 의존하기 때문이다. 육체의 힘과 건강은 사람마다 다르다. 어떤 사람은 구리나 쇠처럼 강건하고, 어떤 이는 유리처럼 나약하다. 그러므로 사람마다 자신의 육체의 능력을 잘 살펴 신중하게 자신의 육체를 다스려야 한다. 튼튼하고 강건한 육체에는 특별한 금식과 철야기도가 적절하다. 그렇게 함으로써 육체가 가벼워지고 정신은 특히 깨어있게 된다. 연약한 사람은 그 육체의 필요에 따라 음식과 수면을 적절히 취하여 강건해져야 한다. 그러나 어떤 경우에라도 지나치게 먹는 것은 좋지 않다. 약한 육체라 해도 지나치게 음식을 먹는 것은 오히려 해롭다. 지나친 음식 섭취는 육체를 약하게 하고 쉽게 병에 걸리게 한다. 위장을 지혜롭게 절제하는 것이 모든 덕에 이르는 문이다. 위장을 억제하라. 그러면 낙원에 들어갈 것이다. 그러나 위장을 기쁘게 하려고 실컷 먹는다면 육체적 불결이라는 절벽으로 내달리며, 격노와 광포의 불 속으로 뛰어 드는 나머지 정신은 거칠고 어둡게 된다. 그리하여 자신의 집중력, 자기 억제, 근신과 경계 등의 능력을 해치게 된다.

육체적으로 피를 안정시키는 것이 깨어 근신하는데 절대적으로 필요하다. 그것은 우선 지혜로운 절제에 의해 획득된다. 혈액은 욕망에 따라 여러 가지 형태로 움직이는데, 그 움직임은 매우 다양하며 서로를 대적한다. 혈

32. 마음의 경계

액의 한 가지 움직임은 종종 다른 움직임에 의해 취소된다. 혈액의 이러한 여러 가지 움직임은 분심, 백일몽, 이기심을 충족시키는 수많은 생각의 침입과 관계가 있다.

피가 격렬하고도 비정상적으로 움직일 때에는 으레 많은 생각과 백일몽을 동반한다. 이는 악한 움직임이며 타락의 열매이다. 피가 이렇게 움직이는 상태에 있는 사람은 하늘나라를 유업으로 받지 못한다. 다시 말하자면 자기의 피를 흥분시키며 그 안에서 기쁨을 찾는 사람은 하나님의 은혜를 받기에 합당하지 못하다.

그런데 거의 대부분의 사람들은 이러한 피의 움직임을 이해하지 못하기 때문에 더욱 위험하다. 많은 사람들은 자신의 내면에서 발생한 악한 피의 움직임을 선한 감화의 결과로 여기며, 마치 그것이 하나님이 기뻐하시는 거룩한 진리의 감동으로 말미암은 충동인 듯이 여겨 그것을 따른다. 평상시와는 달리 여러 가지 생각과 백일몽이 많이 나타날 때에는 당신의 피의 상태를 살펴보라. 그러면 그것의 악한 움직임을 알게 될 것이며, 그것으로부터 자신을 지킬 수 있을 것이다.

실로암의 물은 그 원천으로부터 천천히 흐른다. 하나님이 기뻐하시는 덕은 하나님께 대한 순종으로부터 흘러나오며, 거기에는 겸손이 수반된다. 겸손은 흥분, 발작, 경련, 자기고집, 자만심, 허영 등을 수반하지 않는다. 이러한 것들은 피의 악한 격분에 필연적으로 따르는 것들이다. 노한 생각을 할 때와 꿈을 꿀 때의 피의 움직임이 다르며, 불순하고 육욕적인 생각을 할 때의 움직임이 다르고, 허영에 들뜬 생각을 할 때의 움직임이 다르고, 탐욕스러운 생각을 할 때의 움직임이 다르고, 슬퍼하고 낙심할 때의 움직임이 다르며, 교만할 때의 움직임이 다르다. 이런 이유 때문에 금식은 모든 덕의 주요한 도구가 된다.

그리스도를 본받아 사는 생활

과식하지 않도록 조심해야 하며, 지나친 절제와 금욕도 조심해야 한다. 지나친 절제는 육체를 연약하게 하며, 깨어 근신하는데 필수요소인 침착함과 생기와 집중력을 파괴한다. 이것들은 육체의 능력이 쓰러지고 쇠약해지면 함께 연약해지고 시들어진다. 시리아의 성 이삭은 다음과 같이 말했다: "만일 연약한 육신에게 능력 이상의 일을 하라고 강요하면, 자신의 영혼을 이중의 어두움에 예속시키며 (안식이 아니라) 혼란 속으로 몰고 가게 된다. 그러나 만일 튼튼한 육체에게 휴식과 안일과 나태함을 허락하면 영혼 안에 거하고 있는 온갖 정욕들이 강렬해진다. 그렇게 되면 영혼이 선을 향한 큰 갈망을 가지고 있었다고 해도, 갈망하는 그 선善에 대한 생각까지도 빼앗아 간다…영적 훈련의 시간과 양을 제한하는 것은 정신을 밝게 조명해주고 전신 혼란에서 벗어나게 해 준다. 무질서하거나 분별없는 생활로 마음이 혼란해지면 어두움의 구름이 영혼을 덮는다. 평화는 질서로부터 오는 것이며, 빛은 영혼의 평화에서 비롯된다. 그리고 평화로부터 나오는 기쁨이 마음을 가득 채운다."12)

신중하게 절제함으로써 끊임없고 확실한 근신이나 경계가 보장된다. 끊임없는 경계는 충실하게 복음의 가르침을 따르는 일을 보장한다. 복음의 가르침은 모든 참되고 기독교적이며 하나님을 기쁘시게 하는 덕의 유일한 원천이다.

---

12) *St. Isaac the Syrian, Mystic Treatises*, 제45장, 46장.

33.
육체의 훈련이 주는 유익과 해로움

낙원에서 우리의 첫 조상이 하나님의 명령을 범한 후 인간에게 주어진 형벌 중에는 땅에 대한 저주도 성경에 언급된다. "아담에게 이르시되 네가 네 아내의 말을 듣고 내가 너더러 먹지 말라한 나무 실과를 먹었은즉 땅은 너로 인하여 저주를 받고 너는 종신토록 수고하여야 그 소산을 먹으리라 땅이 네게 가시덤불과 엉겅퀴를 낼 것이라 너의 먹을 것은 밭의 채소인즉 네가 얼굴에 땀이 흘러야 식물을 먹고 필경은 흙으로 돌아가리니 그 속에서 네가 취함을 입었음이라 너는 흙이니 흙으로 돌아갈 것이니라 하시니라" (창 3:17-19).

이 저주가 지금까지도 땅에 임하여 있다는 사실은 누구나 분명히 알 수 있다. 사람은 잡초를 먹지 않지만 땅은 잡초를 끊임없이 생산한다. 땅은 농부의 땀으로 젖어있어야 하며, 땅은 농부의 땀과 피에 젖은 노력의 대가로 곡식과 채소를 생산한다. 그 채소의 씨앗이 인간의 양식과 빵이 된다.

하나님이 선고하신 형벌에는 영적인 의미도 있다. 진실로 인간의 형벌에 관한 하나님의 명령은 물질적인 방법은 물론 영적인 방법으로도 성취된다.[1] 저주로 인해 땅이 그 손상된 본질로부터 가시 덩쿨과 엉겅퀴를 산출하기를 그치지 않듯이, 죄로 말미암아 해를 입은 마음은 그 손상된 본질로부터 악한 생각과 감정을 생산하기를 그치지 않는다. 아무도 잡초를 심고 가꾸는 수고를 하지 않는데도 왜곡된 자연은 자동적으로 그것들을 생산하듯이, 인간의 마음 속에서도 악한 생각과 감정은 저절로 솟아오르고 잉태된다. 인간은 이마에서 땀을 흘림으로써 물질적인 빵을 얻는다. 영과 육으로 강렬한 수고를 해야 인간의 마음 속에 영생을 보장해주는 하늘의 떡의 씨앗이 뿌려진다. 그것은 인간이 열심히 노력해야 성장하고 수확되며 사용하기에 적당하게 만들어져 보관된다.

하늘의 떡은 하나님의 말씀이다. 마음 속에 하나님의 말씀을 가꾸려면 소위 영적 싸움이라고 하는 노력을 해야 한다. 인간은 "종신토록 수고하여야 그 소산을 먹을 수 있는" 운명을 지니고 있다. 여기서 "땅"이라는 용어는 하나님에게서 떨어져 나온 인간이 이 세상에서 사는 동안 하나님 나라로 인도해 줄 "세상의 지혜"로 이해해야 한다. 인간은 육체의 정신으로 말미암아 세상적인 것에 대한 끊임없는 혼란과 환난에 복종한다. 그러나 그리스도의 종은 이 세상에서 사는 동안 육체의 정신과 끊임없이 싸우고 덕을 배양하기 위해 쉬지 않고 땀을 흘리며 노력함으로써 하늘의 떡을 먹고 살아간다.

땅을 경작하려면 연장과 도구로서 쟁기, 써레, 가래가 필요하다. 이 연장들을 사용하여 흙을 뒤엎고 원숙하게 하고 부드럽게 한다. 마찬가지로 육욕적인 감정과 정신의 중심인 우리의 마음 밭도 금식, 경계, 철야 등 여러 가지 육체의 억압에 의해 경작되어야 한다. 그리하여 육욕적이고 정욕적인 감정

---

[1] St. Mark the Ascetic, *Homily 7* "On Sweat and Humility"; St. *Isaac the Syrian.* ch. 19; St. Macarius the Great, *Homily* 26:21.

33. 육체의 훈련이 주는 유익과 해로움

이 물러가고 신령한 감정이 지배해야 하며, 금욕고행을 거부하거나 게을리 하는 사람들의 내면에서 자리 잡고 있는 육욕적이고 정욕적인 생각이 그 세력을 잃게 되어야 한다.

수고하지 않고 씨를 뿌리겠다고 생각하는 사람이 있는가! 그것은 씨앗을 낭비하는 일이며, 아무 유익도 얻지 못하고 오히려 손해를 보게 한다. 마찬가지로 적절한 육체의 훈련으로써 마음을 차지하고 있는 육욕적인 충동과 정신에 자리 잡고 있는 육욕적인 생각을 억제하지 않은 채 정신적인 기도를 실천하며 마음 속에 그리스도의 계명을 기르려고 하는 사람도 역시 그러하다. 그의 수고는 헛된 것이다. 그는 영적인 재앙, 자기기만, 악마의 미혹에 자신을 드러내게 되고, 예복을 입지 않고 혼인잔치에 참여한 사람처럼 하나님의 진노를 초래하게 될 것이다.

땅을 깊이 갈고 쟁기질 하고 비료를 준 뒤 씨를 뿌리지 않고 내버려두면 잡초만 무성해진다. 마찬가지로 마음 밭을 육체의 연습으로 경작했어도 복음의 계명을 자신의 것으로 만들지 않으면 허영과 교만과 관능이라는 잡초들만 더욱 무성하게 자란다. 깊이 갈고 비료를 준 땅일수록 잡초가 무성하게 자란다. 우리가 많은 금욕과 고행을 하면서도 복음의 계명을 등한히 하면 그만큼 자만심은 증대되어 치료할 수 없게 된다.

훌륭한 농기구를 많이 가지고 있는 농부가 농기구가 있다는 사실로 기뻐하면서 실제로 그것을 사용하여 땅을 경작하지 않는다면, 작은 유익도 얻지 못하고 자신을 속이게 될 뿐이다. 마찬가지로 금식, 철야, 그 밖의 여러 가지 육체적 연단을 하는 사람이 복음의 빛에 비추어 자신을 성찰하고 인도함을 받지 않는다면 그의 생각은 잘못된 것이며, 자신의 수덕적 수고를 헛되게 신뢰하고 있는 것이다. 이런 사람은 영적 열매를 얻지 못하며, 영적 보화도 얻지 못할 것이다.

그리스도를 본받아 사는 생활

　농기구를 사용하지 않고 머릿속으로 땅을 경작하려는 사람은 많은 노동 비용을 지불하며 헛수고를 하게 될 것이다. 마찬가지로 육체의 연단 없이 덕을 얻으려는 사람은 헛수고에 그칠 것이며, 아무런 보상이나 상급도 받지 못하고 시간만 낭비할 것이며, 자신의 영적인 능력과 육체의 능력을 소진시키게 할 것이며, 아무 소득도 얻지 못할 것이다. 쟁기질만 하고 씨를 뿌리지 않는 사람은 아무 것도 거두어들이지 못할 것이다. 마찬가지로 끊임없이 육체의 연단에만 몰두해 있는 사람은 장차 때가 되면 영적 열매를 맺을 복음의 계명을 마음에 심는 영적 연단을 실천하지 못한다.

　마음 밭이 신령한 씨앗을 받아들여 신령한 열매를 맺도록 하기 위해서는 육체의 연단이 반드시 필요하다. 그것을 게을리 하거나 포기하면 마음 밭은 씨앗을 뿌리고 열매를 맺기에 합당치 못하게 된다. 그러나 여기에 지나치게 치중하고 신뢰하는 것도 그것을 등한히 하는 것만큼 해로우며, 오히려 그보다 훨씬 더 할 수 있다. 육체의 연단을 소홀히 하는 사람은 자신의 정욕의 고삐를 풀어 해방시키는 까닭에 동물처럼 된다. 그러나 지나치게 육체를 연단하는 사람은 마귀처럼 되며, 교만이나 여러 가지 정욕을 개발하는 경향을 나타낸다. 육체의 연단을 하지 않는 사람은 폭식, 육욕, 그리고 매우 거친 형태를 띤 분노의 종이 된다. 반면에 육체의 연단을 지나치게 실천하며 분별없이 사용하거나, 지나치게 신뢰하는 사람은 그 행위 안에 하나님이 보시기에 합당한 자신의 공로나 가치가 있다고 여기므로 허영, 자기고집, 주제넘음, 완악함, 냉혹함, 이웃을 경멸함, 다른 사람을 헐뜯고 비방함, 증오, 분노, 미움, 신성모독, 분파주의, 이단, 자기기만 및 악한 미혹에 빠진다.

　우리는 금욕적인 육체의 연단을 얻기 위해 필수적인 수단이나 도구로 여겨야 한다. 그러나 기독교적 활동을 잘못 이해하여 자신의 영적 발전을 도모하지 못하고 자기기만에 빠지지 않으려면 이 기구들을 덕 자체로 여기

33. 육체의 훈련이 주는 유익과 해로움

지 않도록 조심해야 한다.

이미 성령이 거하시는 성전이 된 성도들에게도 육체의 연단은 필요하다. 그렇지 않으면 육체는 다시 정욕적인 움직임에 민감하게 되고, 성화된 삶 속에 신령한 하나님의 성전에는 합당치 않은 악한 감정과 생각이 출현하는 계기가 된다. 사도 바울은 이것에 대해서 "내가 내 몸을 쳐 복종하게 함은 내가 남에게 전파한 후에 자기가 도리어 버림이 될까 두려워함이로라"(고전 9:27)고 했다.

시리아의 성 이삭은 나태함, 즉 금식, 철야, 침묵 및 여러 육체의 연단과 영성생활의 보조수단을 게을리 하며 안일하고 즐겁게 지내는 것은 영적생활에 숙달되고 완전에 이른 사람들에게도 해를 끼친다고 했다.

34.
동물적인 열심과 신령한 열심[1]

우리는 특히 육욕적이고 동물적인 열심에 주의해야 한다. 이것은 겉으로는 경건한 것처럼 보이지만 실제로는 어리석고 영혼에 해로운 것이기 때문이다.

우리 중에도 많은 사람들은 미숙하고 무지하기 때문에 자만심과 교만에서 비롯된 열심을 칭찬하는 일이 있다. 그들은 이러한 열심을 신앙심, 경건생활, 교회와 예전을 수행함에 있어서 거룩한 질서에 어긋나는 결점을 심하게 비난하고 비판한다. 이처럼 분별없는 열광자들은 잘못된 열심에 현혹되었기 때문에, 그 열심에 따라 사는 것이 거룩한 교부들과 순교자들의 삶을 본받는 것으로 생각하며, 자신이 성인이 아니라 죄인이라는 사실도 잊는

---

[1] "육에 속한 사람은 하나님의 성령의 일을 받지 아니하나니 저희에게는 미련하게 보임이요 또 깨닫지도 못하나니 이런 일은 영적으로라야 분변함이니라 신령한 자는 모든 것을 판단하나 자기는 아무에게도 판단을 받지 아니하느니라 누가 주의 마음을 알아서 주를 가르치겠느냐 그러나 우리가 그리스도의 마음을 가졌느니라"(고전 2:14-16); "이러한 지혜는 위로부터 내려온 것이 아니요 세상적이요 정욕적이요 마귀적이니"(약 3:15). 동물(animal)이란 단어는 라틴어 *anima*(=soul)에서 유래되었으며, 여기서 동물이란 인간에게도 있는 동물의 감각적인 삶을 의미한다.

34. 동물적인 열심과 신령한 열심

다.

성도는 성령의 감화를 통해 주시는 하나님의 명령에 따르는 의무로 죄나 불신앙 속에 살고 있는 사람을 비난하거나 정죄해야 하며, 결코 자신의 정욕이나 마귀의 선동에 따라 해서는 안 된다. 자기고집 때문에 형제를 정죄하거나 책망하려는 사람은 자기가 책망하려는 사람보다 자신이 더 신중하고 덕이 있다고 생각하며 정욕과 기만과 악한 생각의 선동에 따라 행동하고 있는 사람이다. 우리는 다음과 같은 주님의 명령을 기억해야 한다: "어찌하여 형제의 눈 속에 있는 티는 보고 네 눈 속에 있는 들보는 깨닫지 못하느냐 보라 네 눈 속에 들보가 있는데 어찌하여 형제에게 말하기를 나로 네 눈 속에 있는 티를 빼게 하라 하겠느냐 외식하는 자여 먼저 네 눈 속에서 들보를 빼어라 그 후에야 밝히 보고 형제의 눈 속에서 티를 빼리라"(마 7:3-5).

여기에서 "들보"란 무엇인가? 그것은 마치 들보와 같이 단단한 세상의 지혜, 육욕적인 견해를 의미한다. 그것은 마음과 심령으로부터 참된 시력을 빼앗기 때문에 그런 사람은 자신의 내면상태나 이웃의 내면상태를 전혀 보지 못한다. 이런 사람은 자기 나름의 상상에 따라, 그리고 이웃의 표면적 행위에 따른 육신의 생각에 따라 자신과 이웃을 잘못 판단한다. 하나님의 말씀은 이런 사람을 외식하는 자라고 부른다.

하나님의 말씀과 영으로 치료를 받은 신자는 자신과 이웃의 영적 상태를 올바로 볼 수 있다. 육신의 생각은 범죄한 이웃을 들보로 때리므로 항상 이웃을 상하게 하고, 당황하게 하며, 때로는 망치게도 한다. 육신의 생각은 결코 유익을 주지 못하며, 죄에 대해 최소한의 영향도 주지 못한다. 반면에 신령한 생각은 이웃의 병든 영혼을 불쌍히 여기고 치료해 준다.

놀라운 사실은 신령한 지혜를 얻게 되면 육체의 지혜로 생각할 때에는 대단히 크고 중한 것처럼 보이던 이웃의 결점과 허물이 지극히 사소하고 중요치 않게 보인다는 것이다. 회개만 하면 그것들은 쉽게 치료되며 주님께서 사해주실 것으로 여기게 된다. 그러나 육신의 생각은 그 자체가 들보이므로 그것들을 크게 중요하게 생각한다. 육신의 생각은 이웃에게서 전혀 존재하지도 않는 죄를 보기도 한다. 이런 까닭에 어리석은 열심에 휩싸인 사람들은 종종 이웃을 중상하며 타락한 영들의 도구나 혹은 노리개가 된다.

위대한 성 페멘Poemen은 다음과 같이 이야기를 했다. 어느 열심에 휩싸인 수도사가 다른 수도사가 여인과 함께 동침하고 있는 것을 보았다. 그는 오랫동안 그들의 범행을 멈출 것을 강요하려는 생각과 싸웠다. 결국 그는 누워있는 그들을 발로 차며 "그만 두시오!"라고 소리쳤다. 그 순간 그것은 사람이 아니라 두 개의 곡식 자루였다.

거룩한 도로데우스는 세리다스Ceridas 사부의 공주수도원에 머문 적이 있었다. 그 때 어느 형제가 의심과 염려를 동반하여 쉽게 거짓말을 꾸며대는 어리석은 열심에 휩싸여 다른 형제를 중상했다. 그는 자신이 비방하는 형제가 금요일 아침 일찍 정원에서 무화과를 몰래 따먹었다고 비난했다. 그러나 사부가 이 사실을 조사해보니 비방을 받은 수도사는 그날 아침 수도원에 없었다는 것이 밝혀졌다. 그는 청지기의 심부름으로 이웃마을에 갔다가 성찬예배가 끝난 무렵에 돌아왔다.[2]

만일 참되고 열심 있는 교회의 자녀가 되기를 원한다면, 이웃에 대한 복음의 계명을 실천해야 한다. 이웃을 정죄하지 말라. 이웃을 가르치려 하지 말라. 이웃을 비난하거나 책망하지 말라. 이런 식으로 자기 이웃을 징계하는 것은 신앙의 행위가 아니라, 어리석은 열심과 자기고집과 교만의 행위이

---

2) St. Dorotheus, *9th Homily*.

34. 동물적인 열심과 신령한 열심

다. 사람들이 위대한 성 쾨멘에게 "믿음이란 무엇입니까?"라고 물었다. 이 위대한 성인은 "믿음이란 겸손 안에 머물며 긍휼을 베푸는 것"3)이라고 대답했다. 다시 말하자면, 이웃 앞에서 자신을 낮추며, 그들이 자신에게 행한 무례함과 범죄 등 모든 죄를 용서하는 것이다. 어리석은 열광적인 신자는 믿음을 자신이 열심으로부터 얻어지는 것으로 생각한다. 그러므로 우리는 참된 신앙과 열성이란 이웃에게 겸손하며 긍휼을 베푸는 것이라는 것을 그들에게 알려주어야 한다.4) 이웃을 판단하고 정죄하는 일은 형제들을 다스리고 판단하는 의무를 가진 사람에게 맡겨야 할 것이다.

시리아의 성 이삭은 다음과 같이 말했다: "거짓된 열심에 의해 움직이는 사람은 중병을 앓는 환자이다. 다른 사람들의 결점을 공격하기 위해 열심을 사용하려는 사람이여! 당신은 이미 영혼의 건강을 잃고 있다. 자신을 치료하는 일에 주의를 기울여야 한다. 병자를 치료하기를 원한다면, 병자들에게 질책이 아니라 간호가 필요하다는 것을 알아야 한다. 그렇지 않으면 다른 사람을 돕기는커녕 자신도 같은 병에 걸리고 만다. 사람들은 이러한 열심을 지혜로 여기지 않는다. 그것을 영혼의 질병이며 편협한 정신과 무지의 표시라고 여긴다. 거룩한 지혜의 출발점은 조용한 성품과 온유함이다. 이것은 위대하고 강건한 영혼이 지녀야 할 기본적인 정신 상태로서, 인간의 연약함을 지탱해 준다. 성경에는 "우리 강한 자가 마땅히 연약한 자의 약점을 담당할 것이라"(롬 15:1 참조), "사람이 만일 무슨 범죄한 일이 드러나거든 신령한 너희는 온유한 심령으로 그러한 자를 바로잡으라"(갈 6:1 참조)고 했다. 사도 바울은 "화평과 오래 참음"을 성령의 열매로 여겼다(갈 5:22)."5)

---

3) 『사막교부들의 금언』(*Alphabetical Patrology*; 은성출판사).
4) 이것이 교리적인 믿음이 아니라, 활동적인 믿음이다. 이것에 대한 차이점은 *Philokalia*, St. Kallistus and Ignatius, ch. 16을 참조하라.

이삭은 또 이렇게 말하였다: "죄인을 미워하지 말라. 우리 모두가 정죄받아야 할 죄인이기 때문이다. 당신이 하나님을 위해 행동하는 사람이라면 죄인으로 인해 눈물을 흘리라. 왜 그를 미워하는가? 그를 미워하지 말고 죄를 미워하며, 오히려 그를 위해 기도하라. 그리고 죄인에게 화를 내시지 않고 오히려 그들을 위해 기도하셨던 그리스도를 본받으라. 당신은 주님께서 예루살렘을 바라보시며 눈물 흘리신 일을 아는가? 그러나 당신은 많은 경우에 마귀의 조롱거리가 되고 있다. 왜 우리와 마찬가지로 마귀의 조롱을 받고 있는 형제들을 미워하는가? 왜 죄인을 미워하는가? 그가 당신만큼 의롭지 못하기 때문인가? 그렇다면 사랑이 없는 당신의 의는 무엇인가? 만일 당신에게 사랑이 있다면, 그를 박해하는 대신에 그를 위해 울어야 할 것이다. 어떤 사람은 죄인들의 행위에 대한 자신의 판단이 옳다고 생각하고 그들에게 화를 낸다. 그러나 이러한 행위는 무지에서 나온 것이다."

자기고집, 무엄함, 자만심은 큰 재앙을 부른다. 그러므로 겸손을 거부하는 것은 큰 재앙이다. 부름을 받거나 청함을 받지도 않았는데 스스로 능력이 있다고 생각하여 이웃을 가르치거나 정죄하거나 책망하거나 꾸짖는 사람의 영혼 상태나 태도는 커다란 재앙이다. 당신의 의견을 발표하거나 충고를 해 달라는 요청을 받았을 때에 그것을 거절하라. 그러나 꼭 필요한 경우에는 매우 겸손하고 신중하게 말하라. 그래야 교만이나 허영심으로 자신에게 상처를 입히지 않으며, 거칠고 어리석은 감정의 폭발로 이웃을 해치지 않을 것이다.

계명의 동산에서 행할 당신의 수고를 위해 하나님께서 당신의 영혼으로 하여금 거룩한 열심을 느끼게 해주실 때, 이 열심이 당신으로 하여금 이웃 앞에서 잠잠하고 겸손하며 그들을 사랑하고 자비와 긍휼을 나타내라고 강

---

5) *St. Isaac*, ch. 50.

권하는 것을 분명히 깨닫게 될 것이다.

거룩한 열심은 타오르는 불과 같다. 그러나 이 불은 피를 뜨겁게 하지 않는다.6) 오히려 피를 차갑게 식히며 고요한 상태에 머물게 한다. 육신적인 열심에는 항상 피를 뜨겁게 하는 일, 그리고 수많은 생각과 공상의 공격이 수반된다. 이웃이 맹목적이고 무지한 우리의 열심을 반대한다면, 우리는 대체로 그들에게 불쾌감이나 여러 형태의 분노와 보복을 나타낸다. 반면에 이웃이 그 열심에 순종한다면, 우리의 마음에는 헛된 자기만족이 가득 차며 교만함과 무엄함이 증가한다.

---

6) Conversation of St. Maxaimus Kapsokalivitis with St. Gregory the Sinaite.

35. 구제

　초심자와 수련수사는 이웃이 긴급한 상황에 빠졌거나 달리 도움을 받을 길이 없는 특별한 상황이 아니면, 가난한 사람들에게 물질적인 구제를 베풀어서는 안 된다.1) 가난한 사람들을 구제하는 것은 세상 사람들의 덕행이다. 세상 사람들의 덕행은 그들의 생활과 일치한다. 다시 말해서, 그것은 혼합된 동기에서 비롯된 물질적인 덕행이다.

　신중과 분별의 은사를 받은 자들이나 하나님의 소명을 받은 자들은 가난한 사람들을 구제할 수 있다. 그들은 자신이 하나님의 섭리를 시행하는 도구로서 선행을 할 수 있는 재산을 공급받은 복된 자임을 인정하고, 그들에게서 혜택을 받는 사람들보다 그들 자신이 더 많은 혜택을 받는다는 사실을 인정하면서 자신의 의무인 사역을 행해야 한다.

　자신의 뜻이나 자신의 판단에 따라 가난한 사람을 구제하는 초심자나 수련수사는 허영심에 휩싸이며 자만심에 빠진다. 만일 당신에게 남은 돈이 있다면 이곳에 들어오기 전에 가난한 사람에게 나누어 주어야 한다. 이것이

---

1) *Philokalia*: St. Simeon the New Theologian, Practical and Theological Principles, 제16장.

복음의 명령이다. 주님은 온전함을 얻고자 하는 청년에게 이렇게 말씀하셨다. "예수께서 가라사대 네가 온전하고자 할진대 가서 네 소유를 팔아 가난한 자들을 주라 그리하면 하늘에서 보화가 네게 있으리라 그리고 와서 나를 좇으라 하시니"(마 19:21).

십자가를 지기 전에 먼저 자기의 소유를 남에게 주어야 한다. 자기의 소유를 버리지 않는 사람은 십자가를 질 수 없다.[2] 그런 사람은 끊임없이 어깨에서 십자가를 내려놓고 물질적 재산을 지려 할 것이다. 물질적인 재원을 의지하고 그것에 주의를 기울임으로써 유일하신 하나님에 대한 믿음과 믿음으로 하나님을 보는 일이 파괴된다.

거룩한 순교자들과 수도자들은 신령한 싸움을 시작하기 전에 앞서 언급된 주님의 명령을 문자 그대로 실천하려고 노력했다. 순교자들은 고문을 받기 전에 먼저 자기의 재산을 가난한 자들에게 나누어 주었다. 혹 그렇게 할 시간이 없을 때에는 친척이나 친구들에게 재산을 맡겨 하나님의 뜻에 따라 처분하도록 했다. 눈에 뜨이지 않는 순교를 향해 나아가는 우리들도 이와 같다. 수도생활은 눈에 보이지 않는 순교이다. 우리는 이 생활에 들어가기 전에 재산을 나누어줌으로써 세상에서의 물질적 생활에 물질적인 자비의 인을 찍게 된다. 이것은 위대한 물질적인 덕행 중의 하나이다. 수도원에 입회한 사람들에게는 또 다른 형태의 자선, 즉 비물질적인 자선이 놓여진다. 그것은 이웃이 범죄할 때에 그들을 정죄하지 않고 자비와 친절을 베푸는 것이다. 이웃을 판단하지 않으며, 선한 사람도 있고 악한 사람도 있다고 생각하는 것이다. 이웃을 판단하는 것은 겸손의 상실, 오직 하나님께만 속한 것을 인간에게 덮어씌우는 교만과 연결된다.

---

[2] "이와 같이 너희 중에 누구든지 자기의 모든 소유를 버리지 아니하면 능히 내 제자가 되지 못하리라"(눅 14:33).

영적인 구제는 악을 악으로 갚지 않고, 오히려 선으로 갚는 것이다. 영적 구제는 이웃이 우리에게 가한 모든 범죄와 모욕을 용서하며, 이러한 모욕과 범죄는 우리를 더러운 죄로부터 정결케 해주는 진정한 축복이라고 인정하는 것이다. 요컨대 수도적 구제는 그리스도를 따르는 것, 즉 복음의 계명을 조심해서 순종하는 것이다. 그리고 십자가를 지는 것, 즉 세상에서 사는 동안 우리의 구원을 위해 거룩하신 섭리로 허락하신 모든 고난을 참고 인내하는 것이다. 십자가를 지지 않고서는 그리스도를 좇을 수 없다. 십자가를 지며 그 속에서 신약성서에 나타난 하나님의 의와 공평을 인정하지 않고서는 그리스도를 좇을 수 없다.

영적 생활에 숙달되었으며, 하나님의 부르심을 받은 자들의 영적 구제에는 이웃에게 하나님의 말씀을 가르치는 일도 포함된다. 거룩한 교부들은 영적 구제가 물질적 구제보다 고귀하다고 가르쳤다.[3] 왜냐하면 영혼이 육체보다 훌륭하기 때문이다. 물질적 구제를 하려면 물질적인 부나 재산을 얻기 위해 노력해야 한다. 그리고 영적 구제를 하려면 신령한 재산, 즉 그리스도에 대한 지식을 축적하려고 노력해야 한다.

혹시 수도원에 들어온 후에 재물이 생겼다면, 즉시 그것을 구제하는데 사용하여 그것을 하늘나라에 쌓으라. 당신의 수중에 들어온 재물은 수도원장이나, 정직하고 양심적인라고 확신하는 사람에게 맡겨 처분토록 하라. 그것을 당신의 판단에 따라 직접 처분하려고 하지 말라. 그렇게 하는 과정에서 영혼이 해를 입게 되기 때문이다. 자신의 재산 처분을 맡은 사람을 의심하거나 불신하지 말라. 걱정과 의심에 싸여 자신의 영혼을 해치지 말고 재산 처분은 그의 뜻에 맡기라. 당신은 이미 자신의 의무를 행하고 이루었다. 당신의 재산을 위탁받은 사람이 자신의 의무를 어떻게 행하든 당신은

---

3) *Ladder*, Word to the Shepherd 참조.

35. 구제

관계하지 말라. "그 섰는 것이나 넘어지는 것이 제 주인에게 있느니라"(롬 14:4 참조).4)

---

4) Answers 249, 250, and 251 of St. Barsanuphius the Great.

36.
청빈, 이탈

그리스도의 멍에를 맨 사람은 반드시 청빈한 생활을 해야 한다. 빈곤에 만족하며, 과다한 의복이나 수실의 부속물, 또는 돈을 소유하지 않도록 해야 한다. 우리들의 재산, 보화, 소유는 주 예수 그리스도이다. 우리의 정신과 마음의 시선은 언제나 그분을 향해야 하며, 소망은 그분에게 두어야 하며, 그분을 신뢰해야 하며, 그분을 믿는 믿음에 의해서 힘을 얻어 강건해져야 한다.

수도사가 재물을 소유하는 한, 그의 영혼은 이러한 상태를 유지할 수 없다. 주님은 친히 청빈에 관한 계명을 주셨다. "너희를 위하여 보물을 땅에 쌓아 두지 말라 거기는 좀과 동록이 해하며 도적이 구멍을 뚫고 도적질하느니라 오직 너희를 위하여 보물을 하늘에 쌓아 두라 거기는 좀이나 동록이 해하지 못하며 도적이 구멍을 뚫지도 못하고 도적질도 못하느니라 네 보물 있는 그 곳에는 네 마음도 있느니라"(마 6:19-21).

우리가 돈이나 귀중품을 가지고 있으면, 우리의 소망과 믿음은 반드시 하나님에게서 소유물에게로 옮겨간다. 온전히 자기의 재산을 신뢰하게 된다. 자신이 갖고 있는 금전으로부터 어떤 힘을 발견한다. 자기의 돈이나 재물 안에서 세상을 살아가는 동안 만나게 될 고난을 피할 수 있는 수단을 발견한다. 그의 사랑, 정신과 마음, 모든 존재가 물질의 소유로 된다. 그의 마음은 물질에 집착하게 되고, 영적인 감각과 감정에 대해서는 죽어서 마치 단단하고 감각이 없는 물질처럼 된다.

거룩한 사도의 정의에 의하면,5) 수도사가 돈이나 재산을 축적하는 일은 우상숭배이다. 우상숭배는 반드시 하나님을 배척하는 일을 동반한다. 영이 어두워진 물질주의자는 곧 자기기만이라는 열매를 거두어들인다. 그는 어두움 속에 거하고 세상에서의 번영에 의지하면서 죽음을 완전히 잊는다. 그러나 죽음은 부유하게 지내는 동안 갑자기 찾아와 그가 의지하던 돈과 곡간을 빼앗아서 다른 사람의 수중에 넘긴다. 그는 물질로부터 일시적이며 작은 유익도 얻지 못한 채 하나님에게서 멀어질 뿐이다.6)

성령은 영이 지극히 빈곤한 상태에 있는 재산이라는 망상에 속은 사람이 영원한 세계에 들어올 때 눈물을 흘리며 다음과 같이 탄식한다. "이 사람은 하나님으로 자기 힘을 삼지 아니하고 오직 그 재물의 풍부함을 의지하며 제 악으로 스스로 든든케 하던 자라"(시 52:7).

이와 같이 썩어질 재산에 집착하는 영혼의 깊은 곳에는 하나님을 배척하는 마음이 자라나는데, 이 마음은 적당한 기회가 되면 반드시 그 모습을 드러낸다. 이것을 잘 나타내주는 예가 교회사에 기록되어 있다.

바울이라는 장로가 우상숭배자들에게 박해를 피하여 사막으로 들어가 산에서 살았다. 그런데, 그는 상당히 많은 금을 가지고 있었다. 그는

---

5) "너희도 이것을 정녕히 알거니와 음행하는 자나 더러운 자나 탐하는 자 곧 우상 숭배자는 다 그리스도와 하나님 나라에서 기업을 얻지 못하리니"(엡 5:5).
6) 누가복음 12:15-34를 참조하라.

역시 박해를 피해 도피한 다섯 명의 수녀들과 합류했는데, 그들은 빛나는 덕을 갖추고 있었으며, 성령의 향기로 가득 차 있었다. 그들은 바울의 거처 가까이에 살면서 함께 기도와 거룩한 계명의 실천에 힘썼다. 그런데 어느 악한 사람이 그들의 소재를 알고서 페르시아의 사포르Sapor 황제를 모시던 최고의 마술사에게 가서 많은 금을 가지고 있는 기독교인 장로가 다섯 명의 수녀들과 함께 산 위에 숨어 있다고 알려주었다. 밀고자는 그 고관에게 "만일 당신이 그 금을 갖고 싶다면 그들을 잡아서 재판에 회부하시오. 그리하여 그들이 신앙을 버리기를 거절하면 그들의 머리를 베고 금을 차지할 수 있을 것이오."라고 말했다.

귀족은 즉시 그 충고를 받아들였다. 그는 장로와 수녀를 잡은 뒤 금을 자기 앞에 가져다 놓고 재판을 시작했다. 장로가 귀족에게 물었다. "나는 아무 죄도 없는데 왜 내 재산을 빼앗으려 합니까?" 귀족은 대답했다. "너는 기독교인이며 황제의 명령에 복종하지 않았기 때문이다." 장로 바울은 "내 주여, 당신의 뜻을 말해 주시오"라고 대답했다. 귀족은 "만일 네가 태양신에 예배하겠다면, 네 재산을 가지고 가고 싶은 대로 가도 좋다"고 말했다.

장로 바울은 자기의 금을 바라보며 "명령대로 하겠습니다"라고 말했다. 그는 즉시 태양신에게 예배하고 우상에게 바친 음식을 먹고 희생재물의 피를 마셨다. 자기 계획이 수포로 돌아갔음을 안 귀족은 그에게 이렇게 말했다. "만일 네가 수녀들을 설득하여 너처럼 태양을 섬기고 남자와 결혼하게 한다면 너는 네 금과 수녀들을 갖고 네가 원하는 곳으로 갈 수 있다."

장로 바울은 수녀들에게 가서 말했다. "저 귀족은 내 재산을 빼앗아 갔으며 나에게 황제의 법에 복종하라고 했습니다. 나는 이미 태양을 예배했고 우상에게 바쳤던 음식을 먹었습니다. 그러니 당신들도 나와 같이 하십시오."

36. 청빈, 이탈

수녀들은 이구동성으로 말했다. "참으로 불쌍한 사람이군요. 당신 자신의 멸망만으로 족하지 않습니까? 당신은 가룟 유다처럼 되었습니다. 당신은 유다처럼 금을 얻기 위해 주님을 배반하여 죽음에 넘겨주었습니다. 유다는 금을 가지고 가서 스스로 목을 매어 죽었습니다. 불쌍한 당신은 금을 얻기 위해 영혼을 멸망시켰으며, 어리석은 부자가 자기 영혼에게 한 말을 완전히 잊고 있습니다. 부자가 자기 영혼에게 "영혼아, 여러 해 쓸 물건을 많이 쌓아 두었으니 평안히 쉬고 먹고 마시고 즐거워하자"고 했을 때, 주님은 말씀하시기를 "어리석은 자여, 오늘밤에 네 영혼을 도로 찾으리니 그러면 네 예비한 것이 뉘 것이 되겠느냐?"라고 하셨습니다. 하나님 앞에서 당신에게 단도직입적으로 말하겠습니다. 당신도 가룟 유다나 어리석은 부자와 동일한 운명을 맞을 것입니다." 그들은 이렇게 말하고서 이 배교자의 얼굴에 침을 뱉었다.

수녀들은 귀족의 명령에 의해 잔인하게 매질을 당했다. 그러나 그들은 매를 맞으면서도 "우리는 주 예수 그리스도를 믿는다. 우리는 결코 황제의 법에 복종하지 않을 것이니 당신이 하고 싶은 대로 하라"고 소리쳤다. 귀족은 금을 자기 수중에 넣을 방법을 강구하면서, 바울에게 이 지혜로운 수녀들의 목을 직접 베라고 명령했다. 그는 바울이 목을 베려 하지 않을 것이며, 그렇게 되면 금을 차지하게 될 것이라고 생각했다.

이 말을 들은 바울은 다시 자기의 금을 바라보며 "당신의 명령대로 하겠습니다"라고 대답하면서, 칼을 들고 수녀들에게 다가갔다. 이것을 본 거룩한 수녀들은 다 같이 말했다. "불쌍한 사람이여! 이제까지만 해도 당신은 우리의 목자였는데, 지금은 마치 늑대가 우리를 잡아먹으러 왔군요. 당신은 매일 우리에게 그리스도를 위해 기꺼이 죽으라고 권면하지 않았습니까? 그러나 당신은 조금도 주님을 위해 고난 받으려는 갈망을 가지고 있지 않았으며, 조금도 주저함이 없이 주님을 부인했습니다. 우리가 당신의 더러운 손에서 받았던 거룩한 몸과 피는 어디에 있습니까? 당신의 손에 들고 있는 그 칼은 우리를 영생으로 인도해 주는 문이 된다는 것을 아십시오, 우리는 이제 주 예수님께로 갑니다. 그러나 우리가 예고한 대로 당신은 곧 밧줄에 목이 죄어 죽어 당신의 스승 유다처럼 지옥의 자식이 될 것입니다."

결국 바울은 그들의 목을 베었다. 그러자 귀족은 그에게 이렇게 말했다. "당신만큼 황제의 명령이 복종한 기독교인은 이제까지 없었다. 그러므로 나는 황제의 명령 없이는 사사로이 당신을 석방시킬 수 없다. 내가 말씀을 드려 황제께서 당신이 행한 일을 알게 되면 그분은 당신에게 큰 훈장을 주실 것이다. 이제 우리와 함께 머물며 즐거이 지내자. 내일 황제께 당신에 관해 보고하겠다."

그날 밤, 귀족은 비밀리에 자기 종을 그가 묵고 있는 방으로 보내어 밧줄로 목을 눌러 죽였다. 아침이 되자 귀족은 아무 것도 모르는 척 그의 방으로 들어갔다. 밧줄에 목을 매어 죽은 그를 발견한 귀족은 자살했다고 선포한 뒤, 그의 시체를 마을 뒤편으로 가져가 개들에게 던져주라고 명령했다. 그리고 그는 장로 바울의 금을 차지했다.[7]

근신하여 깨어 생활하여 자기 안에서 인간의 죄와 타락을 분별해내는 자는 귀중한 물건이나 많은 돈을 소유하게 될 때에, 자기 마음 속에서 즉시 이 재산을 의지하는 생각이 들며, 반대로 하나님을 의지하는 마음은 식고 감소하게 된다는 것을 쉽게 살펴볼 수 있다. 그러므로 조심하지 않으면 곧 물질에 대한 애정이 그 모습을 드러낸다. 재산에 대한 애착이나 편애는 쉽게 욕망이 되며, 이로 인해 모르는 사이에 그리스도를 배척하는 마음이 생긴다. 물론 그러면서도 입술로는 주님을 믿는다고 고백하며 기도로 주님에게 구하며, 주님의 교리와 교훈을 전파한다.

치명적인 정욕이 사람을 사로잡으면 다른 정욕들은 약화되고 잠잠해진

---

7) *Alphabetical Patrology and vise de péres des deserts d'Orient*. Tom. IX, chap. 16.

36. 청빈, 이탈

다. 마귀는 그에 대한 투쟁과 시험을 멈추고, 그를 사로잡은 치명적인 욕망이 그의 보화와 멸망의 참된 보증인이 되도록 한다. 종종 마음으로는 은밀하게 죄로 말미암아 죽임을 당하고, 죄에 끌려 지옥문에까지 간 사람이 거룩한 것처럼 보이며, 다른 사람을 교화시키는 일이 있다. 마치 가면을 벗기 전의 장로 바울이 수녀들에게 했던 것처럼. 그러므로 자신의 소망과 믿음과 사랑을 하나님께 집중시키기를 원하는 사람은 반드시 청빈생활을 해야 한다. 그에게 주어지는 돈이나 귀중품이나 재산은 모두 하늘나라의 보화를 얻기 위해 사용되어야 한다.[8]

모든 신령한 축복의 출발점은 그리스도와 복음에 대한 믿음이다. 그것은 복음의 계명을 삶과 행위 속에서 실행함으로써 증거하는 살아있는 믿음이다. "돈을 사랑함이 일만 악의 뿌리가 된다"(딤전 6:10).

---

8) "내가 너희에게 말하노니 불의의 재물로 친구를 사귀라 그리하면 없어질 때에 저희가 영원한 처소로 너희를 영접하리라"(눅 16:9).

37.
인간의 영광

허영심은 금전욕이나 욕심이나 탐심과 마찬가지로 인간의 믿음을 파괴한다. 허영심은 사람의 마음을 그리스도를 믿기에 부적당하게 만든다. 주님은 유대인들의 대표자들에게 "너희가 서로 영광을 취하고 유일하신 하나님께로부터 오는 영광은 구하지 아니하니 어찌 나를 믿을 수 있느냐"(요 5:44)고 말씀하셨다. 복음서 기자는 "그러나 관원 중에도 저를 믿는 자가 많되 바리새인들을 인하여 드러나게 말하지 못하니 이는 출회를 당할까 두려워함이라 저희는 사람의 영광을 하나님의 영광보다 더 사랑하였더라"(요 12:42-43)고 기록하였다. 유대인들은 예수가 약속된 메시아라고 고백하는 사람들을 회당의 모임에 참석하지 못하도록 금하는 규정을 만들었다.

허영심은 본성적인 정신이 만들어내는 것으로서 타락한 상태에서 솟아오르는 인간의 칭찬과 특권을 먹고 산다. 그것은 부富 고귀한 신분, 민족적 우월감, 세상을 섬기며 세상을 즐겁게 하는 사람들에게 주어지는 명성 등 세상의 헛된 영광을 먹고 산다. 사람의 영광은 본질적으로 세속적이며 하나님의 영광을 대적한다. 사람의 영광의 출발점과 그것에 이르는 길은 하나님의 영광의 출발점과 그것을 얻는 길과는 전혀 다르다. 허영심과 명예욕의 출발점은 인간적이고, 헛되고, 무상하고, 쉬 변화하고, 무의미한 것들에 대한 견해와 힘에 대한 그릇된 관념에서 비롯된다. 인간의 영광을 추구하는 자는 사람들로부터 호감을 사고 비위를 맞추기 위해 쉬지 않고 노력해야 한다. 사람의 영광을 구하는 사람은 자신의 목표만 달성할 수 있다면 옳고 그름, 이성과 비이성을 가리지 않는다.

하나님의 영광을 향한 갈망과 동경의 출발점은 타락한 인간을 향한 하나님의 크신 자비와 전능하심을 믿는 산 믿음에 기초를 둔다. 타락한 인간은 회개하고 복음의 계명을 실천함으로써 하나님과 화해하고, 하나님으로부터 오는 영광을 얻을 수 있다. 하나님께서는 자신을 기쁘게 한 사람들에게 "잘 하였도다 착하고 충성된 종아 네가 작은 일에 충성하였으매 내가 많은 것으로 네게 맡기리니 네 주인의 즐거움에 참예할찌어다"(마 25:23)라고 말씀하셨다.

하나님의 영광을 얻으려는 사람은 언제나 하나님을 기쁘시게 하며, 자기 십자가를 지고 주님을 따르며, 복음의 계명이 명령하고 허락한 일들을 이웃에게 행하여 그들을 기쁘게 한다. 그러나 이런 기쁨은 결코 세상의 아들들을 만족시키지 못하며, 심지어 그들을 분노케 한다. 왜냐하면 그들은 자신의 욕망과 독선을 무한정 충족시키기를 구하고 요구하기 때문이다. 그런 까닭에 그들은 사람을 기쁘게 하거나 아첨하는 사람에게 세상의 영광을 수여한다. 이들은 하나님의 원수이며 이웃의 진정한 행복을 가로막는 원수다.

주님은 "사람이 나를 섬기려면 나를 따르라 나 있는 곳에 나를 섬기는 자도 거기 있으리니 사람이 나를 섬기면 내 아버지께서 저를 귀히 여기시리라"(요 12:26)라고 말씀하셨다. 주님의 여러 가지 도덕적 원리 중에서도 그의 지극히 거룩하신 성품을 전형적으로 나타내주는 것으로는 사람의 영광을 거부한 것을 들 수 있다. 주님은 "나는 사람에게 영광을 취하지 아니하노라"(요 5:41)고 말씀하셨다. 주님은 왕 중의 왕이시지만, 그의 나라는 이 세상에 속한 것이 아니다.9) 주님은 군중들이 주님을 왕으로 선포하려 했을 때 한적한 곳으로 물러가셨다. 불가리아의 데오필렉트Theophylact는 이것이 세상의 영예와 영광을 피하기 위한 것이었다고 설명한다. 최후의 만찬 후 대화를 나눌 때 제자들은 주님에게 "우리가 지금에야 주께서 모든 것을 아시고 또 사람의 물음을 기다리시지 않는줄 아나이다 이로써 하나님께로서 나오심을 우리가 믿삽나이다"(요 16:30)라고 말했다. 그러나 주님은 인간의 칭찬과 찬사로 이루어진 이 말에 전혀 공감하지 않으셨다. 오히려 제자들이 곧 실망하게 될 것을 아신 주님은 중생치 못한 인간이 쉽게 예상치 못하게 돌변하는 타락한 본성을 의지하지 말라고 가르치시면서 "보라 너희가 다 각각 제 곳으로 흩어지고 나를 혼자 둘 때가 오나니 벌써 왔도다"(요 16:32)라고 대답하셨다.

스스로 인간이 되신 그리스도께서는 고난을 받으시고 십자가에 달리심으로써 자기의 영광으로 들어가셨다. 그러나 주님의 신성은 항상 영광 중에 있었다. 우리는 그리스도를 따라 가야만 한다. 주님의 계명에 순종하고 우리에게 닥치는 모든 슬픔과 고통을 인내하며 받아들임으로써 우리는 이 세상에서나 내세에서 그리스도의 영광에 참예하는 자가 된다. "오히려 자기를 비어 종의 형체를 가져 사람들과 같이 되었고 사람의 모양으로 나타나셨으매 자기를 낮추시고 죽기까지 복종하셨으니 곧 십자가에 죽으심이라

---

9) "예수께서 대답하시되 내 나라는 이 세상에 속한 것이 아니라 만일 내 나라가 이 세상에 속한 것이었더면 내 종들이 싸워 나로 유대인들에게 넘기우지 않게 하였으리라 이제 내 나라는 여기에 속한 것이 아니니라"(요 18:36)

37. 인간의 영광

이러므로 하나님이 그를 지극히 높여 모든 이름 위에 뛰어난 이름을 주사 하늘에 있는 자들과 땅에 있는 자들과 땅 아래 있는 자들로 모든 무릎을 예수의 이름에 꿇게 하시고 모든 입으로 예수 그리스도를 주라 시인하여 하나님 아버지께 영광을 돌리게 하셨느니라"(빌 2:7-11)

이 세상과 내세에서 그리스도의 영광에 참예하는 자가 되려면 우리는 외면적으로나 내면적으로 자신을 낮추어야 한다. 주님께서 세상에 있는 자기를 따르는 자들에게 주신 영광의 보증은 성령의 여러 가지의 은사이다. 내세에서는 인간의 지성으로는 상상할 수도 없이 충만하고 장엄한 하나님의 영광이 그리스도의 제자들과 추종자들을 감쌀 것이다.[10] 이런 까닭에 거룩한 교부들과 수도사들은 허영심을 일으키며 사람의 영광을 조달해 주는 치명적인 독을 피하려고 애를 썼다. 하나님의 성도들의 생애에는 분명히 나타나는 바와 같이 하나님께서는 택하신 종들이 세상에서 순례하는 동안 위로와 평안 속에 편히 거하게 하거나 끊임없이 번영하며 세상의 영광 속에 거하도록 섭리하시지 않는다. 택하신 종들의 세상 순례에는 항상 환난과 고통이 가득하다. 단 음식을 계속 먹으면 위장을 해치듯이, 환난이 없는 인간의 영광은 영혼에 해를 끼친다. 비가 오지 않고 맑은 날이 계속되면 곡식과 풀은 시들고 열매는 벌레가 먹게 되듯이, 세상의 행복과 번영만 계속되면 인간의 내면에 있는 선한 성품은 감소하여 사라지며, 반면에 자기과신, 교만, 부정한 욕망이 생성된다.

시리아의 성 이삭은 "영광을 감당할 수 있는 사람은 거의 없다. 그런 사람은 아마 존재하지 않을 것이다. 왜냐하면 인간은 쉽게 오류를 범하며 변화에 굴복하기 때문이다"고 했다. 경험에 의해 증명되는 바,[11] 자기 종들을

---

[10] "기록된바 하나님이 자기를 사랑하는 자들을 위하여 예비하신 모든 것은 눈으로 보지 못하고 귀로도 듣지 못하고 사람의 마음으로도 생각지 못하였다 함과 같으니라"(고전 2:9).
[11] *Alphabetical Patrology, Story about Eulogius the Stone-Cutter.*

그리스도를 본받아 사는 생활

위해 하늘나라에 불변하는 영예와 영광을 마련해두신 하나님께서는 그들이 이 무상하고 안정되지 못한 세상 속에서 끊임없이 헛되고 일시적인 영광을 받는 것을 원치 않으신다.12) 특히 뛰어난 육체의 능력을 가지고 영적 진보를 이룩하였으며, 교회의 고귀한 직분을 맡고 있었던 거룩한 사람들은 박해, 치욕, 모욕, 분노, 괴롭힘, 고난을 당했다. 위대한 아타나시우스Athanasius, 신학자 그레고리Gregory the Theologian, 바실Basil, 존 크리소스톰John Chrysostom 및 교회의 여러 훌륭한 인물들의 생애를 살펴보면 이 사실을 확인할 수 있다. 시련은 그들의 높은 지위와 인간의 영광으로 인해 쉽게 발생할 수도 있는 영적 해독이 그들에게 임하지 못하게 막아 주었다.13)

사부 이사야는 "권세, 영예, 영광, 칭찬을 구하지 않도록 주의하라. 그것들은 영혼에 상처와 죽음과 파멸을 주며, 영원한 고통을 준다"고 말했다. 우리 자신과 인류를 주의 깊게 살펴보면, 거룩한 이 사부의 충고가 옳다는 것을 확신할 수 있다. 그리고 인간의 영예와 영광을 바라는 욕망은, 주님이 걸으셨고 그의 추종자들이 따라갔던 구원의 좁은 길을 벗어나게 한다는 것도 확신할 수 있다. 세상 영광에 흥미를 느끼는 사람들이 보기에 좁고 슬픔으로 가득 찬 길을 가르친 이 교훈은 이상하고 어리석은 것처럼 보인다. 따라서 그들은 이 교훈과 그것을 옹호하는 사람을 비웃는다. 세상을 사랑하던 바리세인들이 자기부인을 가르친 주님의 교훈을 비웃었듯이. 그러나 주님은 자기기만의 땅에 유배된 우리를 거짓으로부터 해방시킬 수 있는 필수적인 치료책으로써, 또 포로된 자들과 거짓으로 우리를 사로잡으려고 하는 사람들에게서 피할 방법으로써 이 교훈을 주셨다.14)

하나님 나라의 문을 열 수 있는 열쇠는 그리스도의 십자가뿐이다. 하나

---

12) *Isaac the Syrian*, 제47장을 참조하라.
13) *Isaac the Syrian*, 제28장을 참조하라.
14) 누가복음 16:14; 마가복음 4:19를 보라.

님께서는 하나님 나라에 들어가기로 결심한 사람들에게 그 열쇠를 주시며, 그들도 그것을 얻으려고 노력한다. 그들은 말로 형언할 수 없고 영원한 축복의 보증인 그것을 얻을 때 기뻐하고 즐거워한다.

신 신학자 시므온St. Simeon the New Theologian은 다음과 같이 말했다: "하나님께 대한 확실한 믿음 속에서 세상과 그 속의 모든 것을 부인한 사람은 주님이 긍휼하시며 자비하신 분이시며, 자기 종들이 받은 수치를 영광으로 갚아 주시며, 가난한 중에 부요케 하시며 비천하게 하심으로써 영화롭게 하시며, 죽음을 통해 영생을 상속받고 그것에 동참하게 하신다고 믿는다. 신자들은 마치 목마른 사슴처럼, 마치 사다리를 오르듯이 영원한 하늘나라의 샘을 향해 기어 올라간다. 천사들은 이 사다리 위에서 오르락내리락하며 그곳을 오르는 사람들을 돕는다. 인간을 사랑하시는 하나님은 사다리의 꼭대기에서 우리가 힘써 행하는 수고와 노력을 기다리고 계신다. 그러나 하나님께서는 우리의 수고하는 모습을 보기를 기뻐하시는 것이 아니다. 하나님은 우리에게 상급을 주시기를 원하신다."[15]

허영심과 명예욕을 버리라. 허영심과 명예욕을 품는 것은 그리스도의 십자가를 부인하는 일이다. 그리스도의 십자가를 부인하는 것은 곧 그리스도를 부인하는 것이다. 주님은 "누구든지 자기 십자가를 지고 나를 좇지 않는 자도 능히 나의 제자가 되지 못하리라"(눅 14:27)고 말씀하셨다. 타락한 인간들이여! 우리는 먼저 자신의 십자가를 통해서 우리의 타락을 고백하고 하늘나라와 영원한 복락을 얻기 위해서는 십자가의 길이 필요하다는 사실을 깨닫고 고백하지 않는 한 진정으로 그리스도를 알고 믿을 수 없다. 우리는 허영심과 사람의 영광을 구하게 만든 모든 원인을 피해야 한다. 거룩한 교부들은 그리스도의 가르침에 대한 흥미를 잃지 않고 회칠한 무덤이

---

15) *Philokalia*. "Practical and Theological Principles", 105.

되지 않으려고, 즉 표면적으로는 기독교인이지만 실제로는 배교자가 되지 않기 위해서 그것들을 피했다.

조그마한 티끌이 눈에 들어가도 우리는 앞을 보지 못하듯이, 외관상의 사소한 애정이나 편애가 우리들의 올바른 이해력을 박탈하며, 우리의 생각과 견해를 왜곡시키고 손상시킨다. 영육 간에 강건했던 교부들은 지극히 작은 죄까지도 두려워했다. 그러므로 영육 간에 연약한 우리는 더욱 죄를 두려워해야 한다. 죄는 우리의 연약함 속에서 안식처와 환영을 받을 기회를 발견한다. 죄는 우리 내면에 있는 발판에 발을 내딛을 때에는 하찮고 사소한 것 같지만, 일단 마음에 들어서면 무서운 괴물로 돌변한다.

거룩한 교부들이 의복과 수도원 건물의 설비나 수실의 가구를 검소하게 하려고 한 데에는 이유가 있다. 그들은 교회를 건축하고 장식하는 것도 극도로 검소하게 했다. 연약한 사람의 마음과 생각은 자신이 처해 있는 외면적 환경에 따라 좌우된다. 경험이 없고 주의력이 없는 사람들은 이 점을 이해하기 어려울 것이다. 만일 우리들이 훌륭한 옷을 입거나 자기 수실에 풍미 있고 사치한 가구를 비치한다면, 또는 건물을 웅장하게 짓고 금과 은으로 빛나게 하며 찬란한 성구들을 갖춘다면, 우리들의 영혼은 분명히 허영심을 갖게 되며, 자만심과 독선으로 가득 차게 되며, 자신의 죄악됨을 인식하지 못하고 가책을 느끼지 못할 것이다. 그러한 영혼은 헛된 쾌락으로 가득 찼기 때문에 어두움, 망상, 완악함, 죽음 속에 마치 승리의 축제의 한복판인 듯이 머물게 된다. 반면에 우리가 검소하게 옷을 입고 거처를 천막이나 오두막집처럼 꾸미고 꼭 필요한 가구만 비치한다면, 만일 교회가 너무 휘황찬란하여 분심을 일으키지 않고 기도와 감사, 죄 고백과 눈물의 처소가 되게 한다면, 우리들의 영혼은 외면적 환경으로부터 겸손을 취하고, 모든 물질로부터 이탈하며, 모든 사람이 직면하는 생각과 감정에서 벗어나 영원으로 옮겨가게 된다. 이러한 영혼은 회개와 복음의 계명 실천에 의해 조만간 영원한 나라에 들어갈 축복을 얻을 준비를 한다. 검소한 기도실은 위대한 사람들이나 무식한 평민들이 거리낌 없이 방문할 수 있다. 그러나 너무 잘 꾸민 기도실에는 방문객들이 쉽게 들어오지 못한다. 왜냐하면 혹시 잘 정돈해 놓은 기도실을 어지럽히지나 않을까 염려하기 때문이다. 간혹 가난하고 소박하며 믿음이 깊은 사람들도 그리스도를 배척하는 경우가 있다.

허영심은 매우 위험하며, 사람의 영광은 더욱 위험하다. 우리가 세상 사람이나 세속의 지혜에서 비롯된 영광과 영예를 받아들인다면, 그것은 우리가 하나님에게서 버림을 받은 사람이라는 증거이다. 반면에 사람들로부터 책망과 박해를 받는다는 것은 우리가 하나님의 택함을 받은 참 그리스도인이라는 표시이다. 주님은 이 두 가지를 다음과 같이 설명하셨다: "모든 사람이 너희를 칭찬하면 화가 있도다 저희 조상들이 거짓 선지자들에게 이와 같이 하였느니라"(눅 6:26); "인자를 인하여 사람들이 너희를 미워하며 멀리하고 욕하고 너희 이름을 악하다 하여 버릴 때에는 너희에게 복이 있도다 그날에 기뻐하고 뛰놀라 하늘에서 너희 상이 큼이라 저희 조상들이 선지자들에게 이와 같이 하였느니라(눅 6:22-23).

우리는 앞에서 언급했던 거룩한 사부의 권고를 따르자. 그러나 하나님의 판단에 따라 세상적 명예와 직분이라는 무거운 짐을 져야 하는 그리스도인은 이 세상의 위대함이 자기의 뜻과 생각에 영향을 주지 못하도록, 그리고 교만이 자기 영혼 속에 들어와 이웃을 멸시하지 못하도록 끊임없이 눈물로 하나님께 기도해야 한다. 주님께서는 이것에 대해 제자들에게 거듭 경고하셨다: "삼가 이 소자 중에 하나도 업신여기지 말라 너희에게 말하노니 저희 천사들이 하늘에서 하늘에 계신 내 아버지의 얼굴을 항상 뵈옵느니라…인자의 온 것은 잃어버린 자를 찾아 구원하려 함이니라"(마 18:10; 눅 19:10).

주님은 만민을 위해 귀중한 피를 흘리셨다. 그리하여 모든 사람들에게 동일한 가치를 부여하였으며, 모든 사람이 동등하게 중요하고 귀하다는 것을 보여주셨다.

38.
분노, 남의 허물을 기억함

인간의 타락은 참으로 깊이 숨겨진 비밀이므로 인간의 능력으로는 결코 이해할 수 없다. 타락의 열매 중에는 정신적인 무지無知가 포함되어 있기 때문이다. 무지는 우리의 정신으로 하여금 타락의 깊이와 어두움을 보지 못하게 한다. 우리들의 타락한 본성을 승리의 상태로 나타냄으로써 우리를 속이며, 유배의 땅을 발전과 기쁨의 땅처럼 보이게 만든다. 하나님은 진심으로 마음을 다하여 하나님을 섬기는 금욕고행자에게 점차 이 비밀을 드러내주신다.

하나님께서 그 비밀을 우리에게 드러내 주실 때, 우리 눈앞에는 참으로 기이하고 끔찍한 광경이 전개된다. 하나님의 인도하심을 따라 우리 마음 깊은 곳에 깊은 지옥이 적나라하게 놓여 있음을 볼 때, 어찌 두려움으로 가득차지 않을 수 있으랴! 수많은 고달픈 경험에 의해 우리의 연약함과 허물이 증명될 때, 어찌 우리가 두려움으로 가득차지 않겠는가! 치명적인 욕망이 오랫동안 마음 속에 숨어 지내다가 갑자기 모습을 드러내어 우리를 영원히 멸망시킨다고 생각할 때, 어찌 두려움이 가득차지 않겠는가! 그러나 죄를 두려워하며 자신을 신뢰하지 않는다고 해서 누구다 죄의 위험에서 벗어나는 것은 아니다. 그러므로 사랑하는 형제들에게 죄의 비밀을 알려서 그들을 죄로부터 지키려면, 분노라는 격한 감정이 영혼 안에서 일으키는 두려운 파괴력을 반드시 지적해야 한다.

사도 요한은 "하나님은 사랑이라"(요일 4:8, 16)고 했다. 사랑을 배척하거나 화를 내는 것은 하나님을 배척하는 일이다. 하나님은 분노하는 사람에게서 물러가시며 그에게 주어진 은혜를 박탈하신다. 그리고 분노라는 치명적인 독을 치료하지 않으면, 그를 영적 죽음에게로 넘기신다.

1세기 안디옥에 사프리키우스Sapricius라는 장로와 니세포루스Nicephorus라는 평신도가 오랫동안 친밀하게 우정을 나누며 살았다. 그런데 악의 씨를 뿌리는 자, 즉 마귀가 그들 사이에 불화의 씨를 뿌렸다. 이들의 불화는 점점 커져서 마침내 화해할 수 없을 만큼 지독한 증오심이 되었다. 두 사람 중에서 니세포루스는 정신을 차리고 이 증오심이 마귀가 뿌리고 가꾼 것임을 깨달았다. 그래서 사프리키우스에게 여러 번 화해를 청했으나 사르치키우스는 완강하게 거절했다.

두 사람의 관계가 이러한 상태에 있을 때, 로마에서는 발레리안Valerian과 갈리엔Gallien 황제가 다스리고 있었다. 그런데 안디옥에서 갑자기 기독교를 박해하기 시작되었다. 사프리키우스 장로는 체포되어 안디옥의 지방 총독에게 끌려갔다. 그는 우상에게 예배하라는 요구를 받자, "나는 그리스도를 믿는다"고 고백했다. 그로 인해 혹독한 고문을 받게 되었다. 총독은 고문으로도 사프리키우스의 신앙을 꺾을 수 없다고 생각하여, 결국 참형하라고 명령했다.

한편, 니케포루스는 사프리키우스의 소문을 듣고서 그의 축복과 용서를

38. 분노, 남의 허물을 기억함

받으려고 황급히 그에게로 달려갔다. 그는 사프리키우스의 발 밑에 앉아서 "그리스도의 순교자여, 당신에게 범죄한 나를 용서해 주십시오"라고 말했다. 그러나 사프리키우스는 마음에 악의와 증오가 가득했기 때문에 한 마디도 대답하지 않았다. 니세포루스가 거듭 용서를 청했지만, 냉혹하고 무자비한 사프리키우스는 증오가 가득한 침묵으로 일관하면서 고개를 돌렸다.

드디어 그들은 처형장에 도착했다. 니세포루스는 다시 용서해달라고 간청했다. 그는 "그리스도의 순교자여, 부디 당신에게 범죄한 나를 용서해 주십시오. 성경에는 "구하라, 그러면 받을 것이라"(마 7:7)고 기록되어 있습니다. 그러므로 내가 요청하오니 나를 용서해 주십시오"라고 했다.

사프리키우스는 죽음의 문턱에 서서 이러한 요청을 받고서도 고집을 꺾지 않았다. 그러나 이제까지 그에게 순교를 맞을 수 있는 힘을 주었던 하나님의 은혜가 그에게서 떠나버렸다. 형리들이 그의 머리를 베려는 순간, 그는 "왜 나를 처형하려 합니까?"라고 물었다. 형리들이 "당신은 신들에게 제물을 드리기를 거부했고, 그리스도라는 사람에 관한 황제의 칙령을 무시했기 때문이요."라고 대답하자, 안타깝게도 사프리키우스는 "나를 죽이지 마십시오. 황제의 명령대로 신들에게 제물을 드리고 예배하겠습니다."라고 했다.

사프리키우스가 이렇게 무서운 말을 하는 것을 듣고, 니세포루스는 눈물을 흘리면서 그에게 애원했다: "사랑하는 형제여, 그러지 마십시오. 우리 주 예수 그리스도를 버리지 마십시오. 당신이 수많은 고난을 참고 견딤으로써 얻게 될 하늘의 면류관을 버리지 마십시오. 보십시오. 주님께서 저 문 앞에 서 계십니다. 이제 곧 주님이 당신에게 나타나셔서, 당신의 육체적 죽음에 대한 보상으로 영원한 상을 주실 것입니다. 바로 그 이유 때문에 당신은 이곳에 온 것입니다."

그리스도를 본받아 사는 생활

사프리키우스는 그의 말에 조금도 관심을 기울이지 않고 곧바로 영원한 멸망에 떨어졌다. 이 장로가 타락하여 참 하나님이신 그리스도를 부인하는 것을 본 니세포루스는 큰 소리로 형리들에게 말했다. "나는 기독교인이다. 나는 사프리키우스가 버린 주 예수 그리스도를 믿는다. 내 목을 베어라." 결국 니세포루스의 소원은 이루어졌다.

성령께서는 사프리키우스가 복음의 계명을 거부한 것이 그리스도를 거부한 것으로 여겨 순식간에 그에게서 떠나가셨다. 마음으로 그리스도를 믿지 않고 입술로만 신앙을 고백했던 그는 끝까지 싸우지 못하고 말았다. 그러나 니세포루스는 계명을 조심하여 실천했기 때문에 하나님의 영을 위해 예비된 그의 마음을 채우시는 성령의 은사에 의해 즉시 순교자가 되었다.

또 다른 예를 들어 보자. 키에프 페테르스크 수도원의 수도사인 티투스와 에바그리우스는 영적 우정을 나누며 살았다. 그들의 사랑은 형제들에게 놀라움과 좋은 교훈을 주었다. 그런데 선을 미워하며 사람이 잠들었을 때 즉, 자신이 얻은 선이 안전하다고 여겨 도둑맞을 일에 대비하지 않을 때, 밀밭에 가라지씨를 뿌리는 원수가 이 수도사들의 사랑을 앙심으로 바꾸어 놓았다. 티투스와 에바그리우스는 서로 미워하여 얼굴조차 마주치려 하지 않았다. 형제들은 그들에게 화해하고 사이좋게 지내라고 부탁했지만, 그들은 화해하려 하지 않았다.

그런데 얼마 후 티투스가 중병에 걸렸다. 그의 병이 너무 깊어 회복이 불가능했다. 이윽고 그는 자기의 죄로 인해 슬피 울면서 에바그리우스에게 사람을 보내어 용서를 구했다. 그는 겸손하게 모든 잘못이 자기에게 있다고 말했다. 그러나 에바그리우스는 티투스를 용서하지 않을 뿐만 아니라 잔인한 말을 많이 하고 심지어 저주까지 했다. 죽어가는 티투스를 본 형제들은 티투스와 화해시키려고 에바그리우스를 데려왔다. 에바그리우스를 본 병

38. 분노, 남의 허물을 기억함

자는 침대에서 일어나서 그의 발 앞에 엎드려 절하고 눈물을 흘리면서 "나를 용서하고 축복해 주시오"라고 말했다.

그 자리에는 여러 형제들이 함께 있었다. 에바그리우스는 그에게서 돌아서면서 끔찍하게도 "나는 이 세상에서나 내세에서나 결코 당신과 화해하지 않겠다"라고 말했다. 이 말을 하면서 그는 자기를 붙들고 있던 형제들을 뿌리치다가 넘어졌다. 형제들이 그를 일으키려 했으나, 그는 이미 죽어 있었다. 그들은 그의 두 팔을 굽힐 수도 없고 입을 다물게 하지도 못하고 눈을 감기지도 못했다. 반면에 티투스는 언제 아팠느냐는 듯이 완전히 건강한 몸으로 자리에서 일어났다.

그곳에 있던 사람들은 모두 겁에 질려 티투스에게 어떻게 해서 병이 나았느냐고 물었다. 티투스는 이렇게 대답했다: "중병에 걸렸을 때, 나는 천사들이 내 영혼이 분노와 증오심으로 더럽혀져 멸망한 것으로 인해 울면서 떠나가는 것을 보았고, 마귀는 내가 분노로 인해 멸망하고 있기 때문에 기뻐하는 것을 보았습니다. 그래서 나는 당신들에게 내 형제에게 가서 용서를 구해달라고 부탁했던 것입니다. 에바그리우스가 용서를 청하는 나를 뿌리치고 돌아설 때에, 나는 불타는 창을 든 무서운 천사가 용서를 거부한 그 형제를 때리는 것을 보았습니다. 그리하여 그는 넘어져 숨을 거두었습니다. 그런데 그 천사는 손을 내밀어 나를 일으켜 주었습니다. 이제 나는 이렇게 건강해졌습니다."

형제들은 무서운 죽음을 당한 에바그리우스로 인해 몹시 슬퍼했다. 그들은 입을 벌리고 두 팔을 뻗은 채 죽은 그를 그대로 땅에 묻었다.[16]

우리는 자신의 연약함에 대해 놀라고 경계해야 한다. 우리의 죄를 경계

---

16) 축일 2월 27일.

해야 한다. 죄는 쉽게 우리를 속이고 우리의 내면으로 숨어 들어오며, 우리를 사로잡아 포로로 삼고 속박한다. 죄라는 가라지를 끊임없이 만들어내는 타락한 본성을 경계해야 한다. 항상 자신을 지키며 복음으로 자신의 행동과 영적 상태를 점검하며, 어떤 경우에도 영혼 안에 있는 악한 성향을 하찮게 여겨 그것이 영혼 속에서 자라는 것을 허락해서는 안 된다. 금욕고행자 마가는 "악이 침입하기 시작할 때에 결코 "그것은 결코 나를 정복하지 못할 것이다"라고 생각하지 말라. 당신이 그것에 이끌리는 만큼 이미 정복된 것이다"[17]라고 했다. 마귀는 작은 죄들을 사소한 것으로 보게 한다. 그렇지 않으면 우리를 큰 죄로 이끌 수 없기 때문이다.[18]

우리는 마음에서 솟아나는 가라지들, 또는 마음에 떠오르는 악한 생각을 하찮게 여기지 말아야 한다. 악한 생각이 떠오를 때에는 즉시 복음의 계명으로 대적하고 기도에 의지하여 거부하고 추방해야 한다. 뿌리를 뽑아야 한다. 어리고 약한 가라지는 쉽게 제거할 수 있지만, 시간이 흘러 그것이 뿌리를 내려 상습화되면 많은 노력을 해야 제거할 수 있다. 마음에 들어온 악한 생각이 우리의 지성과 정신의 일부가 되면, 우리의 온전함이 박탈된다. 마음 속에 서성거리는 악한 감정은 본성적인 특성처럼 되며 마음의 영적 자유를 빼앗는다.

하나님과 하나님의 뜻을 마음을 다하고 혼을 다하여 섬기는 우리들을 하나님께서 돌보신다는 확실한 진리를 우리는 의심 없이 믿어야 한다. 하나님은 이런 사람을 지키시고 그 영혼을 세우고 연단하시며, 그를 위해 복된 내세를 예비하신다. 사람들이 우리에게 가하는 모든 고난과 슬픔은 우리의 본질적인 유익을 위해 하나님의 허락 하에 임하는 것이다. 만일 우리에게

---

17) *On Spiritual Law*, ch. 170.
18) Ibid., ch. 94.

38. 분노, 남의 허물을 기억함

슬픔과 고난이 필요하지 않다면, 하나님께서는 그것들을 허락하지 않으실 것이다. 우리가 이웃을 용서하며 이웃에게 범한 죄를 용서받으려면 슬픔과 고난이 필요하다. 하나님의 섭리가 우리를 지켜보고 계심을 깨달으며 살아 있는 믿음을 얻기 위해서는 그것들이 반드시 필요하다. 많은 경험을 통해서 우리를 환난과 어려움에서 구해주는 것은 우리 자신의 솜씨나 재능이 아니라, 전능하신 하나님의 손이라는 것을 알게 될 때 살아있는 믿음이 우리 안에서 그 모습을 드러낸다. 우리가 원수까지 사랑하려면 슬픔과 환난이 반드시 필요하다. 왜냐하면 궁극적으로 악의라는 독에 물든 마음을 깨끗하게 하여 하나님을 사랑하며 풍성하고 특별한 은사를 받을 수 있게 해주는 것은 사랑이기 때문이다.

이웃 사랑과 하나님 사랑의 관계는 앞에서 인용한 두 가지 이야기에서 분명히 드러난다. 이웃 사랑이라는 사다리의 징상은 원수를 사랑하는 것이다. 우리는 이것을 통해서 하나님 사랑의 광대한 궁정으로 들어간다. 우리는 이웃이 우리에게 가하는 온갖 불쾌하고 해로운 것들을 기꺼이 받아들임으로써 우리가 하나님께 행한 많은 죄의 사함을 받는다.

우리는 불신앙에 굴복하지 말아야 한다. 또 우리 자신을 원수로부터 지키며 그들의 악한 뜻이나 의도에 대항하려고 계략을 세우는 일, 모든 염려, 걱정, 상상, 백일몽, 핑계 등에 굴복해서는 안 된다. 주님은 "악한 자를 대적하지 말라"[19]고 하셨다. 어렵고 고통스러운 처지에 있을 때에 우리는 기도로써 하나님을 의지해야 한다. 우리와 원수, 우리의 처지와 온 인류의 처지

---

19) 이 책에서 마태복음 5:9을 "Do not resist injury"이라고 영역했다. 상함(injury)에 해당되는 헬라어는 "악한 자"(the evil one)이라고 번역한다. 그래서 성 크리소스톰Chrysostom은 " 우리는 악한 자를 저항하지 말아야 하는가? 우리는 반드시 저항해야 한다. 그러나 그렇게 하지 말고 주님이 말씀하신바, 상함을 인내하는 것으로 반항해야 한다. 그럼으로써 우리는 악한 자에 대한 진정한 정복자가 될 것이다"라고 말했다.

는 하나님의 능력 안에 있다. 하나님은 절대적인 능력과 주권으로 만물을 다루시고 예정하신다. 하나님은 끊임없이 모든 어려움을 정복하시고 멸절시키신다. 우리는 원수를 위해 기도해야 한다. 그리하면 이 기도에 의해서 그들의 마음 속에서 악의를 없애고 사랑을 채울 수 있다. 금욕고행자 마가는 "자신을 불쾌하게 만들고 부당하게 행하는 사람들을 위해 기도하는 사람은 악마들을 궤멸시킨다. 그러나 그러한 사람에게 저항하거나 대적하는 사람은 악마에 의해 상처를 입는다"[20]고 했다.

사도 바울은 "모든 것 위에 믿음의 방패를 가지고 이로써 능히 악한 자의 모든 화전을 소멸하라"(엡 6:16)고 했다. 여기에서 "화전"이란 우리 안에 있는 악마들의 여러 가지 활동을 의미한다. 악마들은 연약하고 결점이 많은 타락한 본성을 선동하여 활동하게 한다. 그리고 분노, 격하고 노한 생각과 공상, 복수하려는 충동, 무수한 근심과 걱정 등으로 우리 마음을 불타게 만든다. 또 원수를 대적하여 정복하고 치욕을 주며, 위험과 맞서 확고하고 안정된 상태를 확보하려는 어리석고 불가능한 계획을 세우게 한다.

믿음을 가진 사람은 자신을 위해 활동할 경영자이신 하나님을 얻은 사람이다. 하나님은 모든 인간과 악마들의 교활함과 간계를 초월하신 분이시다. 그러므로 믿음이 있는 사람은 자신에 대해 염려나 걱정을 하지 않으며, 두려움으로 분심되지 않으며, 악한 영들이 악의에서 제공하는 백일몽과 공상으로부터 벗어나 참되고 순수하게 기도할 수 있는 능력을 얻는다. 경건한 자는 하나님을 향한 믿음에 의해 자신을 하나님께 맡긴다. 그는 걱정과 근심이 없이 단순한 믿음으로 생활한다. 그는 오직 한 일만 생각하고, 오직 한 일에만 관심을 갖는다. 즉, 그는 어떻게 해야 모든 면에서 완전한 하나님의 도구가 되어 하나님의 뜻을 이룰 수 있는가에만 관심을 갖는다.

---

20) *On Spiritual Law*, ch. 45.

39.
세상

성경에서 세상이라는 단어는 두 가지 특별한 의미를 가진다.

(1) "세상"은 온 인류를 의미한다. "하나님이 세상을 이처럼 사랑하사 독생자를 주셨으니 이는 저를 믿는 자마다 멸망치 않고 영생을 얻게 하려 하심이니라 하나님이 그 아들을 세상에 보내신 것은 세상을 심판하려 하심이 아니요 저로 말미암아 세상이 구원을 받게 하려 하심이라"(요 3:16-17); "보라 세상 죄를 지고 가는 하나님의 어린 양이로다"(요 1"29).

(2) "세상"은 하나님의 뜻을 거역하고 악한 생활을 하는 사람들, 영원을 위해 살지 않고 유한한 세상을 위해 사는 사람들을 의미한다. "세상이 너희를 미워하면 너희보다 먼저 나를 미워한 줄을 알라 너희가 세상에 속하였으면 세상이 자기의 것을 사랑할 터이나 너희는 세상에 속한 자가 아니요 도리어 세상에서 나의 택함을 입은 자인 고로 세상이 너희를 미워하느니라"(요 15:18-19); "이 세상이나 세상에 있는 것들을 사랑치 말라 누구든지 세상을 사랑하면 아버지의 사랑이 그 속에 있지 아니하니 이는 세상에 있는 모든 것이 육신의 정욕과 안목의 정욕과 이생의 자랑이니 다 아버지께로 좇아

온 것이 아니요 세상으로 좇아 온 것이라 이 세상도, 그 정욕도 지나가되 오직 하나님의 뜻을 행하는 이는 영원히 거하느니라"(요일 2"15-17); "간음하는 여자들이여! 세상과 벗된 것이 하나님의 원수임을 알지 못하느뇨 그런즉 누구든지 세상과 벗이 되고자 하는 자는 스스로 하나님과 원수되게 하는 것이니라"(약 4:4).

불가리아의 테오필렉트Theophylact는 "세상"을 다음과 같이 정의했다: "성경에서는 흔히 육적인 견해를 가지고서 세상에 사는 악한 사람들을 지칭하기 위해서 "세상"이라는 단어를 사용한다. 이런 까닭에 주님은 제자들에게 "너희는 세상에 속한 자가 아니라"고 말씀하셨다. 제자들은 세상에 살고 있는 사람들의 일부이지만 죄 가운데서 살지 않았으므로 세상에 속하지 않았다."2)

대부분의 사람들은 하나님 보시기에 가증한 생활, 하나님을 대적하는 악한 생활을 해오고 있으며, 지금도 그렇게 살고 있다. 이런 이유와 함께 하나님의 원수들이 참되고 신실한 하나님의 종들보다 비교할 수 없을 만큼 많다는 이유에서 이 무리들을 "세상"이라고 한다. 우리는 복음서에 사용된 "세상"의 의미를 이렇게 이해해야 한다. "참 빛 곧 세상에 와서 각 사람에게 비취는 빛이 있었나니 그가 세상에 계셨으며 세상은 그로 말미암아 지은바 되었으되 세상이 그를 알지 못하였고 자기 땅에 오매 자기 백성이 영접지 아니하였으나"(요 1:9-11); "그 정죄는 이것이니 곧 빛이 세상에 왔으되 사람들이 자기 행위가 악하므로 빛보다 어두움을 더 사랑한 것이니라"(요 3:19); "인자를 인하여 사람들이 너희를 미워하며 멀리하고 욕하고 너희 이름을 악하다 하여 버릴 때에는 너희에게 복이 있도다…모든 사람이 너희

---

1) 하나님은 우리들과 교제를 원하신다. 타락은 그것을 방해한다. 하나님의 신부인 영혼은 하나님 대신에 피조물을 사랑함으로써 불신앙 또는 간음의 죄를 지었다.
2) 마태복음 18:7을 설명한 것이다.

를 칭찬하면 화가 있도다 저희 조상들이 거짓 선지자들에게 이와 같이 하였느니라"(눅 6:22, 26).

대다수의 사람들은 주님을 알아보지 못했다. 대부분은 하나님의 참 종들을 욕하고 비방하고 핍박한다. 이런 사람들이 너무 많기 때문에 말씀이신 하나님은 주님을 배척하고 자기 종들을 핍박한 책임을 온 인류에게 전가하는 것이 옳다고 판단하셨다. 주님은 하나님을 기쁘시게 하는 생활을 하는 사람들은 거의 없는 데 반해 악하고 육적인 욕망을 충족시키는 사람들이 너무나 많다는 사실을 다음과 같이 분명히 나타내셨다: "좁은 문으로 들어가라 멸망으로 인도하는 문은 크고 그 길이 넓어 그리로 들어가는 자가 많고 생명으로 인도하는 문은 좁고 길이 협착하여 찾는 이가 적음이니라"(마 7:13-14); "지혜는 그 행한 일로 인하여 옳다 함을 얻느니라"(마 11:19). 주님을 알아보고 택함을 받은 영혼은 서의 없었다. 극소수의 댁힘을 받은 자들만이 주님께 드려야 할 것을 드렸다.

참 하나님의 종들은 세상 순례의 길에서 하나님께서 섭리하여 정해놓으신 상황을 공부하고 배워야한다. 타락한 영들은 우리의 영원한 보물을 강탈하기 위해서 우리 앞에 매력적인 세상의 번영을 제시하여 우리로 하여금 그것을 얻으려는 갈망을 갖게 하려고 한다. 그러나 이 타락한 영들의 미혹과 유혹에 넘어가서는 안 된다. 인간 사회에서 칭찬과 인정을 받으려 하거나, 그것을 추구해서는 안 된다. 명성과 영예를 동경하지 말며, 온갖 편리함으로 가득하고 풍부한 공간이 확보된 고요한 생활을 기대하거나 구하지 말자. 그것은 우리의 운명이 아니다. 사람들에게서 사랑받기를 기대하거나 구하지 말자. 우리 자신에게 이웃을 향한 사랑과 긍휼을 구하고 요구하자. 우리가 살아가면서 때때로 만나는 소수의 참 하나님의 종들에게서 사랑받는 것에 만족하며 하나님께 영광을 돌리자. 기독교가 번영했던 시대에도 이러한 만남은 그리 흔하지 않았고, 근래에는 더욱 희귀해졌다.

"여호와여 도우소서 경건한 자가 끊어지며 충실한 자가 인생 중에 없어 지도소이다 저희가 이웃에게 각기 거짓을 말함이여 아첨하는 입술과 두 마음으로 말하는도다"(시 12:1-2).

거룩한 사부 도로테우스Abba Dorotheus는 "세상이 나를 대하여 십자가에 못 박히고 내가 또한 세상을 대하여 그러하니라"라는 바울의 말을 훌륭하게 설명했다. 우리들은 이 설명을 기억해야 할 필요가 있다: "사도 바울은 "세상이 나를 대하여 십자가에 못 박히고 내가 또한 세상을 대하여 그러하니라"고 말했다. 이 두 구절의 차이는 무엇인가? 어떻게 세상이 사람을 대하여 십자가에 못 박히고 또 사람이 세상을 대하여 십자가에 못 박힐 수 있는가? 사람이 세상을 버리고 수도사가 되어 부모와 재산과 소득과 장사와 사업을 버릴 때에 세상은 그에 대하여 십자가에 못 박힌다. 왜냐하면 그는 세상을 버려두고 떠났기 때문이다. 이것이 "세상이 나를 대하여 십자가에 못 박힌다"는 말의 의미이다. 사도 바울은 "내가 또 세상을 대하여 그러하니라"고 덧붙여 말했다. 어떻게 하는 것이 사람이 세상을 대하여 십자가에 못 박히는 것인가? 표면적인 것들로부터 자신을 해방시킨 뒤에 쾌락, 물욕, 자신의 소원과 기호 등을 대적하여 싸우며 자기의 욕망을 죽일 때, 그는 세상을 대하여 십자가에 못 박히게 되며 사도 바울처럼 "세상이 나에 대하여 십자가에 못 박히고 내가 또 세상을 대하여 그러하니라"고 말할 수 있다.

"앞에서 말한 바와 같이 우리의 교부들은 세상을 자기들에 대하여 십자가에 못 박았으므로 수덕생활에 전념하여 자기 자신을 세상에 대하여 십자가에 못 박았다. 우리는 세상을 버리고 수도원에 들어왔기 때문에 세상을 우리에 대하여 십자가에 못 박았다고 생각하지만, 자신을 세상에 대하여 십자가에 못 박기를 원하지 않는다. 왜냐하면 세상의 쾌락을

39. 세상

사랑하며 세상에 애착을 느끼며 세상의 영광에 관심을 갖기 때문이다. 우리는 먹을 것과 입을 것에 애착을 갖는다. 아바 조시무스Abba Zosimus의 말처럼 우리는 좋은 연장에도 애착을 느끼며 하찮은 연장이 우리 안에서 세상적인 애착심을 일으키는 것을 허락한다. 우리는 세상을 버리고 수도원에 들어옴으로써 모든 세속의 것을 버렸다고 생각하지만, 사소한 것들로 인해 마음에 애착심(애욕)을 가득 채운다. 이것은 우리가 크고 귀중한 것들을 버린 뒤에 사소한 일에서 자기의 욕망을 충족시키는 어리석음에서 비롯된다. 우리는 가진 모든 것을 버려두고 떠나왔다. 우리들 중에서 자기의 능력에 따라 많이 가지고 있던 사람은 많은 것을 버렸고 조금 가지고 있던 사람은 조금 버렸다. 그런데 수도원에 와서도 우리는 무가치하고 하찮은 것들에게 애착심을 품는다. 그렇게 해서는 안 된다. 우리는 세상과 세상에 속한 것들을 부인했으므로 마땅히 물건에 대한 애착심과 기호를 버려야 한다."

이 설명을 이해하면, 고결한 생활을 하는 은수사들을 위한 교훈서를 저술한 시리아의 이삭이 "세상"이라는 단어를 다음과 같이 정의한 까닭을 쉽게 이해할 수 있다.

세상이라는 단어는 모든 욕망을 나타내는 보통명사이다. 세상이 무엇인지를 깨닫지 못한 사람은 자신의 지체 중 몇 개가 그것으로부터 분리되어 있는지, 또 몇 개가 그것에 고정되어 있는지 이해하지 못한다. 몇 가지 일에서 세상을 억제하고 그것과의 접촉을 부인했다고 해서 자신의 생활이 세상으로부터 완전히 자유롭다고 생각하는 사람들이 많다. 이것은 그들의 지체 중 한두 가지만 세상에 대하여 죽었을 뿐 나머지 지체들은 육신의 생각 안에서 살고 있으며 세상에 속해 있음을 감지하지도 못하고 이해하지도 못한 데서 비롯된 오해이다. 그들은 자신의 욕망들도 의식하지 못하며, 그렇기 때문에 그것들의 치유를 열망하지도 않는다. 기독교 영성학에서 "세상"이라는 단어는 독립된 욕망들을 포함하는 보통명사로 사용된다. 욕망들을 보통명사로 부를 때에는 "세상"이라고 한다. 그러나 그것들을 특별한 명사로 구별하여 부르고자 할 때에는 "욕망"이라고 한다. 각각의 욕망은 사대(四大)를 불러일으키는 세상의 영들의 특별한 활동이다. 욕망이 활동을 정지하면 세상의 영들도 활동하지 않는다. 욕망에는 재물욕, 소유욕, 성욕의 근원이 되는 육체의 쾌락, 질투의 근원이 되는 명예욕, 권세욕, 지위에서 오는 교만, 사치한 의복이나 화려한 장식물로 치장하는 것, 분노와 증오의 근원인 사람의 영광에 대한 동경심, 육체적인 두려움 등이 있다. 이러한 욕망들이 활동을 멈추는 곳에서는 세상도 죽는다. 우리는 이 욕망 중에서 몇 가지를 버리는가에 비례하여 그만큼 세상을 벗어난 생활을 하게 된다. 어떤 사람은 성인이란 살아있으나 죽은 자라고 말했다. 왜냐하면 그들은 육신을 입고 살면서도 육신을 위해 살지 않기 때문이다. 당신이 이 욕망 중에서 어떤 것을 위해서 살고 있는지 살펴보라. 그러면 당신이 얼마만큼 세상에 대하여 살아 있으며, 얼마만큼 세상에 대하여 죽어 있는지 알 수 있을 것이다. 세상이 무엇인지 이해해야 이 차이점을 이해할 수 있을 것이며 얼마나 세상에 묶여 있는지, 또 얼마나 세상으로부터 이탈해 있는지도 이해할 수 있을 것이다. 간단히 말해서 "세상"이란 육체의 생활이며 육신의 생각이다.

"세상이란 창녀와 같아서, 그 아름다움을 동경하고 사랑하여 바라보는 사람들은 유혹을 받는다. 부분적으로나마 세상을 향한 사랑의 유혹을 받아 흔들린 사람들은 세상이 그에게서 생명(영생)을 빼앗기 전에 그 손아귀에서 도망칠 수 없다. 세상이 그에게서 영생을 완전히 박탈하고 임종할 때에 그 집에서 그를 쫓아낼 때에 그는 비로소 세상이 거짓말쟁이요 속이는 자라는 것을 깨닫는다. 사람은 세상에 거하면서 세상의 어두움으로부터 도망치려고 애쓰며, 세상 속에 있는 한 세상을 올가미를 보지 못한다. 세상은 자기의 제자들과 자녀들과 포로들만 족쇄로

39. 세상

묶어두는 것이 아니라 금욕고행자들과 세상을 초월한 사람들까지도 묶어둔다. 세상은 여러 가지 방법으로 이들을 얽어매어 자기를 섬기게 하며, 그들을 짓밟는다."

성경과 거룩한 교부들이 가르친 "세상"의 개념을 기초로 하여 우리들에게 다음과 같이 간곡하게 조언한다: 세상을 섬기지 않도록 조심해야 한다. 금욕고행자라도 자신을 조심해서 지키지 않으면 세상을 섬기게 된다. 사소한 애착이나 하찮은 사물로 인해 세상을 섬기게 된다. 그러므로 세상을 사랑하지 않도록 자신을 지키기 위해서 모든 조처를 취해야 한다. 겉보기에 지극히 하찮은 애착이라도 해롭지 않다고 여겨서는 안 된다. 복음의 명령에서 조금 벗어나는 것쯤은 그리 중요하지 않다고 생각해서는 안 된다. 우리는 사도 야고보의 우레 같은 경고를 잊지 말아야 한다: "간음하는 여자들이여 세상과 벗된 것이 하나님의 원수임을 알지 못하느뇨 그런즉 누구든지 세상과 벗이 되고자 하는 자는 스스로 하나님과 원수 되게 하는 것이니라"(약 4:4).

영적인 의미에서 보면, 수도사가 갖는 모든 애착심은 간음이다. 왜냐하면 수도사는 자신의 존재 전체를 바쳐서 하나님을 사랑하기로 서약한 사람이기 때문이다. 시편 기자는 "너희 모든 성도들아 여호와를 사랑하라"(시 32:23), "대저 주를 멀리하는 자는 망하리니 음녀같이 주를 떠난 자를 주께서 다 멸하셨나이다"(시 73:27)라고 말했다.

세상을 섬기면서 동시에 하나님을 섬길 수는 없다. 실제로 그러한 이중의 섬김은 존재하지 않는다. 세상의 종들의 왜곡된 눈으로 볼 때에는 그러한 섬김이 존재하는 것처럼 보이지만, 그런 것은 절대 존재하지 않는다. 외관상으로 나타나는 것은 그것과는 다른 것—위선, 가신, 속임수, 자기와 다른 사람들을 기만하는 것 등이다. 세상을 섬기는 세상의 친구는 반드시 하나님의 원수가 되며, 자신의 구원을 가로막은 원수가 된다. 세상에 대한 사랑은 어두운 밤—태만함과 자신에 대한 주의를 게을리 하는 것—을 이용하여 도둑처럼 영혼 속으로 숨어 들어온다. 세상에 대한 사랑은 지극히 큰 불의와 큰 죄를 범하기도 한다.

이에 대한 좋은 본보기를 주님 시대의 제사장들에게서 발견할 수 있다. 그들은 세상 사랑에 빠져 있었고, 인간의 명예와 영광과 칭찬에 대한 사랑으로 더럽혀져 있었다. 그들은 물질주의와 부패에 빠져 있었다. 그들은 왜곡되었고 불의에 몰두해 있었다. 그러면서도 그들은 사회에서 자신의 위치를 지키기 위해 가면을 쓰고서 하나님을 섬기며 장로들의 유전과 기존의 의식들을 엄격하게 지켰다. 이러한 세상 사랑의 결과는 무엇이었는가? 하나님께 대한 맹목적이고 광신적인 마음이 주도함으로써 하나님으로부터 완전히 소외된다. 주님께서 자신을 세상에 계시하셨을 때에 유대의 제사장들은 냉혹하게 주님을 대적했다. 유대인들의 최고의회인 산헤드린 회원이었던 니고데모가 증거한 것처럼 그들은 그분의 신성神性을 확신하고 있으면서도 그분을 대적했다.

제사장들은 주님을 죽이기로 결정했으며, 그것을 실행했다. 그들은 자신들이 메시아에 도전하고 있다는 것을 확실히 알고 있었으며, 세상을 구원하기 위한 제물로서 십자가에 달리신 그분을 비웃고 조롱함으로써 그것을 인정했음을 분명히 알고 있었다. 대제사장들과 서기관들과 바리새인들은 자기들이 스스로를 재판하고 있다는 것을 깨닫지 못한 채 "저가 남은 구원하였으되 자기는 구원할 수 없도다"라고 말했다. 그들은 거룩한 능력과 권위를 가지고서 기적적인 방법으로 인간을 구원하신 분을 욕하고 십자가에 못 박도록 넘겨주었다.

유대의 제사장들은 신인이신 주님의 탄생 소식을 듣는 순간부터 그분을

39. 세상

미워했고 그분을 제거하려는 수단을 강구했다. 이것은 복음서에 분명히 기록되어 있다. 동방 박사들이 유대인의 임금 메시아의 탄생소식을 예루살렘에 가져왔을 때에 유대 임금은 걱정했고 유대의 주요 인사들도 함께 소동했다. 불가리아의 테오필락트는 이 유대인의 통치자가 새로운 임금의 탄생소식을 듣고 걱정한 것은 당연한 일이라고 평했다. 왜냐하면 결국 그분이 그의 보좌를 차지하고, 그와 그의 후손들로부터 권세를 빼앗을 것이기 때문이었다. 그러나 메시아 탄생의 소식을 듣고 온 예루살렘이 소동한 이유는 무엇인가? 예루살렘은 수 세기 동안 약속된 메시아, 그들의 주님, 그들의 영광을 대망해왔다. 예루살렘의 신앙은 장차 오실 메시아를 믿고 그를 영접할 준비를 하는 것이었다.

예루살렘이 소동한 까닭은 그곳 사람들의 신앙생활이 부패했기 때문이었다. 예루살렘의 주요 인사들은 직감적으로 새 임금, 의義의 임금이 참된 덕을 요구하시며 부도덕함을 배척할 것을 요구하실 것이며, 거짓되고 위선적인 덕에 만족하거나 미혹되지 않으실 것을 알았다. 예루살렘 사람들은 세상을 사랑했기 때문에 하나님보다는 헤롯을 임금으로 받아들였다. 그들은 배우요 사기꾼이었던 폭군의 영적인 태도를 정확하게 알고 있었으며, 자기들도 산헤드린의 회원이었으므로 메시아가 어디서 태어나겠느냐는 질문을 받았을 때 조금도 지체하지 않고 정확하게 탄생하신 곳을 말해줌으로써 그분을 살인자의 손에 넘겨주었다. 그들은 "유대 베들레헴이오니 이는 선지자로 이렇게 기록되었습니다"라고 분명히 대답했다. 만일 그들이 그러한 성품을 갖지 않았다면, 애매하게 대답하여 주님이 탄생하신 곳을 감추었을 것이다.

복음은 최초로 가인이 아벨을 살해한 일로부터 시작하여 인간이 범한 모든 죄를 세상을 사랑하는 자들에게 전가한다.3) 주님이 세상에 계실 때 세상을 사랑하는 사람들은 그리스도를 배척하고 하나님을 살해함으로써 죄악의 절정을 장식했으며, 후대에 이르러서는 적그리스도를 영접하고 그에게 신의 영광을 부여했다. 세상 사랑은 참으로 무서운 것이다. 그것은 눈치 채지 못하게 조금씩 사람에게로 들어온다. 그러나 일단 들어온 후에는 잔인하고 절대적인 주인이 된다. 세상을 사랑하는 사람들은 점진적으로 신을 죽일 수 있는 영혼의 성품을 배양하며 적그리스도를 영접하는 기질과 성품을 발달시킨다.

거룩한 순교자 세바스티안은 부모와 가족들에 대한 사랑 때문에 마음이 흔들린 순교자들과 대화하면서 세상을 사랑하는 것이 얼마나 무익하며 또 얼마나 위험한 결과를 초래하는지를 훌륭하게 표현했다. 그는 이렇게 말했다:

"그리스도의 용사여! 당신은 자신을 희생하는 영웅적 행위에 의해서 용감하게 승리에 접근하고 있었습니다. 그런데 지금 당신은 친척들에 대한 천박한 애정 때문에 영원한 면류관을 파괴하려 하고 있습니다. 용기를 갖고 그리스도의 용사로서 쇠로 만든 투구가 아니라 믿음의 투구로 무장하십시오. 여인의 눈물 때문에 승리의 표적을 내던지지 마십시오. 당신이 힘을 얻어 원수 마귀의 공격에 대항하려면 지금 당신이 밟고 있는 원수의 목을 놓아주지 말아야 합니다. 원수의 첫 번째 공격이 사나운 것이었다면, 두 번째 공격은 더욱 사나울 것입니다. 원수는 처음 공격이 실패했기 때문에 격노하고 격분해 있습니다. 세상에 대한 애착에서 벗어나 영광스러운 깃발을 치켜드십시오. 어린 자녀의 눈물 때문에 그것을 놓치지 마십시오. 지금 그들은 당신 앞에서 울고 있지만, 그들도 당신이 알고 있는 것을 알게 될 때에는 기뻐할 것입니다. 그러나 지금 그들은 이 세상의 생명만 존재할 뿐 육체의

---

3) "너희가 너희 조상의 양을 채우라"(마 23:32).

39. 세상

죽음으로 이 세상의 생명이 끝난 뒤에 영혼의 생명은 존재하지 않는다고 생각하고 있습니다. 만일 고통도 없고 죽음도 없으며 영원히 기쁨만 있는 삶이 있다는 것을 안다면, 그들은 이 세상의 생명을 무가치하게 여기고 영원한 생명을 동경할 것입니다. 현세의 생명은 덧없고 무상하고 불확실한 것이므로, 그것을 사랑하는 자에게도 충실하지 못합니다. 그것은 태초 이래로 세상을 사랑한 사람들을 모두 멸망시켰습니다. 세상을 사랑한 사람은 모두 세상으로부터 모욕을 받았습니다. 세상은 모든 사람들에게 거짓말을 했습니다. 모든 사람이 현세는 완전히 거짓된 것임을 깨닫고서 환멸을 느끼고 낙심했습니다. 그것이 사람들을 속이는 데 그칠 뿐 지독한 오류 속으로 인도하지 않았다면 얼마나 좋겠습니까? 그러나 설상가상으로 그것은 세상을 사랑하는 사람들을 온갖 불법으로 인도했습니다. 그것은 탐식하는 사람을 과식과 폭음으로 이끌고, 쾌락을 사랑하는 사람들을 정욕과 음란으로 인도합니다. 그것은 도둑에게 도둑질을, 화를 잘 내는 사람에게 분노를, 거짓말쟁이에게 속임수와 허세를 가르칩니다. 그것은 아내와 남편 사이에 불화를, 친구들 사이에 반목을, 형제들 사이에 걸림돌을 놓습니다. 그것은 재판관들에게서 공의를, 처녀에게서 순결을, 지각 있는 자들에게서 명철을, 고결한 사람들에게서 도덕심을 빼앗습니다. 세상은 세상을 사랑하는 사람들을 심각한 죄에게로 인도한다는 것을 기억해야 합니다. 한 아버지에게서 태어난 형이 동생을 죽이며, 친구가 친구를 죽음에 몰아넣는다면, 그 죄는 누구의 선동 하에 범해진 것이며 누구의 명령에 따라 행해진 것입니까? 무엇을 바라고 행해진 것입니까? 사람들이 무절제하게 사랑하여 자신을 위한 최선의 행복을 추구하면서 서로를 미워하고 악하게 대하는 현세의 삶 때문이 아닙니까? 왜 강도는 나그네를 살해하며, 부자는 가난한 사람을 유린하며, 교만한 자는 겸손한 자를 모욕하며, 악인은 무죄한 사람들을 핍박합니까? 이 모든 일들은 세상을 섬기며 세상의 사랑을 누리려는 사람들에 의해 자행됩니다. 세상은 사랑하는 자들과 종들에게 악을 권하며 그들을 세상의 딸들에게 넘겨줍니다. 이 세상의 딸에게서 최초의 인간이 예속되었던 영원한 죽음이 태어납니다. 최초의 인간들은 영생하도록 지음을 받았지만 무상한 것들을 사랑하며 폭음과 쾌락과 안목의 정욕의 노예가 되었기 때문에 세상의 재산이나 쾌락을 갖지 못하고 지옥에 떨어졌습니다."

세바스티안은 계속해서 말했다: "현세의 삶은 친구들을 통해서 영생의 길을 가는 당신에게 악한 충고를 주어 그 길에서 돌아서라고 유혹합니다. 그것은 부모로 하여금 지각없이 슬퍼하여 자기 아들이 하늘나라의 군사가 되어 썩지 않는 불멸의 영광을 얻고 영원한 왕과 교제하지 못하게 합니다. 그것은 성도의 정결한 아내로 하여금 순교자의 마음을 유혹하고, 그에게 생명 대신에 죽음을, 자유 대신에 노예생활을 선택하라고 충고함으로써 선한 의도를 버리게 만듭니다. 만일 당신이 그 충고를 받아들여 잠시 동안 그와 함께 산다 해도, 결국은 죽음에 의해 작별하게 될 것입니다. 만일 그렇게 해서 서로 작별하게 된다면, 당신들은 영원한 고통의 세계에서 다시 만나게 될 것입니다. 그곳에서는 불길이 신실하지 못한 자의 영원을 태우며 타르타르스의 뱀들이 신을 모독한 자의 입을 갉아먹으며 살모사가 우상숭배자의 가슴에 고통을 주며, 고통 받는 사람들이 끊임없이 슬퍼하며 우는 울음소리와 신음소리가 들려옵니다. 당신의 친척들을 이 고통에서 벗어나게 해주며 동시에 당신 자신도 그 고통을 피하십시오. 다시 당신을 위해 예비된 면류관을 향해 돌진하십시오. 조금도 두려워하지 마십시오. 그들은 결코 당신에게서 떠나지 않을 것입니다. 당신은 하늘나라로 가서 당신과 자녀들이 함께 영원한 축복을 누릴 행복한 집을 예비할 것입니다. 이 세상에서 좋은 집을 소유하여 만족할진대, 장차 하늘나라에서 소유하게 될 집의 아름다움은 당신에게 얼마나 큰 만족을 주겠습니까! 그 집의 식탁은 순금으로 만들어졌고 결혼식장은 보석으로 만들어진 듯 영광의 빛을 발하며, 정원에는 언제나 꽃들이 시들지 않고 활짝 피어있으며, 반짝이는 시냇가에는 푸른

39. 세상

초장이 펼쳐져 있고, 말로 표현할 수 없는 향기를 발하는 산들바람이 항상 불고 있으며, 밤이 없이 낮만 계속되며 언제나 빛이 있고 기쁨이 계속됩니다. 그것에는 눈물이 없고 슬픔도 없고 우리 눈에 거슬리는 추한 것들도 없습니다. 그곳에는 대기를 더럽히는 악취도 없고, 듣기에 슬프고 끔찍한 소리도 없습니다. 그곳에서는 오로지 아름다움만 보게 되고 향기로운 냄새만 맡게 되며 즐거운 소리만 듣게 됩니다. 천사들과 천사장들의 성가대는 쉬지 않고 노래를 부르면서 한 목소리로 영원하신 임금을 찬양합니다.

그런데 왜 그러한 생활을 멸시하고 현세의 생활을 사랑합니까? 부귀 때문입니까? 재산은 곧 없어집니다. 영원한 보화를 소유하기를 원하는 사람은 돈이 하는 말에 귀를 기울여야 합니다. 돈은 이렇게 말합니다: "당신은 나를 사랑하며 결코 나를 잃으려 하지 않습니다. 그러나 나는 당신이 죽은 뒤에 당신을 따라갈 수 없고, 당신이 살아있는 동안에는 당신보다 앞서 갈 수 있습니다. 만일 당신이 나를 당신보다 먼저 보내고 싶다면, 욕심 많은 고리대금업자와 열심히 일하는 농부를 본보기로 삼으십시오. 고리대금업자는 이웃에게 돈을 빌려주고 빌려준 돈의 곱절을 돌려받으려 합니다. 농부는 땅에 씨앗을 뿌린 뒤에 수백 배의 수확을 거둡니다. 채무자는 채권자에게 빌려간 돈의 두 배를 갚으며, 땅은 씨앗을 뿌린 사라에게 백배나 되는 씨앗을 돌려줍니다." 만일 당신이 소유를 하나님께 맡긴다면 하나님께서 무한 배로 갚아주시지 않겠습니까? 당신의 재산을 당신보다 먼저 하늘나라로 보내고 가능한 한 당신도 빨리 그곳으로 가려고 노력하십시오. 이 무상한 세상에 무슨 유익이 있습니까? 사람이 백 년을 산다 해도, 생의 마지막 날에 이르면 지나간 날들과 즐거운 생활은 전혀 존재하지도 않았던 것처럼 보이며 마치 단 하루 동안 우리와 함께 머물고 떠난 나그네에 대한 추억 같은 기억이나 흔적만 남을 것입니다. 고귀한 영생을 사랑하지 않는 사람은 미친 사람이요 참된 기쁨과 행복을 알지 못하는 이방인입니다. 영원히 그치지 않고 존재할 기쁨과 부귀와 즐거움이 시작되는 삶 대신에 이 덧없는 생존을 잃을까 두려워하는 사람은 지각없는 사람입니다. 영원히 지속될 삶을 사랑하는 자가 되기를 원하지 않는 사람은 현세의 삶을 헛되이 보내어 영원한 죽음에 떨어지고 영원히 꺼지지 않는 지옥불 속에 머물게 될 것입니다. 그곳에는 영원한 불행, 끝나지 않는 고통이 있습니다. 눈은 불화살 같고 이는 코끼리 이빨처럼 크고, 꼬리로는 전갈의 꼬리 같은 고통을 주며, 눈은 으르렁거리는 사자의 눈처럼 큰 공포와 잔인한 고통과 냉혹한 죽음을 주는 영들이 그곳에 살고 있습니다. 그 두려움과 고통의 세계에 죽음이 있다면 얼마나 다행이겠습니까? 그러나 놀랍고도 무서운 사실은 그곳에 떨어진 영혼들에게는 결코 생명의 종말이 없으므로 끊임없이 죽음의 고통을 겪어야 한다는 것입니다. 그들은 영원히 죽지 않고 끝없이 고통을 겪습니다. 그들은 완전한 상태로 존재하여 영원히 뱀에게 물립니다. 그러나 씹어 먹힌 그들의 사지는 되살아나서 또 다시 독사와 죽지 않는 구더기의 먹이가 됩니다."

세상에서의 삶을 바르게 사용하는 것은 영생을 예비하는 것이다. 우리는 짧은 인생길을 가는 동안 하나님께서 기뻐하시는 것을 우리의 사업으로 삼고, 우리에게 꼭 필요한 것만 세상으로부터 빌려야 한다. 사도 바울은 이렇게 말했다: "지족하는 마음이 있으면 경건이 큰 이익이 되느니라 우리가 세상에 아무것도 가지고 온 것이 없으매 또한 아무 것도 가지고 가지 못하리니 우리가 먹을 것과 입을 것이 있은즉 족한 줄로 알 것이니라 부하려 하는 자들은 시험과 올무와 여러 가지 어리석고 해로운 정욕에 떨어지나니 곧 사람으로 침륜과 멸망에 빠지게 하는 것이라"(딤전 6:6-9). 명예욕과 쾌락욕도 금전욕과 마찬가지로 사람들을 영적 재앙과 불행으로 인도한다. 세상에 대한 사랑은 이 세 가지 욕망으로 이루어진다.

40.
이성과의 접촉을 피하라

거룩한 교부들과 수도사들은 이성과 친밀하게 지내지 않으려고 노력했다. 여인들이 남자 수도원에 들어오는 것은 금지되었다. 이 선하고 거룩한 관습은 지금까지도 아토스Atos 산 전역에서 지켜지고 있다. 특별히 주의 깊은 수도생활을 하는 자들은 여인들과의 만남이나 친교를 피하려고 각별한 주의를 기울인다. 위대한 아르세니우스Arsenius, 시소에스Sisoes, 침묵 고행자 요한John the Silent, 그리고 여러 거룩한 교부들의 생애를 살펴보면 이러한 사실을 알 수 있다. 그들은 자발적으로, 또는 자신의 선택에 따라 이렇게 했으며, 그것이 반드시 필요하다는 것을 알았기 때문에 그렇게 했다.

가끔 여인들과 교제하지만, 전혀 해를 느끼지 않는다고 말하는 사람이 있다. 우리는 그런 수도사들을 믿어서는 안 된다. 그들은 진리를 말하지 않고 자신의 영적인 무질서를 숨기는 사람이거나, 대단히 부주의하고 무관심한 생활을 영위하기 때문에 자신의 상태를 보지 못하는 사람이다. 또는 그의 위험에 대한 지각과 감각이 마귀에 의해 무뎌져서 수도생활에 결실이 없고 영원한 멸망을 예비하는 사람이다.

그리스도를 본받아 사는 생활

펠루시움의 성 이시도르Isidore는 팔라디우스Palladius에게 보낸 서신에서 이 주제에 관해 놀라운 식견을 나타내었다.

"성경에 기록된 바와 같이 악한 동무들이 선한 행실을 더럽히듯이, 여인과의 대화도 특별한 방법으로 선한 행실을 더럽힌다. 비록 그 대화의 주제가 선한 것일지라도, 그것은 은밀하게 속사람을 불순한 생각으로 더럽힌다. 따라서 비록 육체는 순결하지만 영혼은 더럽혀진다. 가능한 한 여인들과의 대화를 삼가라. 어쩔 수 없이 여인과의 대화를 해야 하는 경우에는 눈을 아래로 내려뜨라. 그리고 당신과 함께 대화하는 사람에게 순결하게 보라고 가르치라. 그들의 영혼을 강건하게 해 주고 빛을 비추기 위해 몇 마디를 한 뒤에는 즉시 그곳을 떠나라. 그리하면 장황한 담화로 영혼의 활력을 이완시키고 연약하게 만들지 않을 수 있다. 당신은 아마도 "나는 간혹 여인들과 이야기 했지만, 아무런 해를 입지 않았다"고 말할지도 모른다. 그러나 단단한 돌이 물에 의해 닳고 계속하여 떨어지는 물방울에 의해 깨진다는 것을 알아야 한다. 생각해보라! 돌은 단단하고 물은 부드럽다. 그런데도 계속적인 작용에 의해 변화되는 것이다. 전혀 비교가 되지 않는 물질인 물에 의해 돌의 단단한 성질이 정복되어 작아질진대, 오래된 관습은 쉽게 흔들리는 인간의 의지를 얼마나 쉽게 정복하고 왜곡시킬 수 있을 것인가!"

사로프의 성 세라핌Seraphim은 경건한 생활을 하며 순결을 지키는 자를 불을 켜지 않은 양초에 비유했다. 그리고 여인들과 자주 교제하는 자는 불을 켜놓은 많은 양초 사이에 세워진 켜지지 않는 양초와 같다고 했다. 켜지 않은 양초는 주위에 있는 촛불의 열기로 인하여 저절로 녹기 시작한다. 마찬가지로 여인들과 자주 교제하는 사람의 심령은 반드시 연해지기 마련이다.

남자와 여자가 결합하는 것은 본질적으로 자연스러운 일이며, 동정을 지키는 것은 초자연적인 일이다. 그러므로 육체의 동정을 지키고자 하는 사람은 본성이 결합하기를 원하는 육체를 멀리해야 한다. 남자와 여자의 육체는 육체를 육체에게로 이끄는 보이지 않는 힘을 가지고 있다.[1] 여인에게 접근하는 남성은 어쩔 수 없이 이 힘의 영향을 받는다. 자주 접근할수록 이 힘의 영향력은 증대된다. 이 영향력이 강해질수록 하나님의 도움을 받아 본성을 정복하겠다고 결심하는 우리의 자유의지는 더욱 연약해진다. 여인의 모습, 시선, 음성, 부드러움과 향기로움은 본성의 작용에 의해, 특히 사탄과 본성의 협력에 의해 우리 영혼에 강력한 인상을 심어준다. 여인과 교제하며 감명을 받고 있는 동안에는 그것을 느끼지 못할 수도 있다. 그러나 다시 고독한 은둔처로 돌아갔을 때, 우리 영혼에 새겨졌던 그 인상이 강하게 되살아나 잔인하게 정욕의 싸움을 일으킨다.

제롬Jerome은 로마에 살면서 경건한 여인들과 자주 교제하곤 했지만, 전혀 마음이나 육체에서 음란한 움직임을 느끼지 못했다고 했다. 그러나 이 복된 사람이 베들레헴 사막으로 가서 엄격한 수도훈련에 전념하려고 할 때, 로마에서 보았던 여인들의 모습이 뇌리에 떠오르기 시작했다. 그리고 금식, 갈증, 철야, 노동으로 인해 지친 그의 늙은 육체에 청년의 정욕이 나타났다. 타락한 본성이 악마의 공개적인 협력에 의해 강화되었으므로 승리하기가 매우 어려웠다.[2]

제롬에게 일어났던 일은 사회생활을 하다가 침묵생활로 들어간 모든 사람에게도 일어난다. 그들은 인간사회에서 얻은 인상의 중요성을 경험하고 배운다. 그들은 산만한 생활을 하는 동안에는 그러한 인상에 대해 생각조차 하지 않는다. 인간 사회의 한 복판에 있을 때에 영혼에게 새겨진 인상들은

---

1) "위장은 온갖 음식을 받아들이지만, 어떤 음식은 다른 음식보다 낫다··여자는 어느 남자든 받아들이겠지만, 어떤 여자는 다른 여자보다 낫다:(집회서 36:23, 26)
2) Letter 22 to Eustochium.

그리스도를 본받아 사는 생활

마치 죽은 사람이 무덤 속에서 나오듯이 우리들의 심령 안에서 일어나 그로 하여금 생각과 느낌으로 범죄하게 된다. 그러나 결국 하나님의 자비와 명령에 의해 애굽에서 나온 무리들은 모두 사막에서 쓰러지고, 새로운 이스라엘의 세대가 약속된 땅에 들어간다.3)

실질적으로 죄 지은 경험이 없는 순결한 영혼은 특히 쉽게 이러한 인상들의 영향력에 굴복한다. 이런 영혼들은 부자의 응접실에 놓인 값비싼 칠을 한 빛나는 식탁에 비유할 수 있다. 이런 식탁에는 조그만 흠이 생겨도 금방 눈에 띄며 그 가치가 떨어진다. 반면에 자신을 지키지 않는 사람들은 채소와 반찬거리를 다지고 자르는 도마로 비유할 수 있다. 도마에는 이미 많은 흠집이 있기 때문에 새로이 수천 개의 흠집이 생겨도 아무렇지도 않다. 마귀는 육욕적인 인상이나 감각에 의해 순결한 영혼을 타락시키려 한다. 이런 까닭에 거룩한 교부들은 지극히 조심스럽게 여인들을 피하려 한다. 아르세니우스는 그를 만나려고 로마에서 이집트 사막까지 온 유명한 로마의 여인에게 냉혹한 말을 많이 했다. 아르세니우스의 말은 냉혹했지만, 솔직히 그의 마음을 나타내는 것이었다. 그는 로마의 여인에게 "나는 하나님께 내 마음에서 당신에 대한 기억을 지워달라고 요청합니다"라고 말했다.

이 말은 감각과의 싸움, 스스로를 지옥문으로 인도할 수 있는 싸움의 위험성과 부담을 잘 표현한 것으로서, 아르세니우스는 경험으로 이것을 알게 되었다.4) 우리는 위대한 대 마카리우스의 말도 같은 의미로 이해해야 한다.

> "불을 밝힌 등의 열기는 버터를 녹이며, 정욕의 불은 여인과의 교제에 의해 솟아난다. 순결하기를 원한다면, 여인들과의 교제를 독처럼 여기고 피하라. 왜냐하면 그들과의 교제에는 강력한 죄의 인력이 있기 때문

---

3) 신명기 1:35.
4) 『사막교부들의 금언』(*Alphabetical Patrology*; 은성출판사).

이다. 젊은 여인 가까이 있는 것은 불 가까이 있는 것보다 더 위험하다. 젊었을 때에 불순한 욕망의 거친 활동과 여인과의 교제를 피하라. 배를 채우면서 동시에 순결함을 얻기를 바라는 사람은 스스로를 기만하는 사람이다. 바다에서 폭풍을 만나 파선하는 것보다 아름다운 얼굴을 보고서 파선하는 것이 더욱 두려운 일이다. 우리의 정신 속에 형성된 여인의 얼굴은 우리로 하여금 마음의 관리를 등한히 하게 된다. 볏단에 불을 붙이면 불길이 솟아오르듯이 불순하고 정욕적인 욕망의 불길은 여인을 생각하는 일에서부터 솟아오른다."5)

만일 마카리우스가 철저하게 무지한 상태에서 불시에 겪은 감각과 인상과의 무서운 싸움을 경험하지 않았다면, 이런 말을 할 수 없었을 것이다. 보로네즈의 성 티콘Tichon은 수도사들에게 분명하고 진실하게 가르쳤다: "사랑하는 형제들이여, 당신들이 불에 타지 않으려면 여인들을 조심하십시오. 이브는 언제는 자신의 성품에 충실합니다. 그녀는 항상 유혹하거나 부추깁니다."6)

어느 장로가 제자에게 물었다. "왜 거룩한 교부들은 수도사, 특히 젊은 수도사들이 여인을 만나는 것을 금했습니까?" 제자는 "여인과의 만남으로써 간음하게 되지 않게 하기 위해서입니다."라고 대답했다. 장로는 이렇게 말했다. "옳습니다. 간음하는 것은 가장 큰 종말입니다. 성령께서도 수도사가 잠시나마 여인과 교제하는 것을 금하셨습니다." 그러나 이러한 교제가 반드시 육체적 타락으로 끝나는 것은 아니지만, 항상 무질서와 영적 황무함으로 이어진다. 여인은 자신은 알지 못하는 지혜와 영적 이해력에 의해 인도함을 받지 않고 타락한 본성의 느낌인 감정에 예속되어 있는 도구이다. 감정에 휩싸인 여인은 젊은 수도사와 청년들뿐만 아니라, 늙은이들에게도

---

5) Extract from a letter to monks.
6) VIIIth Introduction to Monks, Tome 1.

정욕적인 애정을 품는다. 그녀는 그 사람을 자기의 우상으로 삼으며, 그 남자의 우상이 된다. 여인은 자기의 우상 속에서 완전함을 보며, 그 남자에게 그것을 확신시키려 노력하며 언제나 그 일에 성공한다.

계속적으로 위험한 칭찬과 정욕 유발을 받아 결국 자만하고 교만하게 되면, 하나님의 은혜는 그에게서 떠난다. 홀로 남은 그의 정신과 마음은 어두워지므로, 결국 눈먼 사람처럼 되어 아무 두려움 없이 하나님의 계명을 멸시하며 지각없는 행동을 하게 된다. 데릴라[7]가 이스라엘의 사사이며 통치자였던 삼손을 자기의 무릎에서 잠자게 했을 때, 삼손은 하나님의 은혜가 그와 함께 동행하고 협력했던 조건을 상실했으며, 그녀는 삼손을 블레셋 사람에게 넘겨주어 모욕과 고통을 받게 했다.[8]

규칙이 바로 잡힌 수도원에서 살거나 영적인 장상의 교훈을 받고 있는 수도사와 잠시 사귀는 여인은 그가 수도원의 엄격함과 장상들의 교훈을 통해 큰 유익을 얻었음에도 불구하고, 자기의 연인을 그런 수도원이나 장상이나 영적 사부에게서 끌어내는 것을 첫째 의무라고 여긴다. 그녀는 욕망의 대상을 독점하기를 원한다. 그녀는 자신이 부적당하고 무능하다고 여기는 장상을 대신할 능력이 충분하다고 여긴다. 그녀는 자기의 목표를 달성하기 위해서라면 세상이 공급하며, 사탄이 예비한 수단과 방법을 아끼지 않는다. 그녀는 자신의 애욕, 때로는 악한 욕정을 살아있는 믿음, 순결한 사람, 아들을 향한 어머니의 사랑, 형제자매간의 사랑, 딸을 향한 아버지의 사랑이라고 한다. 요컨대 그녀는 자신의 애욕에 거룩한 명칭을 부여하고, 그렇게 함으로써 자신의 소유물—그녀에게 맡겨진 불행한 수도사의 영혼—을 신성불가침하게 지키려 한다. 여인의 내면에는 혈기가 우세하게 작용한다.

---

7) Delilah. Also spelt Dalida, Dalila.
8) 사사기 16:4-21.

40. 이성과의 접촉을 멀리하라

이 혈기 속에서 영혼의 모든 욕망들은 특별히 강력하고 교활하며 음흉하고 감각적으로 작용한다.

지금 우리는 전혀 여성을 비난하거나 깎아내리려고 하는 것이 아니다. 여성도 남성과 마찬가지로 하나님의 형상과 인간성을 부여받은 피조물이다. 여성도 주님의 보혈로 구원을 받는다. 구원을 받아 새로워진 여인도 남성과 마찬가지로 그리스도 안에 있는 새로운 피조물이다. 지금까지 언급한 여인이란 제멋대로 날뛰는 혈기에 끌리는 타락한 본성의 무질서한 법에 따라 행동하는 여인을 말한다. 아담이 하나님 앞에서 자기 아내에 대해 증언한 바와 같이 여인은 거짓말과 유혹으로 아담을 낙원으로부터 축출할 능력이 있음을 증명하였으며, 지금도 그들은 자신에게 예속된 우리들을 낙원과 같은 경건한 생활로부터 끌어내기 위해 이 능력을 계속 나타내고 증명하고 있다.

우리는 진실로 복음적인 사랑으로 이웃을 사랑해야 한다. 물론 이 이웃에는 여인들도 포함된다. 우리가 자신과 이웃의 연약함을 깨달으며, 영혼을 파괴하는 해악으로부터 자신과 그들을 지키며, 그들을 대할 때 매우 조심해서 행동하며, 잠시라도 친밀하게 지내지 않으며, 모든 친근한 교제를 삼가며, 자신의 감각 특히 시각과 촉각을 지킬 때 이 참 사랑을 나타낼 수 있다.

41.
타락한 천사들

거룩한 사도 바울은 모든 신자들에게 "우리의 씨름은 혈과 육에 대한 것이 아니요 정사와 권세와 이 어두움의 세상 주관자들과 하늘에 있는 악의 영들에게 대함이라"(엡 6:12)라고 했다.

이 싸움은 처절하다. 그것은 생사가 걸린 싸움이다. 이 싸움의 결과는 영원한 구원이거나, 아니면 영원한 멸망이다. 인류에 대한 증오심이 마음에 사무치고 있는 악한 영들은 지극히 냉혹하게, 그리고 지독하게 기술적으로 이 전쟁을 수행한다. 사도 베드로는 "너희 대적 마귀가 우는 사자 같이 두루 다니며 삼킬 자를 찾나니"(벧전 5:8)라고 말했다. 그러나 타락한 천사들이 신자들을 하나님으로부터 분리시키려고 온갖 능력을 다 사용한다고 해도 참으로 하나님을 사랑하는 자들은 결코 하나님으로부터 분리되지 않는다. 그들은 우리를 하나님으로부터 분리하기 위해 모든 재주를 다 동원한다.[1] 왜냐하면 이 분리는 곧 우리의 멸망을 의미하기 때문이다. 악한 영들을 대적하여 굳건히 서며 하나님의 은혜로 그것들을 정복하려면, 그것들이

---

1) 로마서 8:38, 39.

41. 타락한 천사들

무엇이며 그것들을 어떻게 다루어야 하며 승리와 패배의 조건이 무엇인지 알아야 한다.

악한 영이란 타락한 천사들이다. 하나님께서는 다른 천사들과 함께 그들을 창조하셨다. 하나님께서는 그들을 순결하고 선하고 거룩하게 창조하셨으며, 그들에게 본성과 은혜의 은사들을 아낌없이 주셨다. 그러나 이 영들은 교만 때문에 어두워져 은혜로 말미암는 선물인 풍성한 솜씨와 아름다운 덕을 자신의 것으로 돌렸다. 그들은 자신을 피조물의 범주에서 제외시켰으며, 자신이 피조물임을 망각한 채 스스로 존재하는 자라고 주장했다. 그들은 이 저주스러운 기초 위에 서서 자신의 창조주이신 하나님께 대한 거룩한 의무를 저버렸다. 그들은 선지자 에스겔이 스랍이라고 불렀으며[2] 모든 성인들이 천사장들로 여기는 수석천사 중의 하나에 의해 이처럼 주제넘게 되었고 자기기만에 휩싸였다. 이 스랍천사는 교만과 무엄함의 바다 깊숙이 빠져 스스로 하나님과 동등하다고 여겼고,[3] 공공연하게 하나님을 배반했으며, 하나님의 대적인 맹렬한 원수가 되었다. 하나님께 순종하기를 거부한 영들은 하늘로부터 떨어졌다. 그들은 땅 위를 기어다니며 땅과 하늘 사이의 공간을 채우고 있다. 이들을 공중의 영이라고 한다. 이들의 거처가 공중이기 때문이다. 그들은 내면인 지옥으로 내려갔다. 이 모든 것이 성경에 기록되어 있다.[4]

타락한 천사들은 매우 많다. 어떤 사람은 계시록(계 12:4)의 증거를 근거로 하여 천사들의 삼분의 일이 하늘에서 떨어졌다고 주장한다. 앞에서 인용한 사도 바울의 말에서 살펴볼 수 있는 바와 같이 가장 높은 지위의 천사들도 많이 타락했다. 바울은 그들을 "정사와 권세"라고 불렀다. 타락한 영들로

---

2) 에스겔 28:16. St. Cassian에 의해 설명되었다.
3) 이사야 14:13, 14.
4) 이사야 14:12-20. 에베소서 6:12.

구성된 어두움의 나라의 우두머리는 타락한 스랍이다. 그는 다른 타락한 천사들보다 탁월한 능력을 가지고 있으며, 악의에 있어서 그들을 능가한다. 물론 자발적으로 그에게 복종하며 그의 유혹에 굴복한 사람들은 끊임없이 그에게서 악을 빌리며, 그에게 예속된다. 그러나 자발적으로 악을 계속하는 일을 타락한 천사들의 선택에 맡기신 하나님은 모든 피조물의 지성을 능가하는 무한한 전능하심과 지혜 속에서 끊임없이 그들의 최고 주권자로 존재하신다. 그들은 끊을 수 없는 쇠사슬에 매인 듯이 하나님의 의지 안에 있으며, 다만 하나님께서 허락하시는 일만 할 수 있다.[5]

하나님께서는 타락한 천사들 대신에 새로운 이성적 피조물, 즉 인간을 지으시고 낙원에 살게 하셨다. 낙원은 하부천국에 위치하고 있었으며. 이전에는 타락한 스랍[6]의 관할 하에 있었다. 그러나 이제 낙원은 새로운 피조물, 즉 인간의 다스림을 받게 되었다. 이 새로운 피조물이 타락한 천사와 그의 추종자들의 질투와 증오의 대상이 되었음은 쉽게 이해할 수 있을 것이다. 자신의 우두머리의 지도를 받는 버림받은 영들은 새로 피조된 인간을 자신들의 타락에 동참하게 하려고 유혹하였다. 그들은 인간을 하나님에 대한 증오심이라는 독으로 감염시키려고 노력했다.

인간은 속임을 당하고 유혹을 당했지만, 자발적으로 하나님께 순종하기를 거부했고, 자발적으로 하나님께 대한 악한 모독에 동의했으며, 자발적으로 타락한 영들과 교제하고 그들에게 순종했다. 따라서 그는 영혼뿐만 아니라 신령한 몸으로 소속되어 있던 거룩한 영들의 무리와 하나님에게서 분리되었으며, 영육 간에 타락하여 비이성적이고 말 못하는 동물의 상태로 떨어진 영들의 무리와 결합했다.

---

[5] St. Macarius the Great, *Homily* 4:7.
[6] St. Anthony the Great: *Conversation on Spirits*.

41. 타락한 천사들

타락한 천사들은 인간을 대적하여 범한 죄 때문에 자기들의 운명이 결정되었다. 하나님은 그들에게서 자비와 은혜를 완전히 거두어 들이셨고, 그들은 자신의 운명에 인을 쳤다. 타락한 영은 육신적이고 물질적인 생각과 감정 속에서 기어 다녀야 하는 운명에 처했다. 타락한 영은 자신을 땅에서 일으킬 수 없다. 그는 결코 신령한 것으로 오를 수 없다. 이것은 타락한 천사가 새로 피조된 인간에게 영원한 사망을 감염시킨 뒤 하나님께서 선포하신 말씀, "네가 배로 다니고 종신토록 흙을 먹을찌니라."[7)]라는 말씀에 관한 거룩한 교부들의 해석이다.

비록 인간은 타락한 영으로 간주되었지만, 그의 타락은 천사들의 타락과는 전혀 다른 특성을 가지고 있다. 타락한 천사들은 의식적으로나 고의적으로 교묘하게 타락했다. 그들 자신이 자기 내면에 있는 악의 근원이다. 그들은 한 가지 죄를 범한 뒤에는 미친 듯이 다른 죄 속으로 뛰어든다. 이런 이유로 그들에게는 선이 완전히 박탈되었고, 악이 넘쳐흐른다. 악이 그들의 본성이다. 그러나 인간은 무의식중에 무심코 타락했다. 인간은 유혹을 받고 속임을 당했다. 그의 본성적 선은 완전히 파괴된 것이 아니라 다만 타락한 천사들의 악과 혼합되었을 뿐이다. 그러나 악과 혼합되고 악에 감염된 인간의 본성적 선은 완전하시고 순결하시고 선하신 하나님께는 무가치하고 부적절한 것이다. 인간은 선을 행하려고 하지만, 그의 정신과 양심이 어두워져 있기 때문에 선이라는 가면 아래 놓인 악을 보지 못하고 악을 행한다. 반면에 타락한 영들은 악을 행하는 데서 즐거움과 영광을 찾기 때문에 악을 위해서 악을 행한다.

한량없이 선하신 하나님은 타락한 인간에게 주님과 구속을 주셨다. 구속 받은 인간에게는 또한 자신에게 허락된 구속을 이용하여 낙원으로 도망가

---
7) 창세기 3:14.

거나, 혹은 구속을 거부하고 타락한 천사들의 무리 속에 그대로 머물러 있거나, 선택할 자유도 주어졌다. 인간이 자신의 생각과 선택을 표현하도록 정해진 기간은 이 세상에서 사는 그의 일생 동안이다. 구속에 의해 인간은 하나님과의 교제를 회복한다. 그러나 그에게는 자신의 의지를 표현할 충분한 자유가 주어져 있으므로, 이 교제 속에 머물러 있거나 파기하거나 마음대로 선택할 수 있다. 또 자발적으로 타락한 천사들과 교제할 가능성을 박탈당하지 않는다. 인간이 이 세상에서 일생 동안 이처럼 불분명한 상태에 사는 동안, 만일 그가 원한다면 영원한 세계로 떠날 때까지 하나님의 은혜는 끊임없이 그를 도와주신다. 한편 타락한 천사들은 그를 자기의 죄수로서, 죄의 노예로서 영원한 사망과 멸망 속에 붙잡아 두기 위해 모든 노력을 게을리 하지 않는다.

참회와 기적을 행한 거룩한 순교자들과 수도사들이 임종하기 직전, 즉 하늘의 면류관을 눈 앞에 놓고 있을 때에도 버림받은 영은 가끔 그를 시험한다.[8] 우리가 거룩한 교부들의 글에서 대하는 사상, 즉 우리는 무덤에 들어갈 때까지 유혹을 받는 위험에 처하며, 그것이 어디에서 어떤 형태로 솟아오를지 결코 알지 못한다는 사상은 참으로 진리이다.[9]

지금까지 이야기한 것에 비추어 볼 때, 우리는 일평생 힘써 자신을 지켜야 하며, 동시에 두려움과 용기로 충만해야 한다. 즉 우리는 원수와 살인자들을 항상 경계하고 두려워해야 하며, 동시에 자신의 조력자가 항상 가까이 있다는 확신을 갖고 담대해야 한다. 위대한 성 페멘Poemen은 "하나님의 크신 도움이 인간을 에워싸고 있다. 그러나 세상 사람은 결코 그것을 보지 못한다."[10]고 말했다. 인간에게 그것을 보이지 않게 하시는 이유는, 혹시 인간

---

8) Holy Martyrs Timothy and Maurus. 축일 5월 3일.
9) Dogmatic Theology of the Orthodox Catholic Eastern Church, sec. 106. Also St. John Chrisostom, Homilies on Acts (사도행전 12:15). Life of St. Basil the New. 축일 3월 26일.

이 그 도움에 의지하여 부주의하고 나태해지며 정력적인 금욕고행 생활을 포기할까 염려해서일 것이다.

땅 위를 기어 다녀야 하는 운명을 지닌 타락한 천사는 인간도 역시 땅위를 기어 다니게 하려고 모든 기술을 다 동원한다. 인간의 내면에는 자기기만이 자리 잡고 있어서 그쪽으로 기우는 경향이 있다. 물론 인간은 영원에 대한 의식을 가지고 있다. 그러나 이 의식은 그의 거짓된 이성과 악한 양심에 의해 왜곡되어 있기 때문에, 그는 자신의 세상 생활도 영원하다고 여긴다. 인간은 이 망상적이고 거짓되고 파괴적인 판단을 기초로 하여 자신이 이 세상을 스쳐가는 순례자에 불과하며, 자신의 영원한 거처는 천국이나 지옥이라는 사실을 망각하고서 이 세상에서 자신의 생활을 위한 염려와 수고에 몰두한다. 시편 기자는 타락한 인간의 입장에 서서 하나님께 구하기를 "내 영혼이 진토에 붙었사오니 주의 말씀대로 나를 소성케 하소서"(시 119:25)라고 했다. 이 말씀으로 생각해 보건대, 땅에 대한 애착심은 영혼을 영원한 사망으로 이끈다. 하나님의 말씀은 그 영혼을 땅에서 떼어내며 그의 생각과 감정을 하늘로 들어 올림으로써 소성케 하신다.

존 크리소스톰John Chrysostom은 타락한 천사에 대해 다음과 같이 말했다: "마귀는 부끄러움을 모르며 오만하다. 그는 낮은 곳에서 공격한다. 그럼에도 불구하고 그는 가끔 성공을 거둔다. 그것은 우리가 그의 공격에 닿지 않는 곳으로 자신을 들어 올리려 하지 않기 때문이다. 마귀는 결코 자신을 일으키지 못하고 땅 위를 기어 다닌다. 이것이 그를 뱀으로 상징한 까닭이다. 이제 "낮은 곳에서 공격한다"는 말의 의미는, 마귀는 저급한 것들, 즉 쾌락과 부귀와 온갖 세상적인 것들을 사용하여 슬며시 접근하여 우리를 정복한다는 뜻이다. 그러므로 마귀는 하늘을 향해 날아가는 사람은 공격하지 않는

---

10) 『사막교부들의 금언』(*Alphabetical Patrology*; 은성출판사).

다. 설령 공격하더라도 마귀에게는 설 수 있는 다리가 없는 고로 곧 쓰러지고 만다. 다리가 없는 마귀를 두려워할 필요가 없다. 그는 단지 땅 위에서 세상적인 것들 사이를 기어 다닐 뿐이다. 그러므로 땅에 속한 것을 소유하지 말라. 그러면 아무런 수고도 없게 된다. 마귀는 공개적으로 싸우지 못한다. 뱀이 덤불 사이에 숨듯이 마귀는 부귀라는 망상 속에 자신을 숨긴다. 만일 그 덤불을 제거한다면 그는 곧 놀라 도망칠 것이다. 만일 당신이 거룩한 막대기를 가지고 있다면 쉽게 그를 때려 쫓을 수 있을 것이다. 그런데 우리는 분명히 신령한 막대기, 즉 우리 주 예수 그리스도의 이름과 십자가의 능력을 가지고 있다."11)

대 마카리우스는 테오펩투스라는 수도사가 마귀가 일으킨 불순한 생각 때문에 시험을 받고 있다는 것을 알고 이렇게 충고했다: "정말로 배고픔을 느끼기 전까지 금식하시오, 그리고 복음서와 성경말씀을 암송하여 항상 하나님만 생각하시오, 혹시 악한 생각이 떠오르더라도 그것을 받아들이지 마십시오. 당신의 정신을 타락하도록 버려두지 말고 항상 높이 들어 올리십시오, 그러면 하나님께서 당신을 도와주실 것입니다."12)

어느 형제가 사부 시소에스Sisoes에게 물었다. "구원을 받고 하나님을 기쁘시게 하려면 어떻게 해야 합니까?" 시소에스는 이렇게 대답했다. "만일 당신이 하나님을 기쁘시게 하기를 원한다면 세상을 버리고 땅을 버리고 피조물을 떠나 창조주께로 가시오. 기도와 눈물로 당신을 하나님께 결합하시오. 그러면 당신은 이 세상과 내세에서 안식을 발견할 것입니다."13)

위대한 성 바르사누피우스Barsanuphius는 어느 형제에게 다음과 같이 편지

---

11) *Homily 8 on the Epistle to the Romans.*
12) *Life of At. Macarius the Great.* 축일 1월 19일.
13) 『사막교부들의 금언』(*Alphabetical Patrology*; 은성출판사).

를 썼다. "만일 당신이 구원을 원한다면 이 세상의 모든 것들에 대해 당신을 죽이십시오, 당신 자신을 무가치하게 여기며, 위에 있는 것을 얻으려고 힘 쓰십시오, 그렇게 하지 않으면 마귀가 선행을 하는 구실 하에 불시에 당신을 걱정 속으로 몰아넣을 것입니다."14)

인간과의 싸움과 인간의 멸망에 숙달되어 있는 간교한 뱀은 자기의 목표를 달성하기 위해 항상 강력한 방편에 의지하지는 않는다. 많은 경험에 의해 증명되는 바와 같이 강력한 방편들은 오히려 우리들의 내면에 활기찬 저항을 일으키고 영광스러운 승리를 제공하게 될 터인데 왜 그것들을 사용하겠는가? 연약한 방편들이 그보다 확실하게 작용한다. 그것들은 대체로 눈에 뜨이지 않으며, 혹시 눈에 뜨인다고 해도 겉보기에는 무의미하고 해롭지 않은 것처럼 보이기 때문에 인간은 그것들을 무시하고 그냥 넘어간다. 일반적으로 오늘날 기독교를 대적하는 마귀와의 전쟁에는 강력한 수단보다는 연약한 수단들만 보인다. 우리들을 죽이기 위해 우리를 화형에 처하는 일은 이제 일어나지 않는다. 우리들은 시대의 관습을 따를 때 하찮고 눈에 띄지 않는 올무에 의해 파괴된다. 우리가 분명한 죄는 짓지 않더라도 지나치게 열광적으로 세상의 일에 몰두하면, 우리의 불행한 영혼은 성공과 발전을 빼앗기고 황폐하게 된다. 복음의 증언에 의하면 그러한 영혼은 악마들의 거처가 된다. 나무는 그 중심부분이 썩으면 비록 표면은 잠시 아름다움을 유지할지 모르나, 결국 점차 시들어 죽고 만다. 그러나 그 나무를 좀먹어 들어가는 내면의 원인은 나타나지 않는다. 마귀가 사용하는 연약한 방편들도 삶의 표면은 건드리지 않고 핵심을 파괴한다. 우리는 어떤 사람인가? 오로지 하나님께 속한 자가 되고 하나님과 떨어질 수 없는 교제를 나누기 위해 모든 것으로부터 이탈하여 하나님과 연합한 자가 아닌가? 그러나 우

---

14) Answer 69.

리가 하나님을 멀리 떠나 세상에 속할 때, 그는 어디에 있게 되는가?

연약하지만 효과는 지극히 강력한 마귀의 방편 중에는 여러 가지 형태의 손노동과 육체적 노동이 있다. 우리가 지나치게 그 일에 열심을 내거나 큰 애착을 갖으며, 스스로의 뜻에 따라 행할 때에 그러하다. 이러한 일들을 할 때, 일에 대한 애착심은 눈에 띄지 않게 슬그머니 기어들어온다. 우리는 처음에는 그 일에 특별한 주의와 열심을 낸다. 그 다음에는 하나님을 망각해 버리며 영과 육의 모든 능력을 일에 쏟아 붓는다. 한편 뱀은 우리로 하여금 우리가 하는 일은 무죄한 것이며, 영혼 구원에 유익하다고 생각하게 만든다. 뱀은 간교하게도 우리가 하는 일을 칭찬하고 인정하는 말이 사방에서 들려오게 한다. 하나님의 말씀의 빛을 보지 못한 그의 영혼은 무지와 어리석음의 구름에 싸이게 되며, 결국 완전히 타락한 영의 지배 하에서 활동하게 된다.

우리가 영적 수행을 포기하거나 냉담하고 형식적이고 무관하게 그것들을 수행하며 오로지 세상일에만 애착을 갖고 열중한다면, 타락한 본성에 속한 정욕이 그의 심령 속에서 마음껏 활동하게 된다. 그것들의 자유와 활동 범위는 더욱 성장하고 확대하고 증가한다. 그렇게 되면 우리는 거짓된 평온을 누리며, 자만심과 허영심으로 자신을 위로하면서 그것이 은혜로 말미암은 위안이라고 생각한다. 우리 자신의 정욕과 싸우지 않는 사람들은 그것이 활동하도록 내버려둔다. 혹시 잠깐 그것을 억제한다고 해도 자기성찰에 익숙해져 있지 않는 사람은 그것에 주의를 기울이지 않으며, 다만 세상적인 오락으로 그 욕망들을 진정시키려고 한다. 그처럼 거짓된 평온 상태에는, 정확히 말하자면 영적 수면상태에는 가책이 없으며 죽음, 심판, 천국과 지옥에 대한 기억이 없다. 장차 하나님의 자비를 얻어 하나님과 화해하고 연합하는 일에도 관심이 없다. 거룩한 교부들은 이러한 상태를 영혼이

41. 타락한 천사들

죽은 것, 육체는 살아있으나 영은 죽은 것이라고 한다.15) 영혼이 졸고 있는 동안 욕망들은 믿기 어려울 만큼 성장하여 본성의 능력을 초월하는 힘과 세력을 획득한다. 그리하여 전혀 눈치 채지도 못한 채 우리는 멸망하고 만다.

4세기 말 혹은 5세기 초에 로마의 성 카시안Cassian이 이집트의 수도원을 방문했다. 당시에는 수도원운동이 번성했으며 찬란한 영적 빛을 발하고 있었다. 카시안은 이집트 칼라몬Kalamon 사막의 수도사들과 함께 살았다. 칼라몬 사막은 세상 마을로부터 상당히 멀리 떨어져 있어 사실상 세상 사람들의 접근이 어려운 곳이다. 이곳 수도사들의 영적 성공과 발전 정도는 세상 마을과 혼잡한 알렉산드리아로부터 그다지 멀지 않는 곳에 있는 스케테Scete 사막의 수도사들보다 훨씬 적었다. 카시안은 이러한 현상의 원인을 다음과 같은 사실 속에서 찾았다. 스케테 사막은 매우 메마른 곳이었으므로 그곳의 수도사들의 마음은 땅을 경작하는 일이나 자연의 아름다움을 감상하는 일로 인해 산만해지지 않았다. 그들은 자기의 수실에서 단순한 손노동을 하며 침묵생활을 했다. 그러면서 끊임없이 기도하고 하나님의 말씀을 읽고 연구하며 내면에서 떠오르는 생각과 감정을 분명하게 분별하였다. 이처럼 집중된 생활을 했기 때문에 그들은 곧 성공을 거두었고, 그들의 영적 발전은 거의 완전한 단계에 이르렀다. 반면에 칼라몬은 광대하고 비옥한 섬이자 사막의 한복판에 있는 오아시스로서 열대기후에 적합한 여러 식물들이 무수하게 자라고 있는 마치 낙원 같은 곳이었다. 이 섬의 사방은 방대한 모래사막으로 둘려 싸여 있었다. 그것은 방대한 모래로 된 초원이라고 부르는 것이 옳을 것이며, 이 대 초원의 한복판에 칼라몬이 있었다. 그곳은 참으로 접근하기 어려운 곳이었다. 칼라몬의 수도사들은 그곳의 안락함에

---

15) *Ladder*, Step 18.

끌려 대체로 농사와 원예에 종사하였다. 그런데 자연의 아름다움으로 인해 자주 분심되었다. 그들은 땅에 많은 주의를 기울였기 때문에 온전히 하늘나라에 주의를 기울이지 못했다.16)

세르비아의 대주교 사바Sava는 성산 아토스Atos의 은수사들을 방문했다. 그는 그들이 모든 땅의 일에서 완전히 해방된 것을 발견했다. 그들은 농사나 포도재배, 또는 자신의 손노동으로 만든 제품 판매에 종사하지 않았다. 그들은 전혀 세상에 대한 염려와 걱정을 하지 않았다. 그들이 행하는 유일한 일은 눈물로 기도하는 마음과 뜻을 하나님께 바치는 것이었다.17) 아르세니우스 성인은 학식과 영적 성취가 높은 사람이었지만, 교만이나 허영심 같은 미세한 욕망에 주의를 빼앗기지 않으려고 편지를 쓰지도 않았으며 책도 쓰지 않았다.18)

대 안토니와 마카리우스와 하나님으로부터 영육 간에 큰 힘을 받은 위대한 수도사들은 많은 손노동을 했다. 그러나 그들의 손노동은 매우 단순했으며, 또 그들도 이 손노동에 숙달되었으므로 일을 하면서도 조금도 방해를 받지 않고 기도에 전념할 수 있었다. 그들은 이 단순한 손노동에 매우 익숙해져 있었으므로 손으로는 일을 하면서 그들의 정신은 자유로이 깊은 기도에 침몰하며 환상 중에 들려 올라가기도 했다. 그들의 일은 대단히 단순하고 습관이 되었기 때문에 일하는 동안 정신을 빼앗기지 않았다.19) 많은 옛 수도사들은 끈을 꼬거나 바구니를 만들거나, 또는 양탄자나 매트를 짰다.

---

16) St. Cassian. *Conf. 24*, ch. 4.
17) *Athos Parology*, ch. 1. p. 187(Russ. ed. 1860).
18) 『사막교부들의 금언』(*Alphabetical Patrology*; 은성출판사).
19) 거룩한 교부들은 이런 방법으로 쉬지 않는 기도를 유지했다. 그러므로 이들은 정한 기도시간 이외에는 손으로는 노동을 하면서 마음으로 시편을 낭송하며 묵상했는데, 이들의 기도는 문장이 짧은 예수기도를 바치는 것이었다. 기도하기 위해 일어설 때, 손노동을 마친다. 수도사의 사다리의 저자 요한 클리마쿠스는 "누구도 기도하는 시간에 분심되는 일을 해서는 안 된다. 왜냐하면 대 안토니와 함께 했던 천사가 이것을 가르쳤기 때문이다"(Step 19:7)고 했다.

41. 타락한 천사들

오늘날도 어떤 손노동, 예를 들면 양말이나 끈을 짜는 일은 기술만 익히면 거의 주의를 기울이지 않고서도 해 낼 수 있다. 이런 작업에 숙련된 사람은 쳐다보지도 않고 만들 수 있으며, 일을 하면서 자유로이 기도하는 일에 마음을 쏟을 수 있다. 그러나 페인트칠과 같은 일은 주의를 많이 요구하는 일이다. 페인트칠을 하는 일에 숙련된 사람은 기도하면서 페인트칠을 할 수 있을지 모르나, 전적으로 기도에 침몰하는 것은 불가능하다. 왜냐하면 그들의 기능은 틈틈이 주의를 기울여줄 것이 필요하기 때문이다. 칠하는 작업은 영혼 속에서 그것을 향한 커다란 감정과 흥미를 일으킨다. 그렇게 되면 우리의 열심과 열망은 어쩔 수 없이 하나님을 향한 것과 우리의 손노동을 향한 것으로 나뉘게 된다.

앞에서 제시한 예를 근거로 하여 다른 형태의 손노동에 대해서도 판단할 수 있다. 수도사는 마음을 자신의 손노동에 두어서는 안 된다. 특히 사람을 겸손과 하나님에게서 벗어나 교만과 자기숭배로 이끌기 쉬운 지적인 작업에 있어서 더욱 그러하다. 우리는 이런 일을 할 때에는 특히 자신의 허영심과 이기심을 위해 행하지 않고, 하나님의 영광과 보편적인 선을 위해 행하려고 주의해야 한다. 하나님과 재물을 위해 동시에 일할 수는 없다. 하나님을 위해 일하면서 동시에 우리의 기호와 편애와 욕망을 위해 일할 수는 없다.

우리의 악하고 교활한 뱀이 땅 위를 기어 다니면서 항상 우리에게 상처를 입히고 치명적인 독을 주입할 만반의 준비를 갖추고 있다는 사실을 깨닫고, 세상의 일을 할 때에는 특별한 주의를 기울여야 한다. 우리들은 하나님을 기쁘시게 하며 동시에 자신을 구원하기 위해 자신에게 부과되는 순종을 주의 깊고 부지런하게 시행해야 한다. 결코 그 일의 성취로 인해 기뻐하지 말 것이며, 자랑하지 말 것이며, 허영과 자만심과 교만함을 발달시키지 말라. 만일 그렇게 되면 구원의 도구인 순종이 멸망의 도구와 수단으로 변하게 된다.

우리는 순종을 성공적으로 이행하기 위해 하나님께 끊임없이 기도해야 하며, 성공을 얻을 때에는 그것이 하나님의 자비와 은혜로 말미암은 것임을 알아야 한다. 우리는 자신의 판단에 따라 사용할 수 있는 시간적 여유가 주어졌을 때에, 어떤 종류의 물질적인 일에도 전혀 애착을 갖지 않으며, 세상적이며 타락한 것들에도 애착을 갖지 않도록 스스로 지켜야 한다. 쉬지 않고 마음을 위로 들어 올려야 한다. 마음을 높이 올린다는 것은 하늘나라 천사들, 하나님의 영광 등의 일을 상상하라는 의미가 아니다. 그러한 꿈은 악한 망상을 유발할 뿐이다. 공상하지 말고 신령한 감정으로 자신의 생각을 들어 올려 하나님의 심판을 생각하며, 하나님은 어디에나 현존하시며 모든 것을 아신다는 확신에서 비롯된 건전한 두려움으로 충만해야 한다. 그리고 자신의 기도실에 임재하여 계시면서 그를 보고 계시는 하나님께 눈물로써 고백해야 한다. 자기의 무수한 죄와 임박한 죽음을 기억하고 용서와 자비를 구해야 한다. 회개하고 복된 영원의 세계를 얻기 위해 주어진 시간을 현세의 일을 하고 세상의 이익과 소득을 얻는데 낭비한다면, 그 시간은 다시 주어지지 않을 것이다. 잃어버린 시간은 다시 돌이킬 수 없다. 그리하여 지옥에 떨어져 영원히 무익한 눈물을 흘리며 슬피 울 것이다. 이 세상에서 순례 생활을 하는 동안 악한 영들과 관계를 끊지 않는 사람은 죽은 뒤에도 그들과 교제를 계속할 것이며, 그들과 교제한 정도에 비례하여 그들의 소유가 된다. 타락한 영들과의 교제를 끊지 않은 영혼은 영원한 멸망에 넘겨지며, 완전하게 끊지 못한 영혼은 하늘나라에 가는 도중에 가혹한 고통을 받게 된다.

마귀가 인간의 정신을 신령한 하늘나라로부터 물질적인 것으로 끌어당기며, 인간의 마음을 세상과 세상적인 일에 묶어두면서 행하고 있는 일, 과거에 행한 일, 그리고 앞으로 행할 일을 바라보라. 그것을 보고 유익한 두려움을 느끼라. 그것을 보고 영혼 구원에 주의를 기울이라. 간혹 타락한 영은 우리로 하여금 여러 가지 귀한 물건을 얻으려고 바쁘게 활동하게 만든다. 그 후에는 우리들의 정신을 이것들에게 예속시킴으로써 하나님에게서 멀어지게 한다. 또 타락한 영들은 여러 가지 학문과 연구, 그 밖의 세상적인 목표를 가진 일에 종사하게 한다. 그 다음에는 우리들의 주의력을 덧없는 것으로 끌어들여 우리들에게 절대적으로 필요한 하나님의 지식을 박탈한다. 또 어떤 이들은 수도원 건물 개수改修, 건축, 정원이나 채소밭이나 목초지 가꾸기, 목축 등에 종사하면서, 그것 때문에 하나님을 망각하게 된다. 또 어떤 이들은 자기의 거처를 꽃이나 그림으로 장식하는 일과 가구나 성물聖物을 만드는 일에 열중함으로써 하나님으로부터 멀어진다. 또 어떤 이들은 금식이나 여러 가지 육체적 수행에 특별한 주의를 기울이며, 마른 빵, 버섯, 양배추, 콩에 특별한 의미를 부여하는데, 그렇게 함으로써 의미 있고 거룩하고 신령한 영적 수행이 무의미하고 육체적이며 악한 짓거리로 변하여 결국 타락하게 된다. 그는 육체적이며 거짓된 지식, 자만심, 이웃에 대한 멸시 등에 예속되는 바 이것들은 거룩함을 발전시키는 조건들을 소멸시키며, 멸망과 영멸의 조건을 예비한다. 또 어떤 이들은 교회 의식의 형식적 측면에 지나친 의미를 부여하여 신령한 의미를 흐리게 한다. 그리하여 이 불행한 사람은 기독교의 본질은 보지 못하게 되고, 단지 왜곡되고 물질적인 껍데기만 소유하게 되어 매우 어리석은 형태의 인식, 즉 분파주의에 빠지게 된다.

타락한 영은 이런 종류의 싸움을 쉽게 할 수 있으며, 지금도 도처에서 싸움이 일어나고 있다. 마귀는 이런 싸움으로써 우리들을 쉽게 멸망시킬 수 있다. 그는 장차 세상이 끝나는 날에 온 세상을 하나님에게서 끌어내기 위해 이것을 사용할 것이다. 세상 마지막 날에 세상 임금의 영향을 받은 사람들은 땅, 그리고 세속적이고 물질적인 것에 대한 애착으로 가득하게 될 것이다. 그들은 세상의 염려와 물질적인 발달에 몰두할 것이다. 그들은 오로지 세상이 자신의 영원한 집인 듯 세상의 일로 바쁠 것이다. 일단 육체적이고 물질적으로 변한 신자는 영원한 세계를 잊어버리며, 하나님을 망각하고 버릴 것이다. 주님은 다음과 같이 예언하셨다: "노아의 때에 된 것과 같이 인자의 때에도 그러하리라 노아가 방주에 들어가던 날까지 사람들이 먹고 마시고 장가 들고 시집 가더니 홍수가 나서 저희를 다 멸하였으며 또 롯의 때와 같으리니 사람들이 먹고 마시고 사고 팔고 심고 집을 짓더니 롯이 소돔에서 나가던 날에 하늘로서 불과 유황이 비오듯하여 저희를 멸하였느니라 인자의 나타나는 날에도 이러하리라"(눅 17:26-30).

우리가 타락한 영들을 대적하여 굳게 서려면 그들을 모아야 한다. 상대방을 육체적 또는 영혼의 감각에 의해 의식할 수 있어야 싸움이 가능하다. 적이 보이지 않으며, 적의 무기가 보이지 않으며, 적의 존재와 활동에 대한 의식이 없다면, 그것은 존재하지 않는 것이나 다름없다. 그렇다면 어찌 그런 적과 싸움을 할 수 있는가?

육체의 눈으로는 볼 수 없는 영들은 영혼의 눈 즉, 우리의 정신과 마음으로 볼 수 있어야 한다. 그러나 순결함과 온전함을 얻은 거룩한 교부들은 육체의 눈으로 영들을 보았다. 육체의 눈으로 타락한 영들을 볼 수 없는 우리는 영혼의 눈으로 그들을 보는 법을 배워야 한다. 영들이 어떻게 인간에게 모습을 나타내며, 인간은 어떻게 영들을 볼 수 있는지 설명하기 위해 두 가지의 이야기를 하겠다.

(1) 위대한 성 마카리우스 St. Macarius 는 이집트와 스케테 사막에서 은둔생활을 했다. 그의 수실에서 조금 떨어진 곳에 그의 지도를 받으며 은수생활을 하고 있는 수도공동체가 있었다. 수실에서 돌을 던지면 닿을 거리를 두고 각자의 수실이 있었다. 어느 날 성인은 수도사들의 수실로 이어지는 길

41. 타락한 천사들

목에 앉아 있었는데, 갑자기 사람의 형태를 한 마귀가 많은 항아리들을 들고 오는 것을 보았다. 성인은 물었다. "어디로 가는가?" 마귀는 "형제들을 방해하러 간다."라고 했다. 성인은 "항아리에 무엇이 들어있는가?"라고 묻자, "형제들을 위한 양식이 들어있다."고 대답했다. "그 항아리에 모두 양식이 들어있는가?" "그렇다. 만일 한 가지 음식이 만족시키지 못하면 다른 음식을 주겠다. 그래도 만족치 못하면 세 번째 음식을, 그리하여 만족할 때까지 계속 다른 음식을 주겠다. 적어도 한 사람이 한 가지 음식을 맛볼 수 있을 것이다." 마귀는 이렇게 말하고 가던 길을 갔으며, 성인은 그 길목에 남아서 그가 돌아오기를 기다렸다.

얼마 후 마귀가 돌아오는 것을 보고 "안녕?" 하고 인사를 했다. 마귀는 "내가 어찌 안녕하겠는가?"라고 대답했다. "그 이유는 무엇인가?" "수도사들이 모두 나에게 호감을 갖지 않았으며, 한 사람도 나를 영접하지 않기 때문이다"라고 마귀는 대답했다. 성인은 "그러면 그들 중 한 사람도 당신의 친구가 없는가?"라고 물었다. 마귀는 "내 말에 귀를 기울이는 친구가 한 명 있었다. 그는 내 모습을 보자 갈피를 못 잡고 사방으로 빙빙 돌았다." "그의 이름은 무엇인가?" "데오펩투스 이다." 이렇게 말하고는 마귀는 떠나갔다. 마카리우스는 데오펩투스와 이야기하러 그의 수실을 찾아갔다. 그는 조금 전에 나타났던 것이 마귀라는 사실을 알지 못하고 함께 대화를 나누었으며, 또 그가 가져다 준 생각을 즐김으로써 타락한 영과 긴밀한 교제에 들어가게 된다는 것을 깨닫지 못한 채, 그 생각을 즐기고 있음을 발견하였다. 성인은 데오펩투스에게 마귀와 싸우며, 마귀를 친구가 아닌 적으로 만드는 방법을 알려 주었다.[20]

이 이야기로 보건대 데오펩투스는 마귀의 말과 같이 마귀를 보았다. 그

---

[20] *Aphabetical Patrology.*

러나 그는 여러 가지 악한 생각 속에 있는 마음으로 마귀를 보았다. 데오펩투스는 장애가 되는 유혹적인 생각들의 특별한 유인(誘因)에 의해 마귀가 오는 것을 보았다. 그는 그 생각들을 어떻게 다루어야 하는지 알지 못했으므로 당황하고 불안해하고 혼란을 느꼈다. 그는 자기의 생각들이 마귀가 제공한 것임을 인식하지 못했고, 그것들이 자기의 영혼 속에서 일어난 것이라고 생각하고서 그 생각들과 분명히 교제를 나누었다. 그는 그 생각들과 논쟁하고 토론을 함으로써 그 생각들을 잠잠케 하려 했으나 오히려 자신이 그것에 휘말려 그것들 속에서 즐거움을 느꼈다.

(2) 역시 위대한 하나님의 종이었던 알렉산드리아의 마카리우스는 육신의 눈으로 많은 어린아이들을 보았다. 마치 이디오피아인들처럼 검은 아이들이 교회 안을 이리저리 뛰어다니고 있었다. 그 공동체에서는 한 사람의 수도사가 교회 중앙에서 시편을 낭독하면, 나머지 사람들은 앉아서 경청하는 관습이 있었다.21) 성인은 각 수도사 옆에 한 명의 이디오피아인이 앉아 그를 조롱하는 것을 보았다. 어느 수도사의 눈에 손가락을 대자 곧 졸기 시작했다. 또 다른 사람의 입에 손가락을 대었더니 그는 하품을 하기 시작했다. 어떤 이디오피아인은 여인의 모습으로 나타났다. 어떤 이디오피아인은 수도사 앞에 건물을 세웠으며, 여러 가지 일에 전념했다. 예배가 끝난 뒤, 마카리우스는 형제들을 한 사람씩 불러 그들에게 예배시간 중에 무엇을 생각했으며 어떤 꿈을 꾸었냐고 은밀히 물었다.

이 이야기를 비추어볼 때 영들은 태만하고 악한 생각뿐만 아니라, 태만하고 악한 꿈, 심지어는 촉감이나 여러 종류의 접촉에 의해 우리에게 영향을 미친다. 복음의 계명에 일치하는 주의 깊은 생활을 영위하는 사람은 때가 되면 개인적으로 이것을 경험하여 분명히 알게 된다. 존 카르파티오스

---

21) 성 카시안은 이러한 모습은 이집트 공주수도회에서의 관습이라고 한다. Institutes, 2:12.

41. 타락한 천사들

John Karpathios 성인은 다음과 같이 말했다.

"마귀들은 우리의 감각과 지체 속에 들어와 정욕의 열기로 우리의 육체를 괴롭히며, 우리로 하여금 정욕적으로 보고 듣고 냄새를 맡게 한다. 그리고 우리 입으로 해서는 안 될 말을 하게 하며, 우리의 눈을 간음으로 채우며, 우리의 안팎에서 활동하며 우리를 혼돈 속으로 던져 넣는다."

형체가 없으나 지적인 존재인 영들이 어떻게 우리 몸의 지체에 들어와 특별한 영향을 끼치며 영혼을 공격하는지 설명하기 위해서 기체의 작용을 지적하려 한다. 질식하는 경우를 예로 들어보자. 질식하게 되는 것은 우리 눈에 보이지 않는 일산화탄소의 작용이다. 이 기체는 후각을 통해 우리 몸에 들어와 해독을 끼친다. 알코올을 예로 들자. 포도주나 술을 마시면 알코올은 위장을 거쳐 머리로 올라가서 우리는 이해할 수 없는 방법으로 우리의 뇌와 정신에 영향을 준다. 알코올 또는 술은 위장을 통해 우리는 이해하지 못하는 방법으로 혈액 속으로 들어와 피를 뜨겁게 하거나 기체상태의 물질적인 열량과 결합하게 한다. 그리하여 육체와 영혼을 이 물질에 예속시킨다. 기체 상태의 물질은 가른 기체나 고체에 들어가거나 통과할 수 있는 특성을 가지고 있다. 그러므로 태양빛은 공기를 통과하고 땅에 있는 모든 기체를 통과하며, 물, 얼음, 유리도 통과한다. 열은 쉽게 철이나 모든 금속을 통과하여, 그 속에서 변화를 일으킨다. 그것은 또한 빛이 통과하는 모근 기체를 통과한다. 공기는 나무를 통과하지만, 우리는 통과하지 못한다. 증기와 여러 가지 냄새는 공기를 통과한다.

위대한 성 마카리우스는 이렇게 말했다: "낙원에서 최초의 인간이 하나님의 명령을 범했기 때문에 악이 인간에게 들어왔다. 마귀는 사람이 사람과 교제하듯이 영혼과 교제하고, 그 심령에 온갖 해로운 것을 주입할 수 있는 자유로운 통로를 확보했다."

마귀는 사람과 음성voice을 사용하지 않고 언어words로써 대화한다. 왜냐하면 사람들은 타인과 의사교환을 위해서 자신의 생각을 소리에 담은 음성이 바로 언어이기 때문이다. 마카리우스는 "마귀는 매우 간교하게 행동한다. 그는 모든 악은 악하게 행동하면서 숨어 있으려고 노력하는 낯선 영의 이질적인 활동에서 비롯된 것이 아니라, 영혼 속에서 저절로 생겨난 것처럼 보이게 한다"고 말했다.

타락한 영이 우리에게 들어와 활동한다는 분명한 표적은 갑자기 게으르고 악한 생각과 공상이 떠오르며, 육체가 무거워지고 동물적 욕망이 일어나며, 마음이 완악하고 교만하고 자고해지며, 헛된 생각이 떠오르며, 회개하기를 거부하며, 죽음을 망각하고, 낙심하고 싫증을 느끼며, 세상적인 일에 특별히 기울어지는 것 등이 있다. 타락한 영이 올 때에는 언제나 혼동, 당황, 우울 등의 감정이 동반된다.

바르사누피우스는 말하기를 "악마에게서 오는 생각들은 혼동과 불안과 슬픔으로 가득 차 있다. 악마들과 은밀하고도 교묘하게 영혼으로 하여금 자신을 따르게 만든다. 원수들은 양의 옷을 입고 있다. 다시 말하면 그들의 생각들은 표면적으로 의롭고 진실해 보이지만, 그 속에는 굶주린 이리가 들어있다. 그들은 표면적으로는 순전하며 의심이 없고 단순한 사람들의 심령과 선한 것처럼 보이지만, 실제로는 악하고 해로운 것으로 사람들을 유혹하고 강탈한다"고 했다. 위대한 영적 지도자들은 모두 이와 비슷하게 말하고 있다.

모든 일을 우리의 선을 위해 행하시는 하나님의 허락에 의해서만, 우리에게 임하는 보이지 않는 전쟁터에서 버림 받은 영들이 우리에게 공개적으로 싸움을 걸어온다. 그들은 살과 뼈가 없는 존재이므로, 크고 작은 사나운 짐승, 파충류, 곤충 등 다양한 모습을 취한다. 그들은 우리들을 무섭게 하고,

불안하게 하며, 미치게 하며, 자신을 높이 평가하게 하고, 심지어 악한 망상이라는 멸망의 상태로 몰아넣는다. 하나님의 뜻에 겸손히 복종하며, 하나님께서 허락하신 모든 고난을 기꺼이 견디며, 타락한 영들의 말과 행동과 환영을 철저히 멸시하고 불신하는 것이 궁극적으로 그들의 노력을 좌절시키는 길이다. 그들에게 주의를 기울이고, 그들을 신뢰하는 사람은 큰 해를 입게 되거나 멸망한다.

영들을 대적하여 싸움을 잘 함으로써. 우리들의 영혼은 풍성한 유익을 얻고, 특별한 영적 진보를 이룬다. 마카리우스 성인은 다음과 같이 말했다: "이 세상 임금은 영적으로 어린아이와 같은 사람들을 처벌하는 매와 상처를 주는 채찍이다. 그러나 그는 이러한 시련과 시험을 줌으로써 믿는 자들에게 큰 영예와 영광을 준다. 그는 참 신앙인들이 온전함에 이르도록 돕지만, 자신에게는 매우 중한 고통을 쌓는다. 마귀는 하나님의 피조물이며 종이므로, 자기가 하고 싶은 대로 시험하지 못하며, 자기 소원대로 광포를 쏟아놓지 못한다. 다만 하나님께서 허락하신 만큼만 사람들을 시험한다. 사람들의 모든 것을 완전히 아시며, 각 사람의 능력을 아시는 하나님께서는 능력에 따라 우리들이 감당할 수 있는 시험만 허락하신다."

하나님을 믿는 산 믿음을 가진 사람, 자기를 부인하며 하나님께 복종하는 사람은 악한 영들의 시험과 시련 속에서도 조금도 괴로워하지 않는다. 오히려 악마들이 하나님의 섭리의 도구임을 깨닫는다. 그는 악마들이 일으킨 시련을 통해서 악마에게 작은 주의조차 기울이지 않으며, 온전히 자신을 하나님의 뜻에 굴복시킨다. 하나님의 뜻에 굴복하는 것은 모든 시련과 고통 속에 있는 조용하고 편안한 안식처이다.

42.
타락한 천사들과 싸우는 첫 번째 방법

앞에서 타락한 천사가 인간들을 대적하는 방법을 설명했다. 그것은 어느 정도 숙달된 사람에게 필요한 것이며, 그들만 이해할 수 있는 것이다. 여기서는 초심자들이 악한 영들과 싸우기에 적당한 방법, 그들이 장차 모두 경험하여 이해하게 될 방법을 소개하려 한다.

초심자가 생각과 환상 속에서만 보이지 않는 영들과 싸우는 방법은 악한 생각과 환상이 떠오를 때 즉시 그것을 배척하는 것이다. 그런 생각이나 환상과 논쟁을 하거나 주의를 기울이게 되면, 그것들은 우리들의 정신에 영향을 주고 그 정신을 소유하게 된다. 약간 영적으로 진보하였고 경험이 있는 사람에게 처음에는 단지 죄를 상기해주는 생각이 작용한다. 그리하여 만일 그의 정신이 그 생각을 가지고 놀게 되면, 악한 허구가 나타나 그 생각을 뒷받침해준다. 육체적으로 혈기가 살아있는 변덕스러운 초심자에게는 이런 생각과 악한 공상이 함께 나타난다. 만일 그가 한 순간이라도 지체하며 겉으로는 그 생각을 대적하고 인정하지 않는 체하면서 실제로는 그 생각과

42. 타락한 천사들과 싸우는 첫 번째 방법

교제한다면, 필연적으로 그 생각의 유혹을 받아 패배하게 된다. 엄격한 수도생활을 백년을 했다고 하더라도, 수천 년 동안 하나님의 종들과 싸워 온 경험을 가진 타락한 천사에 비하면 그것은 아무 것도 아닐 것이다. 하물며 타락한 천사의 존재에 대한 생생하고 경험적인 지식조차 없는 초심자들이 이 영들과 싸운다는 것은 무슨 의미가 있는가? 심지어 보이지 않는 원수들과 싸우는 것은 패배할 것은 자명한 일이다.

우리의 첫 조상 이브는 무죄하고 거룩한 상태에 있었음에도 불구하고 뱀과 대화를 시작하자 곧 그의 교활함으로 인해 유혹을 받아 하나님의 명령을 지키지 않고 타락했다.[1] 이브는 간교한 뱀과 대화를 시작조차 하지 말았어야 했다. 그녀는 하나님의 명령에 대한 가치 여부를 논하지 말았어야 했다. 악한 의도를 가진 존재들은 으레 위선과 가식과 교활함에 의해 자신의 악한 의도를 감추는 법이다. 그런데 이브는 악 또는 유혹자에 대한 경험적 지식이 없었기 때문에 선한 의도라는 가면 아래 살인적인 궤계를 감추고 있는 살인자의 충고에 쉽게 넘어가고 말았다.[2] 미숙한 자들이 처하는 기만과 재앙도 이와 같은 종류의 것이다. 예루살렘의 서 헤시키우스Hesychius는 다음과 같이 말했다: "선하신 하나님은 우리 영혼을 단순하고 선하게 창조하셨다. 우리 영혼은 마귀의 환상적인 제안을 기뻐한다. 일단 유혹에 넘어간 영혼은 마귀가 선하다고 제시한 악에게 돌진하며, 자신의 생각을 악마가 제안한 환상과 혼합한다."[3]

모든 교부들은 우리들에게 악한 생각과 공상이 떠오를 때, 즉시 그것을

---

1) 창세기 3장.
2) "너희는 너희 아비 마귀에게서 났으니 너희 아비의 욕심을 너희도 행하고자 하느니라 저는 처음부터 살인한 자요 진리가 그 속에 없으므로 진리에 서지 못하고 거짓을 말할 때마다 제 것으로 말하나니 이는 저가 거짓말쟁이요 거짓의 아비가 되었음이니라"(요 8:44).
3) *On sobriety and Vigilance*, ch. 43.

배척해야 하며, 절대 그것들과 논쟁을 벌이거나 교제를 해서는 안 된다고 말하고 있다. 특히 부정한 생각과 공상에 대해서는 더욱 그러한 태도를 취해야 한다고 한다. 교부들은 악한 생각과 공상을 물리치기 위한 두 가지 방법을 제안하였다: (1)그러한 생각이나 공상이 떠오르면 즉시 영적 지도자에게 고백한다; (2)그러한 생각이나 공상이 떠오르면 즉시 보이지 않는 원수들을 물리치기 위해 열렬한 기도를 하나님께 바친다.

카시안은 이렇게 말했다: "뱀의 머리, 즉 생각과 그 발단을 경계하라. 그리고 즉시 그것을 당신의 영적 지도자에게 고백하라. 만일 당신이 그런 생각을 하나도 남김없이 드러내기를 부끄러워하지 않는다면, 위험한 출발을 멈추게 할 수 있다."4)

수도원이 번창하던 초대교회 시대에 악한 생각과 공상을 대적하기 위해 일반적으로 이 방법을 사용했다. 도시데우스Dositheus 성인의 생애5)에서 알 수 있듯이, 초심자들은 항상 자신의 지도자들과 긴밀한 접촉을 하고 살면서 자신의 생각을 그들에게 고백했다. 『사다리』 Ladder 6)나 그 밖의 교부들의 저서에 의하면, 초심자들은 저녁마다 정한 시간에 영적 지도자를 방문하여 자신의 생각을 고백했다. 그들은 자신의 생각을 성령 충만한 지도자에게 고백하고 영적 지도를 받는 것이 필수적이라 생각했으며, 그렇지 않는다면 구원받을 수 없다고 생각했다.

거룩한 사부 도로데우스Abba Dorotheus는 이렇게 말했다: "나는 자신을 자신의 심령에 맡기는 것 말고도 사람의 타락이 있다는 것을 알지 못한다. 어떤 사람은 사람이 타락하는 것에 대해 잡다한 이유를 대지만, 내가 보기에

---

4) *Institutes*, Bk. 4. ch. 37.
5) 도시데우스의 생애는 *Homilies of the St. Dorotheus*(Beginning)에 포함되어 있다.
6) Step 4. ch. 32 & 39.

는 사람이 자신의 길로 가거나 자신의 뜻을 좇는 것 외에는 다른 타락은 없다고 생각한다. 당신은 타락한 사람을 보았는가? 그는 자신의 뜻을 좇았다는 것으로 알라. 이것보다 더 위험하고 파괴적인 것은 없다. 하나님께서는 나를 보존하셨으며, 나는 항상 이 재앙을 두려워했다."[7]

성령 충만한 지도자의 인도는 언제나 초심자를 복음의 계명에 의해 인도한다. 죄의 원천인 악마와 죄로부터 분리되려면 죄의 출발점에서 계속 반복적으로 고백해야 한다. 이렇게 고백을 하면 인간과 마귀 사이에 풀기 어려운 불화를 가져오는데, 이 불화는 우리에게 유익한 것이다. 또한 이러한 고백은 하나님을 향한 사랑과 죄를 향한 사랑 사이에서 동요하는 태도나 모든 이중성을 파괴함으로써 우리들의 선한 의지에 특별한 힘을 주며, 따라서 우리들의 영적 발전은 가속된다. 우리는 이 사실을 도시데우스 성인의 생애에서 발견할 수 있다.

영적 지도자가 없기 때문에 자신의 악한 생각을 끊임없이 반복하여 고백함으로써 죄에 대한 조처를 취할 수 없었던 사람들은 기도로 죄를 대적했다. 이집트의 교모 마리아(Amma Maria)[8]에게서 그 예를 찾아볼 수 있다. 기도할 때에는 결코 악한 생각과 예비교제를 하지 말며, 물론 악한 생각에서 즐거움도 느끼지 말고, 지극히 단호하고 확고한 태도로 기도해야 한다. 원수가 접근하는 것을 느끼는 순간 즉시 일어서서 무릎을 꿇고 두 손을 하늘을 향하거나 땅 위로 펼치고 기도하라. 이런 자세로 원수의 얼굴을 내리치면, 그는 당신에게 접근하지 못하고 당황하여 도망칠 것이다.

이중성(표리부동함)을 버리는 일, 다시 말하자면 하나님 사랑과 죄사랑 사이에서 주저함을 버리는 일이 반드시 필요하다. 이렇게 이중성을 버림으

---

[7] *Homily* 5.
[8] 축일 4월 1일.

로써 하나님을 향한 우리의 자유의지와 열정이 보존되며, 성장하며, 하나님의 특별한 자비를 얻게 된다. 위대한 성 페멘Poemen은 "언제나 검을 쥐고 있으면,9) 하나님께서도 우리와 항상 함께 하실 것이다. 우리가 담대하고 관대하게 행하면 하나님께서도 우리에게 긍휼을 나타내실 것이다."10)라고 말했다. 악한 생각을 버리기 위해 기도로 씨름한 훌륭한 본보기는 이집트의 교모인 성 마리아의 생애에서 찾아볼 수 있다.

시리아의 성 이삭은 다음과 같이 말했다: "원수가 교활하게 우리 내면에 뿌린 생각들을 부정하거나 논박하지 않고 기도로써 그들과의 교제를 끊는 것은 은혜로 말미암아 지혜와 능력을 발견한 마음의 표시이다. 상황을 진실하게 이해하면 많은 (헛되고 쓸데없는) 노력을 덜게 된다. 이 지름길을 택함으로써 우리는 굽고 먼 길을 피할 수 있다. 우리는 논쟁에 의해 모든 적대적인 생각들을 진정시키고 정복할 능력을 가지고 있지 못하다. 우리는 대체로 상처를 입으며, 이 상처를 치료하려면 많은 시간이 필요하다. 우리는 육천 년 동안 경험을 쌓아온 원수들에게 도전하고 있다. 그들과 대화를 하는 것은 그들로 하여금 당신의 영혼의 타락을 초래할 방편을 제공하는 일이 될 뿐이다. 그리고 혹시 우리가 승리한다고 해도 우리의 정신은 그들의 악한 생각으로 더럽혀질 것이며, 그들의 더러운 악취가 우리들의 기억 속에 맴돌 것이다. 우리들은 악한 생각과의 논쟁을 거부함으로써, 이 모든 결과와 두려움으로부터 벗어나게 될 것이다. 하나님을 떠나서는 도움을 얻을 수 없다."11)

우리는 특히 음란한 생각과의 대화나 논쟁을 피해야 한다. 마귀는 대화나 논쟁을 통하여 초심자의 영혼 속에서 육욕적인 생각과 공상에 대한 공감

---

9) "구원의 투구와 성령의 검 곧 하나님의 말씀을 가지라"(엡 6:17).
10) 『사막교부들의 금언』 (*Alphabetical Patrology*; 은성출판사).
11) Ch. 30. 성 이삭은 주후 7세기의 인물이다.

을 쉽게 끌어내며, 내면에 잠복해 있는 육욕을 자극할 수 있다는 것을 알기 때문에 기꺼이 우리들과 대화하고 논쟁하려한다. 특히 정욕적인 생각과 공상들이 자기의 영혼 속에서 저절로 생긴다고 생각하는 사람들이나, 자신의 이성적인 능력으로써 이러한 생각과 공상을 조절할 수 있다고 오판하는 사람들은 이 논쟁에 빠져든다. 마귀는 굴복하거나 후퇴하지 않는다. 그는 우리를 완전히 정복하려는 희망을 갖고 다시 공격하며, 우리를 유인하여 대화와 논쟁으로 끌어들인다. 『사다리』의 저자 요한은 다음과 같이 말했다: "간음의 마귀를 논쟁과 토론으로 물리치겠다고 기대하지 말라. 그는 논쟁에 관한 최고의 능력을 가지고 있다. 스스로 자기의 육체와 싸워 이기겠다는 사람의 싸움은 헛된 것이다. 주님께서 육체의 집을 파괴하시고 영혼의 집을 지어주시지 않는 한 스스로 육체를 멸하기를 원하는 사람의 경계와 금식은 헛된 것이다. 스스로 무능하고 무력함을 인정하고, 당신의 연약한 모습을 주님께 바치라. 그러면 당신은 모르는 사이에 순결의 은사를 받게 될 것이다."[12]

"이 악마는 다른 악마들보다 더 지독하게 치명적인 순간을 노리고 있다. 우리가 그것을 대적하여 기도하지 못할 때 불결한 피조물은 우리를 총공격한다."[13]

"마음으로 드리는 기도의 단계에 이르지 못한 사람에게는 육체적으로라도 격렬한 기도가 도움이 된다. 즉, 팔을 벌리고 가슴을 치며, 눈을 들어 진지하게 하늘을 바라보고, 깊이 한숨을 쉬고 신음하며 기도하는 것도 도움이 된다. 그러나 때로는 곁에 있는 사람들을 의식한 나머지 이렇게 하지 못하는 경우가 있다. 따라서 악마들은 특별한 이런 순간에 그들을 공격한다.

---

12) *Ladder*, Step15. Ch. 24-26.
13) Ibid., ch. 80.

우리가 굳건한 정신과 보이지 않는 기도의 능력에 의해 저항할 힘을 가지고 있지 못하면 원수들에게 굴복하고 만다. 가능하다면 잠시 홀로 떨어져 지내도록 하라. 잠시 한적한 곳에 숨어 지내라. 가능하다면 영혼의 눈을 높이 들라. 그러나 그렇게 할 수 없다면, 육신의 눈이라도 높이 들라. 당신의 두 팔을 십자가 형태로 하고 움직이지 말라. 이 표시로 자신의 아말렉을 정복하고 수치를 주라. 현학적으로 꾸며낸 말이 아니라 겸손한 말로 당신을 구원하실 강하신 하나님께 기도하라. 기도하기 전에 "나는 연약하오니 나를 불쌍히 여기소서"라는 말을 덧붙이는 것도 좋다. 그렇게 하면 당신은 지극히 높으신 하나님의 능력을 경험으로 알게 될 것이며, 보이지 않는 도움을 받아 보이지 않는 적을 보이지 않는 방법으로 물리치게 될 것이다. 이런 방법으로 싸우는데 익숙한 사람은 곧 영적 방편에 의해서만 원수를 물리칠 수 있을 것이다. 영적인 방편은 하나님께서 육체적인 방법으로 올바르게 기도하는 자들에게 주시는 보상이다."14)

"우리는 잠자리에 있을 때에 특히 근신하여 깨어 있어야 한다. 왜냐하면 그 때 우리의 정신은 육체 없이 악마들과 싸우기 때문이다. 만일 우리의 정신이 육욕적이라면 쉽게 배반자가 된다. 그러므로 잠자리에 들기 전에 죽음을 기억하고 예수기도를 드리며, 아침에 일어나서도 죽음을 묵상하고 예수기도를 드려라."15)

부정한 마귀는 부끄러움도 없이 성인들과 성령 충만한 사람들까지 공격한다. 알렉산드리아의 성 마카리우스, 파코미우스 및 여러 하나님의 종들도 마귀의 공격을 받았다. 거룩한 사람들도 마음의 기도만으로 (우리의 타락한 본성 안에서 도움을 받고 있는) 원수를 충분히 대적하지 못했으며,

---

14) Ibid., ch. 81.
15) Ibid., ch. 53, 54.

42. 타락한 천사들과 싸우는 첫 번째 방법

때로 싸움이 치열해질 때에는 육체의 금욕고행에 의존하기도 했다. 그리하여 육체를 기도에 동참하게 만들어 마음의 기도를 강화하며, 육체를 억제하려고 지칠 때까지 일했다.

음란한 영은 육체적으로 깨어 근신하며 매우 주의 깊고 침착한 생활을 하는 사람들을 맹공격하기도 한다. 이것은 미숙한 영적 지도자의 충고로 인해 혼란을 겪고 있는 사람에게 일어나는 경우이다. 카시안은 신중에 관해 설교하면서, 어느 청년의 이야기를 했다. 위대한 성 페멘은 "왕의 근위병이 항상 경계하며 왕 앞에 서 있듯이, 영혼도 항상 음란 마귀를 대적할 준비를 갖추고 있어야 한다."[16]고 했다. 이런 까닭에 격렬한 욕정과 싸우는 사람들은 항상 마귀를 대적할 준비를 갖추고 있어야 한다. 그러므로 휴식을 위해 잠자리에 들 때 마치 무장하듯이 옷을 입고 허리띠를 맨 채 누워야 한다. 그들은 열정과 근신으로 무장하여 원수가 모습을 드러내는 순간 즉시 일어나 그를 격퇴할 수 있어야 한다. 이런 까닭에 오늘날 성산 아토스의 수도원에서는 옛부터 지켜온 거룩한 관습을 준수하고 있는데, 그것은 수도사들이 정장을 갖추고 잠자리에 드는 것이다. 이것은 복음서에서 지시한 관습이다.[17]

사탄이 우리를 시험하러 올 때, 전능하신 하나님께서도 당신 곁에 계시면서 당신과 당신의 마음과 정신을 바라보시면서 당신의 싸움이 어떻게 결말이 날지 기다리신다는 것을 알라.[18] 신실하게 하나님 편에 서 있는지,

---

16) 『사막교부들의 금언』 (*Alphabetical Patrology*; 은성출판사).
17) "허리에 띠를 띠고 등불을 켜고 서 있으라 너희는 마치 그 주인이 혼인 집에서 돌아와 문을 두드리면 곧 열어 주려고 기다리는 사람과 같이 되라 주인이 와서 깨어 있는 것을 보면 그 종들은 복이 있으리로다 내가 진실로 너희에게 이르노니 주인이 띠를 띠고 그 종들을 자리에 앉히고 나아와 수종하리라 주인이 혹 이경에나 혹 삼경에 이르러서도 종들의 이같이 하는 것을 보면 그 종들은 복이 있으리로다 너희도 아는바니 집 주인이 만일 도적이 어느 때에 이를줄 알았더면 그 집을 뚫지 못하게 하였으리라 이러므로 너희도 예비하고 있으라 생각지 않은 때에 인자가 오리라 하시니라"(눅 12:35-40).

그리스도를 본받아 사는 생활

아니면 하나님을 배반하는지 지켜보신다.[19] 우리가 하나님을 사랑하여 하나님과의 교제에 들어가는지, 아니면 사탄을 사랑하여 사탄과의 교제에 들어가는지 보기 원하신다. 이것이든 저것이든 모두 보이지 않는 원수와의 싸움의 결과이다. 진정한 신앙생활은 눈에 보이지 않는 순교이다. 우리들의 일생은 계속되는 싸움과 고난의 쇠사슬이다. 승리한 자에게는 영생—성령과의 약속—이 주어진다. 하나님께서는 신령한 지식과 신령한 은사를 풍성하게 주시고 싶은 사람에게는 치열한 싸움을 겪게 하신다. 성경은 "이기는 자는 이것들을 유업으로 얻으리라 나는 저의 하나님이 되고 그는 내 아들이 되리라"(계21:7)고 했다. 그러므로 우리는 결코 낙심하거나 용기를 잃지 말자.

---

[18] 『성 안토니의 생애』에서 다음의 글과 관련되어 있다: 성 안토니가 마귀의 시험과 치열하게 싸우다가 마귀와 그의 시험이 물러가자 갑자기 밝은 빛으로 조명되었다. 안토니는 주님이 오심을 깨닫고서 "주님, 그동안 어디에 계셨습니까?"라고 외쳤다. 그러자 "나는 여기에 있었지만, 너의 용기를 보고자 했었다."는 음성이 들렸다.

[19] "그러나 너희 중에 믿지 아니하는 자들이 있느니라 하시니 이는 예수께서 믿지 아니하는 자들이 누구며 자기를 팔 자가 누군지 처음부터 아심이러라"(요6:64).

43.
타락한 천사들과 싸우는 두 번째 방법

날 소르스키Nile Sorsky 성인은 시리아의 성인 이삭의 가르침을 좇아 악한 생각을 다루는 방법을 다음과 같이 제시했다. 그러나 이것은 싸움이 치열하지 않아 이러한 조처에 굴복할 때만 적용할 수 있다. 이 방법은 악한 생각을 선한 생각으로 바꾸고 정욕을 덕으로 변화시키는 것이다. 예를 들면, 우리에게 분노의 생각이 임한다면, 온유와 용서를 상기하며 노하기를 더디하라고 명하신 주님의 말씀을 기억하는 것이 유익을 준다.[20] 만일 슬픈 생각이나 감정이 임하면 믿음의 힘을 기억하며, 또 우리의 머리카락까지도 헤아린 바 되었으며 하나님의 허락과 섭리가 없이 발생하는 일은 하나도 없다고 하시면서 두려워하거나 슬퍼하지 말라고 하신 주님의 말씀을 기억하는 것이 도움이 될 것이다.

---

[20] "나는 너희에게 이르노니 형제에게 노하는 자마다 심판을 받게 되고 형제를 대하여 라가라 하는 자는 공회에 잡히게 되고 미련한 놈이라 하는 자는 지옥 불에 들어가게 되리라 그러므로 예물을 제단에 드리다가 거기서 네 형제에게 원망 들을만한 일이 있는줄 생각나거든 예물을 제단 앞에 두고 먼저 가서 형제와 화목하고 그 후에 와서 예물을 드리라"(마5:22-24); 그리고 야고보 1:20; 마태복음 18:21-35; 골로새서 3:12-14; 에베소서 4:29-32 등도 참조하라.

위대한 성 바르사누피우스는 "악마들이 당신의 정신으로 간음하라고 유혹하면 순결을 상기하라고 교부들은 말했다. 그리고 악마들이 당신의 정신으로 하여금 탐식하도록 유혹하면 금식을 상기하라고 했다. 다른 욕망에 관해서도 이런 식으로 행동하라."21)고 했다. 탐욕, 금전욕, 교만, 허영심, 그리고 여러 가지 악한 생각22)과 공상이 떠오를 때 이렇게 행하라. 이 방법이 충분히 힘을 발휘하면 참으로 좋은 방법이다. 주님께서도 친히 그것을 우리에게 보여주셨다.23)

그러나 정욕이 일어나고, 정신은 커다란 시험으로 말미암아 어두워지고 혼란해졌으며 악한 생각들이 끈질기고도 맹렬하게 공격해 올 때, 정욕적인 생각뿐만 아니라 분노, 슬픔, 낙심, 게으름, 절망, 탐욕 등 온갖 악한 생각들을 대적하는 가장 확실하고 믿음직한 무기는 육신과 함께 드리는 기도이다. 주님께서는 친히 이런 기도의 본을 보여주셨으며, 그렇게 명령하셨다. 십자가에 달려 죽으시기 전 겟세마네 동산에서 고민하시면서 기도하실 때, 주님은 무릎을 꿇고 얼굴을 땅에 대고 기도하셨다. 그리고 주님에게 다가오고 있는 고통을 알지 못하고 있던 제자들에게 "시험에 들지 말고 깨어 기도하라"(마 26:39-41)고 하셨다.

---

21) Answer 177.
22) 여기서 악한 생각이란 정념(passions)을 의미한다.
23) "시험하는 자가 예수께 나아와서 가로되 네가 만일 하나님의 아들이어든 명하여 이 돌들이 떡덩이가 되게 하라 예수께서 대답하여 가라사대 기록되었으되 사람이 떡으로만 살것이 아니요 하나님의 입으로 나오는 모든 말씀으로 살 것이라 하였느니라 하시니 이에 마귀가 예수를 거룩한 성으로 데려다가 성전 꼭대기에 세우고 가로되 네가 만일 하나님의 아들이어든 뛰어내리라 기록하였으되 저가 너를 위하여 그 사자들을 명하시리니 저희가 손으로 너를 받들어 발이 돌에 부딪히지 않게 하리로다 하였느니라 예수께서 이르시되 또 기록되었으되 주 너의 하나님을 시험치 말라 하였느니라 하신대"(마 4:3-7).

44.
꿈

　악마들은 인간의 영혼을 어지럽히고 해를 입히기 위해 꿈을 사용한다. 그러므로 초심자가 꿈에 주의를 기울이면 스스로 해치게 된다. 그러므로 아직 본성이 성령으로 말미암아 새로워지지 않는 사람이 꿈이 지니는 정확한 의미를 정의하는 일이 필요하다.

　하나님께서는 사람이 잠을 잘 때에는 완전한 휴식 상태에 있도록 만드셨다. 이 휴식은 매우 완전한 것이므로 사람은 자기존재 의식을 상실하며 완전한 망각상태에 머문다. 잠을 자는 동안에는 의지와 이성의 지배를 받는 모든 자발적인 활동은 정지된다. 다만 생존을 위해 꼭 필요하며 정지되어서는 안 되는 활동만 계속된다. 즉, 잠자는 동안에도 몸속에 있는 피는 계속 순환하며, 위는 음식물을 소화시키며, 폐는 호흡을 계속하고, 피부는 땀을 발산한다. 그리고 영혼 속에서는 의지와 이성에 의존하지 않고 무의식에 의해 생각과 감각과 공상이 계속 생산된다. 꿈은 이러한 공상들로 구성되는데, 여기에는 공상들의 생각과 감각이 동반된다. 간혹 꿈은 마치 그 사람의 자발적이고 의도적인 생각이나 상상과 아무 관계가 없는 듯이 생소하게 보이지만, 그것은 본성의 법칙과 요구에 따라 자발적으로 기이하게 나타나는 것이다. 때로 꿈은 자발적인 생각과 공상의 모순된 인상을 나타낸다. 또 때로는 특별한 정신의 도덕적 상태의 결과로 꿈을 꾸기도 한다. 그러므로 꿈이란 본질적으로 아무런 의미도 없는 것이며, 또 의미를 가질 수도 없다. 꿈에서 자신의 미래, 또는 다른 사람의 미래에 대한 예고, 또는 그 밖의 의미를 보려는 사람들의 욕망은 우스꽝스럽고 매우 불합리한 것이다. 존재의 구원이 없는 것이 어찌 존재할 수 있는가?

우리가 깨어 활동하는 동안에 우리 영혼에 접근하는 악마들은 잠자는 동안에도 우리에게 접근한다. 그들은 우리가 자는 동안 우리의 공상과 혼합함으로써 우리를 시험하여 우리로 하여금 죄를 짓게 만든다. 또 우리 안에 꿈에 대한 관심이 있음을 발견하면, 악마들은 꿈에 대한 우리의 관심을 증대시키려고 노력한다. 그 다음에는 이러한 꿈에 대한 강한 주의를 일으킴으로써 점차 우리로 하여금 꿈을 믿게 한다. 꿈을 믿는 데에는 항상 자만심이 수반되며, 또 자만심은 우리 자신에 대한 정신적 견해를 거짓되게 만든다. 그리하여 우리의 모든 활동이 불합리하게 된다. 이것이 바로 악마들이 원하는 것이다. 악마들은 상당히 고집이 센 사람들에게 빛의 천사나 순교자, 또는 성인들, 심지어 하나님이나 그리스도의 형상으로 나타나기 시작한다. 그것들은 이 멍청이들이 살아가는 길을 칭찬하며, 그들에게 하늘의 면류관을 약속해주어 그들을 자기고집과 교만의 절정으로 이끈다. 이 절정은 동시에 멸망의 심연이기도 하다.

우리는 아직 은혜로 말미암아 새로워지지 못한 상태에 있으므로, 우리를 해치려고 교활하게 날조한 꿈 외에 다른 꿈을 볼 수 없음을 분명히 알아야 한다. 깨어 있는 동안에도 우리 내면에서는 타락한 본성에서 비롯되었거나 악마들이 가져온 생각과 공상들이 끊임없이 일어난다. 마찬가지로 잠자는

44. 꿈

동안에도 우리는 타락한 본성의 활동이나 악마들의 활동에서 기인한 꿈들만 본다. 우리가 깨어있는 동안에 자기 죄를 인식하고 죽음과 하나님의 심판을 기억하는 것에서 비롯된 가책에서 위안이 솟아오른다. 이런 생각들은 세례를 받음으로써 우리 안에 심어진 하나님의 은혜로 말미암아 일어나며, 또 우리의 회개의 정도에 따라 하나님의 천사들이 우리에게 가져다준다. 마찬가지로 우리가 잠자는 동안에 하나님의 천사는 우리의 종말, 또는 지옥의 고통, 또는 죽어 무덤에 묻힌 뒤 겪을 무서운 심판의 모습을 우리에게 가져다준다. 그러나 이것은 극히 드문 일이며, 반드시 필요한 경우에만 발생하는 현상이다. 이러한 꿈을 꿈으로써 우리는 하나님을 경외하게 되고, 가책을 받으며, 자신을 위해 눈물을 흘리게 된다. 그러나 이런 꿈은 하나님의 불가해하고 특별한 섭리에 의해 우리들에게나, 혹은 악하고 난폭한 죄인에게 매우 드물게 주어진다. 하나님의 은혜가 부족하기 때문에 그런 꿈이 드물게 주어지는 것은 아니다. 일반적인 흐름을 벗어나서 우리에게 발생하는 것들은 모두 우리를 교만과 자기고집으로 인도하며, 구원을 위해 반드시 필요한 요소인 겸손을 잠식하기 때문이다. 하나님의 뜻을 이행하는 것이 인간의 구원이다. 이것은 성경에 분명하고 강력하게 자세히 기록되어 있다. 따라서 정상적인 흐름을 깨뜨리면서까지 인간의 구원을 돕는 것은 불필요한 일이다.

성경을 보면 나사로를 자기 형제들에게 보내어 넓은 길을 버리고 좁은 길로 가라고 경고하게 해 달라고 요청한 부자에게 아브라함은 "저희에게 모세와 선지자들이 있으나 그들에게 들을찌니라"라고 대답했다. 그러나 부자는 "그렇지 아니하니이다. 만일 죽은 자에게서 저희에게 가는 자가 있으면 회개하리이다"라고 대꾸했다. 그러나 아브라함은 "모세와 선지자들에게 듣지 아니하면 비록 죽은 자 가운데서 살아나는 자가 있을찌라도 권함을 받지 아니하리라"(눅 16:27-31)라고 말했다.

경험에 의하면 잠자는 동안 고난에 대한 꿈—무덤 저편에 있는 두려운 심판과 여러 가지 무서운 일들—을 받은 사람들은 잠시 그 꿈으로 인해 동요하지만, 곧 자신이 본 꿈을 망각하고 무절제한 생활을 하는 경우가 많다. 반면에 전혀 꿈을 꾸지 못하고서도 하나님의 율법을 주의하여 공부하며, 점차 하나님을 경외하며, 영적인 능력과 승리를 얻으며, 구원의 암시에서 비롯된 기쁨 속에서 세상이라는 슬픔의 골짜기를 통과하여 복된 영원의 세계로 가는 사람도 있다.

『사다리』 Ladder의 저자 요한 클리마쿠스는 수도사들의 꿈에서 마귀들이 담당하는 배역을 다음과 같이 말했다: "주님을 위하여 우리가 가정과 친척을 떠나며, 하나님 사랑을 위해 유배지로 팔려갈 때, 악마들은 꿈으로 우리를 어지럽게 한다. 그들은 우리의 친척들이 슬퍼하거나 죽어가고 있으며, 우리 때문에 포로가 되었으며, 몹시 궁핍한 생활을 하고 있다고 묘사한다. 그러나 꿈을 믿는 사람은 마치 자기 그림자를 쫓아가 잡으려는 사람과 같다."

"허영심의 마귀들은 꿈에서 예언한다. 그들은 마치 요술쟁이처럼 미래를 추측하여 그것을 우리에게 예고해준다. 이러한 꿈이 실제로 이루어질 때 우리는 많이 놀라며, 스스로 예지의 은사에 접근했다는 생각으로 우쭐댄다. 악마를 믿는 사람에게 있어서 악마는 때로 예언자가 되기도 한다. 그러나 악마를 멸시하는 자에게 있어서는 악마는 언제나 거짓말쟁이에 불과하다. 악마는 영이기 때문에 낮은 세계에서 일어나는 일을 본다. 그리고 죽어가는 사람을 본다. 그는 다소 피상적인 사람들에게 꿈을 통해 그것을 예고해 준다. 악마들은 결코 미래의 일은 미리 알지 못한다. 만일 그들이 그렇게 할 수 있다면 점치는 사람이나 마술사들도 우리의 죽음을 예고할 수 있을 것이다."

44. 꿈

"악마들은 간혹 빛의 천사들로 변하거나, 순교자의 형태를 취하고 우리의 꿈에 나타나서 우리로 하여금 그들과 교제하게 한다. 그리고 우리가 잠에서 깨어나면 그들은 우리를 거룩치 못한 기쁨과 자만심으로 밀어 넣는다. 그러나 이것은 악한 망상이며, 우리가 기만당하고 있다는 표시이다. 왜냐하면 천사들은 고통과 심판과 분리를 계시해주므로, 우리는 잠에서 깨어나면 두려워 떨며 슬퍼하는 자신을 발견하게 된다."

"우리가 꿈에서 마귀들을 믿기 시작하면, 그들은 깨어있을 때도 우리를 희롱한다. 꿈을 믿는 사람은 지극히 미숙한 사람이다. 모든 꿈을 믿지 않는 사람이 지혜로운 사람이다. 당신에게 고통과 심판을 경고해 주는 꿈만 신뢰하라. 그러나 만일 그로 인해 절망이 엄습하면, 그 꿈도 악마에게서 온 것이다."1)

카시안은 매우 고독하고 금욕적인 생활을 했지만, 악한 꿈에 미혹되어 멸망한 메소포타미아의 어느 수도사의 이야기를 했다. 이 수도사가 자신의 영적 발전에는 주의를 기울이지 않고 육체적 노력에만 주의를 쏟는 것을 관찰한 마귀들은 그에게 꿈을 주기 시작했고, 그 꿈들은 실제로 실현되었다. 그리하여 수도사가 자기 자신과 꿈을 강하게 믿게 되었을 때, 마귀는 그에게 웅대한 꿈을 주었다. 그것은 유대인들은 하늘나라의 지복을 누리고 있는데 그리스도인들은 지옥에서 고통하고 있는 꿈이었다. 그리고 나서 마귀는(천사, 또는 구약의 성인의 모습으로 나타나서) 그 수도사에게 유대인들과 함께 지복을 누리려면 유대교를 받아들이라고 충고했다. 이 수도사는 조금도 지체하지 않고 그대로 했다.2)

꿈에 주의를 기울이는 것, 나아가 꿈을 믿고 신뢰하는 일이 얼마나 어리

---

1) *Ladder*, Step 3. ch. 27-29.
2) *On Discernment*.

그리스도를 본받아 사는 생활

석은 짓이며, 꿈을 신뢰함으로써 얼마나 큰 해를 입는지 우리들은 이해할 수 있을 것이다. 꿈에 주의를 기울이면 어쩔 수 없이 그것을 믿고 신뢰하게 된다. 그러므로 꿈에 주의를 기울이는 것까지도 엄격히 금해야 한다.

성령으로 말미암아 새로워진 본성은 타락한 상태에 머물고 있는 타락한 본성과는 전혀 다른 법의 지배를 받는다. 중생한 사람을 다스리는 통치자 또는 지배자는 성령이다.[3] 대 마카리우스 성인은 말하기를 "성령의 은혜가 그들을 조명하며, 그들의 마음 깊은 곳에 자리잡는다. 그리하여 주님은 그들의 영혼으로 존재하신다."[4]고 했다. 그들은 잠잘 때나 깨어 있을 때나 주님 안에서 아무런 죄가 없이 세상적이고 육신적인 생각과 공상이 없이 머문다.[5] 잠자는 동안에 일어나며 인간의 의지와 이성의 지배 밖에 있는 생각과 공상과 본성의 요구에 따라 무의식중에서 활동하는 생각과 공상은 중생한 사람들 속에서는 성령의 지배를 받는다. 따라서 그런 사람들의 꿈은 영적 의미를 지닌다. 그러므로 주님의 부친 요셉도 꿈속에서 말씀하신 하나님께서 성육신하시는 비밀을 알았으며,[6] 꿈의 현몽을 받아 애굽으로 도피했으며,[7] 또 다른 꿈을 꾸고서 이스라엘로 돌아왔다.[8]

---

[3] "무릇 하나님의 영으로 인도함을 받는 그들은 곧 하나님의 아들이라 너희는 다시 무서워하는 종의 영을 받지 아니하였고 양자의 영을 받았으므로 아바 아버지라 부르짖느니라 성령이 친히 우리 영으로 더불어 우리가 하나님의 자녀인 것을 증거하시나니"(롬 8:14-16).
[4] Word 7:12, ch. 갈 2:20; 골 1:27.
[5] "내 안에 거하라 나도 너희 안에 거하리라 가지가 포도나무에 붙어 있지 아니하면 절로 과실을 맺을 수 없음 같이 너희도 내 안에 있지 아니하면 그러하리라"(요 15:4).
[6] "이 일을 생각할 때에 주의 사자가 현몽하여 가로되 다윗의 자손 요셉아 네 아내 마리아 데려오기를 무서워 말라 저에게 잉태된 자는 성령으로 된 것이라 아들을 낳으리니 이름을 예수라 하라 이는 그가 자기 백성을 저희 죄에서 구원할 자이심이라 하니라 이 모든 일의 된 것은 주께서 선지자로 하신 말씀을 이루려 하심이니"(마 1: 20-22).
[7] "저희가 떠난 후에 주의 사자가 요셉에게 현몽하여 가로되 헤롯이 아기를 찾아 죽이려하니 일어나 아기와 그의 모친을 데리고 애굽으로 피하여 내가 네게 이르기까지 거기 있으라 하시니"(마 2:13).
[8] "헤롯이 죽은 후에 주의 사자가 애굽에서 요셉에게 현몽하여 가로되 일어나 아기와 그 모친을 데리고 이스라엘 땅으로 가라 아기의 목숨을 찾던 자들이 죽었느니라 하시니"(마 2:19-20).

44. 꿈

하나님께서 중생한 자에게 주시는 꿈은 분명한 확신과 확실성이 수반한다. 하나님의 성도들은 이 확신을 이해할 수 있지만, 정욕과 싸우는 사람들은 이것을 이해하지 못한다.

45.
덕과 악의 관계

사랑하는 형제들은 모든 선한 생각과 덕은 서로 밀접한 유사성을 가지고 있으며, 악한 생각과 공상과 죄와 정념들도 서로 밀접하게 관련이 되어 있음을 알아야 한다.

이처럼 밀접한 관계 때문에, 하나의 선한 생각에 복종하면 자발적으로 또 다른 선한 생각에도 복종하게 된다. 한 가지 덕을 획득한 영혼은 그 덕과 불가분의 관계에 있는 또 다른 덕을 얻게 된다. 반면에 고의적으로 한 가지 악한 생각에 복종하게 되면, 무의식 중에 또 다른 악한 정념과 유사한 다른 정념으로 이끌리게 된다. 고의적으로 한 가지 죄를 범하면 무의식중에 그 죄에서 태어난 또 다른 죄에 빠지게 된다.

교부들은 "악은 마음 속에서 결혼하지 않은 상태로 머무는 것을 견디지 못한다."[1]고 말했다. 이 말을 설명하기 위해 예를 들겠다. 자기 마음에서 모든 분노와 부당한 일의 기억을 내쫓은 사람은 자연히 부드러운 연민과 마음의 가책을 느낀다. 이웃을 판단하기를 거부하는 사람은 이웃을 비판할

---

1) *St. mark the Ascetic: Word on Repentance and Word on Baptism.*

때에는 보지 못했던 자신의 죄와 결점을 보기 시작한다. 복음의 계명을 위하여 이웃을 칭찬하거나 용서하는 사람은 이웃에게 호의를 가지게 되고 친절하게 된다. 심령이 가난해지면 즉시 자신의 상태로 인한 슬픔과 눈물이 나타난다. 심령이 가난하며 자신의 처지로 인해 우는 사람은 당연히 온유해진다. 타락한 본성의 의를 부인하고 버리는 사람은 당연히 거룩한 의를 얻기 위해 갈급해한다. 왜냐하면 전혀 의가 없이 존재하는 것은 인간으로서는 자연스럽지 못한 일이기 때문이다.

반면에 이웃을 비판하는 사람은 자연히 이웃을 멸시하고 비웃게 된다. 이웃을 비웃는 사람은 교만하게 된다. 자기이웃을 멸시하고 자신을 높이 평가함으로써(이 두 가지 상태는 뗄 수 없는 관계이다) 이웃에 대한 미운 마음이 그 모습을 그러낸다. 증오심, 분노, 부당한 일들을 잊지 않고 기억함으로써 완악한 마음이 발달한다. 마음이 완악해지면 육신적인 감각과 육신적인 정신과 견해가 그 사람을 지배하기 시작하며, 거기에서 하나님에 대한 믿음과 소망을 죽이는 음란한 정욕이 일어난다. 그리하여 금전욕과 명예욕이 나타나는데, 이는 하나님을 완전히 잊어버리고 배교하게 만든다.

성령은 덕들의 밀접한 관계와 죄들의 밀접한 관계를 바탕으로 하여 참되게 하나님을 섬기기 위한 법을 계시하신다. "그러므로 내가 범사에 주의 법도를 바르게 여기고 모든 거짓 행위를 미워하나이다…내가 주의 말씀을 지키려고 발을 금하여 모든 악한 길로 가지 아니하였사오며"(시 119:128, 101). 악한 생각과 상상은 악한 길, 불의한 길이며 그것들을 통해 죄가 영혼 속으로 들어온다.

사랑하는 형제들이여! 악한 생각과의 담화나 교제, 또는 복음의 정신과 반대되는 정신적 형상들을 즐기는 일을 자신에게 허락해도 된다고 생각하지 말라. 주님의 원수들과 일치하고 결합하면 반드시 주님께 대한 신실함과 주님과의 결합에 틈이 생기게 된다. "누구든지 온 율법을 지키다가 그 하나에 거치면 모두 범한 자가 되나니"(약 2:10).

하나의 계명을 범한 것이 모든 하나님의 율법 또는 하나님의 뜻을 범하는 것이 되듯이, 하나의 악한 제안을 따르는 것은 전반적으로 악마의 뜻을 따르는 것이 된다. 마귀의 뜻을 행한 사람은 마귀의 뜻을 행한 분량에 따라 자유를 잃고, 그 타락한 영의 세력에 예속된다. 회개하지 않은 치명적인 대죄는 사람을 마귀의 노예로 만들며, 하나님과의 교제를 파괴한다. 그보다는 정도가 작지만 공상이나 생각으로 정신이 산만해지는 것도 역시 비슷한 결과를 야기한다. 그러므로 복음의 가르침과 일치하지 않는 생각과 공상들을 억제하는 것이 필요하며, 혹시 유혹이나 정신의 산만함이 발생한다면 즉시 회개하고 고쳐야 한다.

우리는 사랑하는 형제들이 이것에 주의를 기울여 주기를 간청한다. 이것을 알지 못하거나 이것에 주의를 기울이지 않는 사람은 지극히 큰 피해를 입으며, 영적 승리를 얻지 못한다. 예를 들어 많은 사람들은 음란한 생각이나 공상으로부터는 자신을 지키면서도 금전욕이나 허영심에 관한 생각과 공상에서 즐거움을 느끼는 것은 대수롭지 않게 생각한다. 그러나 신령한 법에 의하면 소유, 명예, 인간의 영광에 관한 생각과 꿈은 음란한 생각이다. 우리와 하나님과의 관계에 있어서 모든 악한 생각과 공상들은 이러한 의미를 갖는다. 왜냐하면 그것들은 우리에게 하나님 사랑을 버리도록 유혹하기 때문이다.2) 신령한 법에 의하면 악한 생각과 공상에서 즐거움을 느끼는 사람들은 아무리 애써 싸워도 결코 음란한 정욕에서 해방되지 못한다.

위대한 성 마카리우스는 이렇게 말했다: "우리는 영혼을 지켜야 하며,

---

2) 따라서, 복음서에서 모든 마귀를 "더러운 귀신(또는 영)"이라고 한다.

악한 생각들과 교제하지 못하도록 모든 방법을 다해 감시해야 한다. 부정한 육체와 결합한 육체가 그 부정함에 감염되듯이, 영혼은 악한 생각과 결합하고 동의함으로써 타락한다. 그러한 생각들은 특정한 죄로 인도하지는 않지만 영혼을 불신앙, 거짓말, 허영심, 분노, 탐심, 질투 등 온갖 악에 빠지게 한다. 이것이 "육과 영의 온갖 더러운 것에서 자신을 깨끗케 하자"(고후 7:1)라는 말씀의 의미이다. 당신은 게으르고 방탕한 생각의 활동을 통해 타락이 당신 영혼의 동굴 속에 잠복한다는 것을 반드시 깨달아야 한다."3)

---

3) Word 7:4.

46.
기도를 방해하는 타락한 영

타락한 영은 복음의 모든 계명을 대적하지만, 특히 모든 덕의 어머니인 기도를 대적한다. 거룩한 선지자 스가랴는 환상 중에 "대제사장 여호수아는 여호와의 사자 앞에 섰고 사탄은 그의 우편에 서서 그를 대적하는 것"(슥 3:1)을 보았다. 지금도 마귀는 계속하여 모든 하나님의 종에게서 기도와 예배를 빼앗고 더럽히며, 결국 멈추게 하려는 목적을 가지고 하나님의 종들을 대적한다. 대 안토니는 "타락한 영들은 질투하며, 우리를 걱정하게 하고 괴롭힌다. 그리고 과거 자기들이 하늘나라에 가지고 있었던 보좌를 우리가 유업으로 받지 못하게 하기 위해 온갖 종류의 악을 활동케 한다."[1]고 했다. 닐 소르스키는 "마귀는 사람의 기도를 매우 싫어하며, 그의 활동을 좌절시키기 위해 모든 궤계를 사용한다"[2]고 말했다.

마귀는 기도를 방해하기 위해서 또는 기도를 무력하고 비효과적이 되도록 하기 위해 모든 노력을 기울인다. 교만하여 하나님을 배반하였기 때문에

---

1) 『성 안토니의 생애』 (은성출판사)
2) *On Prayer*, ch. 47.

46. 기도를 방해하는 타락한 영

하늘나라에서 내쫓긴 이 영은 인류를 향한 극도의 질투심과 미움을 가지고 있으며, 인간을 파괴시키려는 갈증으로 타오르고 있다. 그는 밤낮으로 잠도 자기 않고 인간의 멸망을 도모하는데 매달려 있다. 따라서 그는 연약하고 약한 사람들이 기도를 통하여 세상의 것들을 떠나 하나님과 대화를 시작하며, 하나님의 자비로 인친 대화를 통하여 하늘나라를 유업으로 받으려는 소망을 갖고 나아가는 것과 연약한 육체가 신령한 몸으로 변화되는 것을 참고 견디지 못한다. 영원히 흙 속에서 기어 다녀야 하는 영혼, 특히 육체적이고 물질적이며 악한 생각과 감각 속에 움직이는 영혼, 그리고 결국은 영원히 지옥에 떨어져 살아야 하는 영은 차마 이 광경을 보지 못한다. 그는 간계와 위선을 사용하며, 분노하고 격분하며, 죄와 불법을 행한다. 그러므로 우리는 방심하지 말고 깨어 있어야 한다. 반드시 필요한 때, 특히 순종이 요구되는 때에는 기도하기로 배정된 시간을 다른 일에 쓸 수도 있다. 그러나 절대적인 이유가 없는 한 기도를 포기해서는 안 된다. 기도를 포기하는 사람은 자기의 구원을 포기하는 사람이다. 기도에 태만한 사람은 자기의 구원에 대해 태만한 사람이다. 기도를 버리는 사람은 자기의 구원을 버리는 사람이다.

우리는 항상 조심하여야 한다. 왜냐하면 원수는 사방에서 간계와 올무로 우리를 에워싸고, 속이고, 선동하고, 당황케 하고, 복음의 계명이 명령한 길을 떠나라고 유혹하며, 이 세상에서와 영원한 세상에서 영원히 멸망시키려고 노력하고 있기 때문이다. 깨어 주의 깊은 생활을 하면 원수의 무정하고 악하고 교활한 박해를 곧 식별하게 된다. 원수가 우리에게 기도를 빼앗기 위해 기도시간에 해야 할 일들을 예비하며, 또 그것을 피할 수 없게 만든다는 사실을 깨닫게 된다. 그러나 깨어 근신하는 자에게 있어서 원수의 간계는 오히려 유익하다. 무력하고 힘이 없으며 진실로 심령이 가난한 자는 살인자가 곁에서 칼을 빼어들고 내리치려는 것을 보고 전능하신 하나님께

눈물과 간구로 도움을 구하여, 그것을 획득하게 된다.3)

배교한 영이 우리에게서 기도시간을 빼앗지 못하면, 기도하는 동안에 기도를 강탈하고나 손상시키려 한다. 이런 목적을 가진 그는 생각과 정신적인 형상들을 사용하여 활동한다. 그는 대체로 생각들에게 의와 진리의 가면을 씌운다. 그리하여 그것들에게 능력과 확신을 준다. 그리고 매우 유혹적인 빛 속에서 정신적 형상들을 제시한다. 기도하는 동안 정신이 기도의 말에 집중하지 않고 게으른 생각과 공상에 사로잡히면, 그 기도는 도둑맞고 파괴된다. 기도하는 동안 정신이 산만해지고 원수가 제공한 악한 생각과 공상에 주의를 기울이면, 기도는 손상되고 더러워진다. 악한 생각과 공상이 떠오르더라도 결코 그것들에 주의를 기울이지 말라. 정신으로 그것들을 보는 순간 더욱 진지하게 기도의 말로 자신의 정신을 에워싸며, 열렬하고 집중적인 기도로써 살인자들을 당신에게서 쫓아달라고 간구하라.

악한 영은 자신의 무리를 매우 솜씨 좋게 조직한다. 그의 앞에는 전위부대로서 진리와 의의 형태를 취한 생각들과 공상들, 그리고 정신적 형상들이 선다. 미숙한 자들은 이것들을 무해한 생각, 심지어는 거룩한 환영, 거룩한 환상으로 여긴다. 정신이 그것을 받아들이고 그 세력에 굴복함으로써 자유를 잃게 되면, 낙하산 부대의 사령관은 전방에 악한 생각들과 공상들을 투입한다. 닐 소르스키는 초기 교부들의 말을 인용하여 말하기를 "냉정한 생각들의 뒤를 이어 정욕적인 생각들이 온다. 처음 생각을 저항 없이 받아들이는 것은 뒤따라오는 생각의 유입을 초래한다."4)고 말했다.

전위부대와의 싸움을 통해 자발적으로 자유를 상실한 정신은 무장해제

---

3) "그는 육체에 계실 때에 자기를 죽음에서 능히 구원하실 이에게 심한 통곡과 눈물로 간구와 소원을 올렸고 그의 경외하심을 인하여 들으심을 얻었느니라"(히 5:7).
4) Word 2.

를 당하여 연약해지고 노예가 된다. 그의 정신은 주력 부대에 대적하여 자신의 군대를 지탱하지 못한다. 그것은 신속하게 그것들에게 패배되고 정복되고 노예가 된다. 기도하는 동안에 선한 생각이나 악한 생각을 불문하고 모든 생각을 거부하고 기도의 말로 정신을 에워싸는 것이 중요하다. 어떤 생각이든지 우리를 기도에 집중하지 못하게 하는 생각은 본질적으로 이방인이거나 블레셋 군대이며, 이스라엘을 모욕하러 온 할례 받지 않았거나 부정한 영이다.5)

타락한 천사는 특히 악한 상상이라는 수단을 사용하여 인간과 전쟁을 하기 위해서 죄들을 잇고 있는 긴밀한 관계에 의지한다. 이 싸움은 밤이나 낮이나 그치지 않으며, 특히 우리가 기도하려 할 때에 더욱 치열해진다. 거룩한 교부들의 표현을 따르자면, 우리가 기도할 때 마귀는 사방에서 가장 끔찍한 생각들을 모아다가 우리 영혼에 쏟아 붓는다.6) 첫째, 그는 우리로 하여금 화나게 하거나, 우리에게 잘못한 사람들을 생각나게 한다. 그는 우리가 받았던 모든 모욕과 손해를 매우 음침한 빛깔로 제시한다. 그는 공의와 상식과 공익과 자기방어와 자기보존을 요구함으로써 그들에게 저항하고 보복해야할 필요성을 제시한다.7) 원수는 기도의 토대, 즉 용서와 온유함을 뒤흔들고자 한다. 기초가 흔들리면 세워진 건물도 저절로 무너질 것이기 때문이다. 분노로 가득 차 있으며 이웃의 죄를 용서하지 않는 사람은 기도해도 아무런 가책을 느끼지 못하며 기도에 집중할 수도 없다. 노한 생각은 기도를 무너뜨린다. 마치 거센 바람이 농부가 밭에 뿌린 씨앗을 흩어버리듯 노한 생각도 기도를 날려버린다. 따라서 마음 밭에는 씨앗이 뿌려지지 못하며, 우리의 모든 고된 노동은 수포로 돌아간다. 이웃이 우리에게 행한 범죄

---

5) 삼상 17:25-36
6) *Ss. Kallistus and Ignatius*, ch. 29.
7) "나는 너희에게 이르노니 악한 자를 대적치 말라"(마 5:39).

와 잘못을 용서하며, 이웃을 정죄하지 않고 자비롭고 친절하게 대하며, 그들을 탓하지 않고 우리 자신을 탓하는 태도가 성공적인 기도를 할 수 있는 유일하고 확고한 기초가 된다.8)

우리가 기도하기시작하면 원수는 흔히 우리 마음에 세상적인 성공에 대한 생각과 공상을 가져온다. 그는 이후 덕의 인도함을 받게 될 사람들이 알고 깨달은 것인 듯 매혹적인 모습으로 인간의 영광을 표현한다. 또 마치 기독교인의 덕이 세상의 부귀를 바탕으로 하여 번성하고 증대되어야 한다는 듯이 부귀를 풍성하고 황홀한 모습으로 나타낸다. 이러한 상상들은 모두 거짓된 것이다. 그것들은 그리스도의 가르침과 완전히 반대되는 생각이다. 그것들은 바라보는 영혼의 눈에 무서운 해를 끼치며, 악마가 제시한 공상에 공감하여 주님을 떠나 방탕하게 행하는 영혼에게도 무서운 해를 끼친다.

그리스도의 십자가 밖에서 기독교적인 성공은 있을 수 없다. 주님은 말씀하시기를 "나는 사람에게 영광을 취하지 아니하노라 다만 하나님을 사랑하는 것이 너희 속에 없음을 알았노라 나는 내 아버지의 이름으로 왔으매 너희가 영접지 아니하나 만일 다른 사람이 자기 이름으로 오면 영접하리라 너희가 서로 영광을 취하고 유일하신 하나님께로부터 오는 영광은 구하지 아니하니 어찌 나를 믿을 수 있느냐"(요 5:41-44)라고 하셨다. 또 선한 일을 할 때는 "외식하는 자와 같이 되지 말라"고 하셨다. 외식하는 자들은 사람의 영광을 받으려고 선을 행하며, 자신의 덕행에 대한 상급으로 사람의 칭찬을 받고, 그리하여 영원한 상급을 상실한다. 주님은 "너는 구제할 때에

---

8) "우리가 우리에게 죄 지은 자를 사하여 준것 같이 우리 죄를 사하여 주옵시고 우리를 시험에 들게 하지 마옵시고 다만 악에서 구하옵소서(나라와 권세와 영광이 아버지께 영원히 있사옵나이다 아멘) 너희가 사람의 과실을 용서하면 너희 천부께서도 너희 과실을 용서하시려니와 너희가 사람의 과실을 용서하지 아니하면 너희 아버지께서도 너희 과실을 용서하지 아니하시리라"(마 6:12-15).

오른손(복음의 계명에 의해 인도함을 받는 자신의 의지)의 하는 것을 왼손(자신의 허영심)이 모르게 하여 네 구제함이 은밀하게 하라 은밀한 중에 보시는 너의 아버지가 갚으시리라"(마 6:3-4)라고 하셨다. 또 "한 사람이 두 주인을 섬기지 못할 것이니 혹 이를 미워하며 저를 사랑하거나 혹 이를 중히 여기며 저를 경히 여김이라 너희가 하나님과 재물을 겸하여 섬기지 못하느니라"(마 6:24)고 하셨으며, "이와 같이 너희 중에 누구든지 자기의 모든 소유를 버리지 아니하면 능히 내 제자가 되지 못하리라"(눅 14:33)고도 하셨다.

신인神人이신 주님의 시험에 대해서 아는 것이 유익하다. 마귀는 주님을 유혹하면서 그분에게 공개적인 기적을 행하며 명성을 얻으라는 허영적인 생각을 제공했고, 또 가장 중요하고 위엄 있는 지위를 보여주었다. 주님은 이 둘을 모두 거절하셨다.9) 주님은 자기부인과 겸손이라는 좁은 길로 우리를 성공의 절정으로 인도하신다. 주님께서 친히 이 좁은 길을 개척하시고, 이 구원의 길을 열어주셨다. 우리는 주님의 교훈과 모범을 따라야 한다. 우리는 세상의 영광과 성공과 부유함을 생각하지 말고 그런 생각을 물리쳐야 한다. 우리는 기도할 때에 우리의 상한 마음과 집중력을 파괴하며, 우리를 자기고집과 산만함으로 이끌어가는 공상과 회상에서 비롯되는 기쁨을 거부해야 한다. 분노와 정죄의 생각, 허영심에 관한 공상, 교만, 금전욕 등에 사로잡혀 세상 사람을 배척하지 않으며, 그것들 속에서 빈둥거리고 기쁨을 느끼는 사람은 사탄과 교제하게 되며, 그를 보호해 주는 하나님의 능력이 그에게서 떠나게 될 것이다. 하나님의 능력이 떠나가는 것을 보는 순간 원수는 두 가지 중한 싸움을 걸어온다.10) 정욕적인 생각과 공상이라는 싸움, 그리고 낙담 또는 태만이라는 싸움이다.11) 첫 번째 싸움에서 실패하여 하

---

9) 마태복음 4장, 또는 누가복음 4장.
10) "불행하여라, 믿지 않는 까닭에 나약한 마음! 그 때문에 보호를 받지 못하리라"(집회서 2:13).

나님의 보호하심을 박탈당하게 되면, 두 번째 싸움도 감당할 수 없게 된다. 이것은 하나님께서는 우리가 겸손해질 때까지 우리를 시험하여 패배시키도록 허락하신다는 의미이다.

분노, 비판, 세상의 영광, 세상의 성공 등에 대한 생각은 교만에 기인한다. 교만을 버리면 영혼 안에 겸손하게 자리 잡을 수 있게 된다. 겸손은 그리스도의 마음이며 생각이다.12) 겸손은 우리 마음에서 모든 욕망을 죽이고 축출하는 사고형태로부터 솟아나는 마음의 보증—즉, 성령의 불이다.13)

정념의 한 쌍을 이루는 색욕과 태만4)의 공격에 이어 슬픔, 실의, 불신앙, 절망, 완악함, 완고함, 어두움, 맹목적임, 하나님을 모독함, 절망 등의 생각과 감정 등이 침입한다. 육체의 욕망 속에 있는 즐거움은 특히 우리에게 심각한 영향을 준다. 교부들은 이 육욕적인 욕망들을 하나님의 영적 성전을 더럽히는 자 또는 속되게 하는 자라고 불렀다. 만일 우리가 이것들 속에서 즐거움을 취한다면 하나님의 은혜는 우리를 떠나게 될 것이며, 악한 생각과 상상들이 더욱 강렬하게 우리를 장악할 것이다. 우리가 다시 진정으로 성실하게 회개하고, 원수의 미끼와 유혹 속에서 즐거움을 누리기를 삼감으로써 은혜를 회복하지 않는 한, 그것들은 계속 우리를 괴롭히고 귀찮게 할 것이다. 주의 깊은 사람이라면 이 모든 것을 경험에 의해 터득할 것이다.

우리는 원수가 우리와의 싸움에서 사용하는 속박, 원리, 관례, 고난을 알아야 그에 대항할 수 있다.15) 어떤 구실 하에서도 결코 이웃을 판단하거

---

11) *St. Gregory the Sinaite*, ch. 110.
12) "너희 안에 이 마음을 품으라 곧 그리스도 예수의 마음이니"(빌 2:5); "누가 주의 마음을 알아서 주를 가르치겠느냐 그러나 우리가 그리스도의 마음을 가졌느니라"(고전 2:16).
13) *Ladder*. Step 25. 그리고 고후 1:22: 5:5; 엡 1:14: 5:18 등을 참조하라.
14) 태만(listless; sloth)이란 현대어로 설명하기 어려운 *acedia*를 의미한다. 오히려 "지루함"이라고 번역함이 좋을 듯하다. 하루가 50시간이나 되는 듯이 지루하게 느껴지는 심리상태를 말한다.

46. 기도를 방해하는 타락한 영

나 비판하지 않아야 한다. 이웃이 우리에게 범한 죄가 아무리 크더라도 모두 용서해 주어야 한다. 어떤 사람에 대한 분노의 생각이 떠오를 때마다 즉시 그 사람을 위해 기도하며, 하나님께서 그에게 이 세상에서나 영원한 세상에서 자비를 나타내주시기를 구해야 한다. 자신, 자신의 영혼, 생명 등을 부인하고 버려야 한다. 즉 인간의 영광을 구하지 않거나 필요 없이 안락한 세상적 지위와 특권을 추구하지 않으며, 우리의 과거와 현재에 대해 하나님께 감사와 찬송을 돌리고, 자신을 온전히 하나님께 복종하며 자신의 미래를 하나님께 맡겨야 한다.

이 새로운 행동지침은 우리들의 기도의 준비와 기초가 되어야 한다. 우리는 기도를 시작하기 전에 이웃 앞에서 자신을 겸손히 낮추며, 우리가 그들에게 걸림돌이 되었고 우리의 죄로 인해 계속 그들을 시험했으므로 우리 자신을 탓하고 나무라야 한다. 우리는 기도할 때 먼저 원수를 위한 기도로 시작해야 한다. 우리는 기도 속에서 모든 사람과 연합해야 한다. 하나님께서 우리와 도처에 있는 모든 사람들에게 자비를 주시기를 구해야 한다. 그러나 그것은 우리에게 인류를 위해 기도할 자격이나 가치가 있기 때문이 아니라, "서로 기도하라"[16]고 명하신 사랑의 계명을 실천하기 위한 것이다.

참 하나님의 종은 사탄이 제공하거나 타락한 본성에 비롯된 여러 가지 형태의 죄의 유혹과 시험을 겪어야 한다. 그러나 하나님께서는 항상 오른손으로 자기 종을 지탱해주시고 인도해 주신다. 그 싸움은 용사에게 영적 경

---

15) "그런즉 너희는 하나님께 순복할찌어다 마귀를 대적하라 그리하면 너희를 피하리라"(약 4:7); 또한 베드로전서 5:9; 누가복음 21:15를 참조하라.
16) "이러므로 너희 죄를 서로 고하며 병 낫기를 위하여 서로 기도하라 의인의 간구는 역사하는 힘이 많으니라"(약5:16); "모든 기도와 간구로 하되 무시로 성령 안에서 기도하고 이를 위하여 깨어 구하기를 항상 힘쓰며 여러 성도를 위하여 구하고"(엡 6:18).

힘을 준다. 그리고 인간의 본성적 죄와 타락한 천사에 대한 분명하고도 정확한 이해를 준다. 또 그 용사로 하여금 상한 마음을 갖게 해주고, 자신과 온 인류를 위해 슬퍼하고 눈물을 흘리게 해준다. 이것은 참으로 큰 유익이다.

압바 페멘은 존 클로프John Klov 성인에 대해 이렇게 말했다. 클로프는 성령의 은혜로 충만한 사람이었다. 그는 하나님께 기도하여 타락한 본성의 연약함이나 정념passions 때문에 일어난 내면의 싸움을 종식시켰다. 그는 영적 분별력이 뛰어난 수도원장에게 가서 "나는 전혀 싸움이나 투쟁도 없이 완전한 평화 속에 있습니다"17)라고 말했다. 사려 깊은 원장은 존에게 말하기를 "가서 하나님께 그 싸움을 되돌려달라고 기도하시오. 영혼은 싸움을 통해 승리를 얻으며, 더욱 성장하게 되는 것입니다. 싸움이 당신에게 임할 때, 그것을 제거해 달라고 기도하지 말고, 박해 속에서도 인내할 수 있게 해 달라고 기도하시오."18)라고 했다.

우리는 완전히 하나님의 뜻에 자신을 굴복시켜야 한다. 마음을 다하여 하나님의 뜻을 행해야 한다. 쉬지 말고 기도하며 하나님의 뜻을 이룰 수 있는 은사와 하나님의 뜻을 영접할 수 있는 은사를 간구해야 한다. 하나님의 뜻에 굴복하는 사람은 하나님께서 자신과 함께 하심을 발견한다. 이것은 합법적으로 싸우는 그리스도의 용사들과 복음의 인도함을 경기자와 전사들이 모두 느끼고 경험하고 증거하는 사실이다.19)

---

17) 갈라디아서 5:16-26; 로마서 7:23-25를 참조하라.
18) 『사막교부들의 금언』(Alphabetical Patrology; 은성출판사).
19) "믿음의 선한 싸움을 싸우라 영생을 취하라 이를 위하여 네가 부르심을 입었고 많은 증인 앞에서 선한 증거를 증거하였도다"(딤전 6:12); "내 아들아 그러므로 네가 그리스도 예수 안에 있는 은혜 속에서 강하고 또 네가 많은 증인 앞에서 내게 들은 바를 충성된 사람들에게 부탁하라 저희가 또 다른 사람들을 가르칠 수 있으리라 네가 그리스도 예수의 좋은 군사로 나와 함께 고난을 받을찌니 군사로 다니는 자는 자기 생활에 얽매이는 자가 하나도 없나니 이는 군사로 모집한 자를 기쁘게 하려 함이라 경기하는 자가 법대로 경기하지 아니하면 면류관을 얻지 못할

46. 기도를 방해하는 타락한 영

것이며"(딤후 2:1-5).

47.
온갖 해로운 것1)으로부터 영의 시선을 거두라

주님께서는 "눈은 몸의 등불"(마 6:22)이라고 하셨다. "등불"은 인간 영혼의 신령한 능력인 인간의 영을 의미하며, "몸"은 모든 인간의 활동과 이 활동에 의존하며 활동에 의해 형성되는 삶의 질을 의미한다.

사도 바울이 한 "평강의 하나님이 친히 너희로 온전히 거룩하게 하시고 또 너희 온 영과 혼과 몸이 우리 주 예수 그리스도 강림하실 때에 흠없게 보전되기를 원하노라"(살전 5:23)는 말도 주님의 말씀과 유사한 의미를 지닌다. 혼과 몸의 온전함과 고결함은 영에 의존하므로 제일 먼저 영이 언급되었다. 영 또는 말하는 능력은 인간 영혼의 최고 기능이다. 이것이 있기 때문에 인간의 혼은 벙어리라고 하는 짐승의 혼과 구별된다.2)

---

1) 아담은 에덴동산을 다스리며 지키라는 명령을 받았다. 그러나 결국 지상적인 낙원은 상실되었다. "여호와 하나님이 그 사람을 이끌어 에덴동산에 두사 그것을 다스리며 지키게 하시고"(창 2:15); "무릇 지킬만한 것보다 더욱 네 마음을 지키라 생명의 근원이 이에서 남이니라"(잠 4:23).
2) St. Macarius the Great, *Homily* 7:8.에서 "마음$_{mind}$은 영혼의 눈"이라고 했다.

47. 온갖 해로운 것으로부터 영의 시선을 거두라

"네 몸의 등불은 눈이라 네 눈이 성하면 온 몸이 밝을 것이요"(눅 11:34). "눈이 성하다"는 것은 신령한 능력이 죄나 사탄과의 교제로 인하여 혼동되지 않다는 의미이다. 또 "온 몸이 밝다"는 것은 우리의 활동이 올바르며 거룩하게 될 것이라는 의미이다. "만일 나쁘면 네 몸도 어두우리라. 그러므로 네 속에 있는 빛이 어둡지 아니한가 보라"(요 11:34, 35). 생명의 빛의 원천이며 본성적인 빛인 당신의 영이 어두워져 어두움의 근원이 되지 않도록 조심하라. 거짓을 받아들이면 영의 눈이 나빠진다. 거짓을 받아들인 결과는 그릇된 활동이며, 그 생활은 악하고 자기기만적인 상태에 놓이게 된다. 거짓된 생각들을 받아들임으로써 정신은 부패하고, 양심은 신뢰성을 상실하며, 마음의 영적 감각은 비정상적이며 사악한 것으로 물들게 된다. 그리하여 인간은 쓸모없는 사람, 자기 구원의 원수, 자기 영혼의 살인자, 하나님의 원수가 된다.

성경, 더욱 정확히 말하자면 성경을 도구로 하여 말씀하시는 성령은 그런 사람에 대해 "이 사람들은 그 마음이 부패한 자요 믿음에 관하여는 버리운 자들이라"(딤후 3:8)고 선포한다. 다시 말해서 그들은 정신적으로 부패하였으며, 전혀 믿음을 알지 못하는 사람들이다. 이런 사람들의 내면에는 믿음 대신에 이성이라는 것이 자리 잡고 있다. 그들에게 있어서 십자가는 예수님 시대의 유대인들에게 있어서와 마찬가지로 추문, 또는 조소거리에 지나지 않는다.[3]

정신의 타락은 다른 영적 기능의 부패와 병행한다. 따라서 결과적으로 정신의 타락과 영의 부패는 동일한 것이다. 하나님께서 계시하신 교의적이며 도덕적인 가르침을 거짓 교리에 의해 왜곡시킴으로써 하나님에 대한 거짓 교리와 거짓 사상들을 받아들이는 사람의 영은 부패의 절정에 이르며,

---

[3] *On sobriety and Vigilance*, ch. 77.

마귀의 자식이 된다. 그리고 사탄의 영역에 속한 사상들을 받아들이거나 거기에 동화되지 않는 대신 대화와 접촉을 갖고 마귀들이 제공한 생각이나 공상들을 깊이 생각하기만 해도 영의 눈에 해가 된다. 사탄과 교제하는데 비례하여 영의 시력, 그 순수성과 정확성이 상실된다. 육체의 눈으로 해로운 것을 보는 것이 우리에게 해가 되듯이, 정신에 해로운 것을 바라보는 것도 우리에게 해가 된다.

그러므로 우리는 영혼의 눈을 지키는데 특별한 주의를 기울이며, 그 눈을 해치지 않도록 특히 조심해야 한다. 그렇지 않아서 영혼의 눈이 병들면 우리가 영적으로 멸망하는 원인이 된다. 손상된 영혼의 눈이 우리의 구원에 얼마나 해로운 영향을 주는지를 보여주는 다음과 같은 예가 있다. 소설 또는 음란한 글을 읽으면서 정신과 마음이 그 사상에 동조한 사람이 있었다. 후일 그는 어떤 생활의 변화나 내면의 충동 또는 하나님의 자비와 사랑의 지시로 인해 경건한 생활을 하려는 소원을 품게 되었다. 이 때 과거에 그가 읽은 책들의 파괴적인 효과가 분명히 나타났다. 육욕을 즐기던 그의 습관으로 인해 그는 회개의 의식에서 벗어나게 하며, 그의 영성생활 속에 하나님께서 지극히 혐오하시는 육욕적인 기쁨을 들여왔다. 그리하여 이것은 그 사람의 영혼을 성령께 접근하지 못하게 하고 사탄에게 접근하게 만들었다.

이러한 모습은 여성에게서 특히 분명하게 관찰할 수 있다. 소설이나 음란 소설을 많이 읽던 여인이 경건생활이나 금욕생활에 헌신하면 그들은 대체로 자신의 새로운 생활이 그러한 소설처럼 되기를 원한다. 그들은 영적인 연인들이 되기를 원한다. 그들이 이렇게 되는 이유는 오용으로 인해 손상된 그들의 의지가 그들이 이미 자신의 것으로 만들어 놓은 육욕에게로 그들을 끌고 간다. 그러한 독서를 통해 받아들인 사상들에 의해 연약해지고, 어두워지고, 왜곡되고, 사로잡힌 그들의 정신은 그들의 의지를 올바르게 인도하고 그릇된 경향을 억제할 능력이나 힘을 가지고 있지 못하기 때문이다.

소설을 읽는데 흠뻑 빠졌던 사람은 자지기만과 악한 망상에 쉽게 빠진다. 이미 육욕의 즐거움에 맛을 들였기 때문에 자기기만이나 악한 망상을 비천한 방법으로 행동하며, 아직 욕망의 멍에를 벗어버리지 않는 사람들로서는 눈치 채거나 알 수 없는 매우 정교하고 교묘한 형태로 작용한다.

어떤 수도사는 수도원에 들어오기 전에는 자기 영혼 안에 살아있는 생각에게 영혼을 맡기는 데 있어서 지혜롭고 신중해야 한다는 것을 알지 못했기 때문에, 단순한 호기심에서 기독교 신앙을 반박하는 책들을 통독했다. 그 후 그가 수도원에 입회하여 합리적인 수도적 훈련에 자신을 위탁했을 때, 과거 세상에서 받아들인 생각들이 의심, 당황, 신성모독 등의 사상에 의해 그의 영혼 속에서 그 존재를 드러내기 시작했다. 이는 그의 영혼의 눈이 사탄의 영역에서 온 사상들과의 교제로 말미암아 흐려졌음을 나타낸다.

사도 바울은 "너희가 하나님의 성전인 것과 하나님의 성령이 너희 안에 거하시는 것을 알지 못하느뇨 누구든지 하나님의 성전을 더럽히면 하나님이 그 사람을 멸하시리라…그러므로 너희 몸으로 하나님께 영광을 돌리라"(고전 3:16, 17; 6:20)이라고 했다. 우리의 몸도 하나님의 성전이지만, 특히 우리의 기도하는 능력, 우리의 영, 정신, 마음이 하나님의 성전을 이룬다. "마음"이라는 단어 속에서 모든 영의 감각, 느낌, 감정이 이해된다. 마음과 정신이 하나님의 거처가 되면, 자연히 혼과 몸도 그분의 거처가 된다. 왜냐하면 혼과 몸은 완전히 마음과 정신에 의존하고 있기 때문이다. 몸이 육욕적인 정욕에 빠질 때, 그리고 정신과 마음이 악한 생각과 감각과 지각과 감정을 도구로 하여 사탄과 음란한 교제를 시작할 때, 하나님의 성전은 더럽혀지고 파괴된다.

"하나님이 그 사람을 멸하시리라"는 말씀은 자기 내면에 있는 하나님의 성전을 더럽혀 하나님께서 거하시기에 합당치 못하게 한 사람에게서 떠나가신다는 뜻이다. 하나님이 떠나신 뒤에 오는 결과는 영혼의 죽음이며, 영원한 지옥에 묻히는 것이다.

이미 앞에서 말한 바와 같이 사람의 영은 세상과 사탄에게서 오는 거짓된 교리를 따르고 하나님께서 계시하신 가르침과 그리스도의 가르침과 교리의 가르침을 대적하는 가르침 등을 받아들임으로써 더러워지고 눈이 멀고 어두워진다. 거짓 교리의 예를 들면 다음과 같은 것들이 있다: 하나님 존재를 부인하는 가르침, 즉 무신론; 하나님의 존재는 인정하지만 하나님과 인간 사이의 개입 또는 교제를 부인하는 교리; 그리스도와 기독교를 부인하는 교리, 즉 이신론理神論; 기독교를 직접적으로 부인하지는 않으나 자의적이고 인간적이고 신성모독이며 기독교의 본질을 파괴하는 교리로서 계시된 거룩한 교리를 왜곡하는 교리, 예를 들면 모든 이단들; 기독교 자체는 부인하지 않으나 믿음의 행위 또는 도덕적이고 복음적인 교회의 전승들을 배척하고 이교도의 활동을 받아들이며 그 결과 믿음을 파괴하고 기독교의 본질을 파괴하는 교리 등이 있다. 대체로 오늘날 이런 것들이 발전하고 있으며, 물질주의, 음란, 기독교에 대한 무지의 증대 및 그에 따른 하나님으로부터의 이탈 현상이 늘고 있다.

음란한 책이나 이단적인 책을 읽으며 음란하고 경건치 못한 곳을 방문하며 악한 시험의 세력에 자신을 노출시킬 때, 세상의 오락 등 세속적인 습관에 의해 정신을 분산시킬 때 하나님의 성전은 궁극적으로는 파괴되지는 않겠지만 더럽혀지게 되며, 영혼의 눈이 완전히 멀지는 않지만 심한 상처를 입게 된다. 그러나 이것이 잘못된 것임을 인정하고 회개하지 않고 오히려 그 속에서 머무적거리고 정당화하려 하면 영적 재앙에 빠진다. 그는 자기

47. 온갖 해로운 것으로부터 영의 시선을 거두라

존재의 핵심—기도하는 능력, 영, 정신, 마음—을 해치게 된다.

 우리는 항상 영혼의 눈을 지키고 보호해야 한다. 복음의 가르침을 벗어나서 행하는 것과 하나님의 율법에 따르지 않는 것은 모두 우리에게 해로운 영향을 준다. 선악을 불문하고 어떤 생각이나 말이나 행동은 우리에게 그에 상응한 흔적을 남긴다. 우리는 이것을 철저히 알고 실제로 깨달아야 한다.[4]

---

4) 갈라디아서 6:7-9.

48.
회개, 애통

우리들의 생활은 단순히 복음의 명령들을 정확하게 실천하는 것이어야 한다. 그 생활은 사람들 속에 섞여 살거나 깊은 사막에서 살거나 장소를 불문하고 오로지 복음의 계명에 따라 사는 삶이다. 우리의 은둔처는 하나님 안에 있다. 우리의 정신과 마음은 하나님 안에서 안전하고 평온한 피난처를 발견할 수 있다. 그곳은 삶의 바다에 휘몰아치는 파도나 바람이 미치지 않는 곳이다. 만일 이것이 없다면 하나님을 적대시하는 세상은 깊은 숲, 협곡, 그리고 동굴 속에라도 우리와 동행하며 자기의 종으로 만들려고 할 것이다.

복음의 계명 위에 기초를 두지 않은 믿음의 생활은 마치 기초를 세우지 않고 지은 집고 같아서 곧 무너지고 만다. 복음의 계명에 의해 감명을 받지 않는 믿음의 생활은 영혼이 없는 몸과 같다. 그러한 몸은 바리새인의 악취를 풍길 것이다. 표면적으로 육체의 근행과 금욕주의라는 치장을 할수록 그만큼 악취는 더 심해질 것이다. 지혜로운 독자라면 이제까지 언급한 모든 권면들 속에서 이 진리의 확증을 발견했을 것이다.

이 보잘 것 없는 권면을 마감하면서, 나는 사랑하는 형제자매들에게 영성생활 전체를 포용하는 가장 중요한 영적 활동을 설명해야하는 필요성을 느낀다. 그것은 우리들의 삶의 중심이 되어야 하며, 영성훈련과 육체의 훈련의 중심이 되어야 한다. 이제까지 이 책의 권면을 주의 깊게 읽어온 사람은 이미 이 활동을 발견했을 것이다. 그러나 이를 별도로 분리하여 가능한 한 자세히 설명하고자 한다.

믿음의 생활이란 지속적이고 적극적인 회개의 삶이다. 만일 우리가 그리스도인이라는 이름을 헛되이 지녀 정죄함을 받지 않으려면 철저한 회개 속에 우리 자신을 침몰시켜야 한다. 그리스도인은 회개의 의식으로 가득 차고, 그에 따라 인도될 때에 올바르게 전진할 수 있다. 회개 의식이 마음에서 떠난다는 것은 거짓된 생각으로 인해 분심되었다는 분명한 표시가 된다. 이러한 생각은 사탄에 의해 제안되었거나 타락한 본성에서 떠오른다. 끊임없는 회개가 부족한 것은 완전히 잘못된 태도나 견해를 나태 내주는 것이다.

인간의 손으로 만들지 않고 하나님에 의해 조성된 하나님의 새로운 성전에는, 다시 말해서 기독교인 특히 우리들에게는 언제나 회개의 의식이 흘러 넘쳐야 한다. 기도할 때마다 이 회개의 의식이 솟구쳐 올라야 한다. 회개 의식이 우리들의 기도를 동반하고 지탱해주며, 하나님께로 올라갈 수 있는 날개를 달아주어야 한다. 그렇지 않으면 우리들의 기도는 땅 위에서 스스로를 들어 올리지 못하며, 분심으로부터 스스로를 해방시키지 못한다.

우리들의 모든 행동과 행위에는 회개 의식이 스며있어야 한다. 우리가 복음의 계명을 수행하는 길에까지도 회개 의식이 스며있어야 한다. 우리는 빚진 자처럼, 무가치한 종처럼 계명들을 실천해야 하며,[1] 오직 거룩한 임금님의 자비에 의해서만 탕감될 수 있는 큰 빚을 상환하는 것으로써는 무가치

---

[1] "이와 같이 너희도 명령 받은 것을 다 행한 후에 이르기를 우리는 무익한 종이라 우리의 하여야 할 일을 한 것 뿐이라 할찌니라"(눅 17:10).

하지만 그것들을 하늘에 계신 임금님의 창고에 들여놓아야 한다. 금욕고행자 마가는 말했다: "그리스도의 모든 계명에 대해 스스로를 빚진 자라고 여기지 않는 사람은 하나님의 율법이 무엇을 말하고 있으며 어디에 기초를 두고 있는지 알지 못한 채 육체의 방법으로 하나님의 율법을 따른다."2)

하나님께서 타락한 인간의 영에게서 받으시는 유일한 제물은 회개이다. 다른 제물들, 심지어 온전한 번제라고 할 수 있는 금욕고행조차도 하나님께서는 죄로 더럽혀진 것으로 여겨 거부하신다. 그것들은 제물로 드려지기 전에 먼저 회개를 통해 정결케 되어야 한다. 이것만이 타락한 인간에게서 하나님께서 멸시하시지 않고 받으시는 유일한 제물이다. 시온이 회개로 말미암아 새로워지고 영적 예루살렘의 성벽이 건축될 때, 우리는 자신 있게 마음의 제단 위에 의의 제물들, 즉 하나님의 은혜로 새로워진 우리의 감정들과 감각들을 올려놓을 수 있다. 그렇게 될 때, 우리는 자신을 하나님이 기뻐하시는 번제물로 드릴 수 있게 된다.3) 거룩한 순교자 사독Sadok은 말했다: "모든 신령한 사람들은 순교의 죽음을 기뻐하고 동정하며 사랑한다. 그는 만반의 준비가 되어 있으므로 순교를 두려워하지 않는다. 그러나 육체적인 사람은 죽음의 시간을 두려워한다."

회개는 복음의 명령이다. 복음에 따른 회개의 직접적인 결과로 우리는 하늘나라에 들어간다. 그러므로 그리스도께서 우리를 양자로 삼으셔서 영원한 세계로 데려가실 때까지의 기간(그리고 하늘나라가 구원받은 사람들의 소유가 될 때까지), 즉 우리가 세상에 사는 일평생은 회개의 장場이 되어야 한다. 우리를 구원하시기 위해 성육신하신 하나님께서 말씀하신 최초의 명령은 회개에 관한 것이었다: "이때부터 예수께서 비로소 전파하여 가라

---

2) *On spiritual Law*, ch. 34.
3) "그 때에 주께서 의로운 제사와 번제와 온전한 번제를 기뻐하시리니 저희가 수소로 주의 단에 드리리이다"(시 51:19).

48. 회개, 애통

사대 회개하라 천국이 가까왔느니라 하시더라"(마 4:17). 부활하신 주님은 승천하시기 전에 사도들의 마음을 열어 성경을 깨닫게 해 주셨다. 그리고 "그리스도가 고난을 받고 제 삼일에 죽은 자 가운데서 살아날 것과 또 그의 이름으로 죄 사함을 얻게 하는 회개가 예루살렘으로부터 시작하여 모든 족속에게 전파될 것"(눅 24:45-47)을 말씀하셨다.[4]

그리스도를 믿고 기독교를 받아들이기 위해서는 자신의 죄악됨을 인식하고 회개하는 일이 필요하다. 기독교인으로서 계속 남기 위해서는 자신의 죄를 보고 깨닫고 고백하고 회개하는 일이 필요하다. 신앙을 받아들이려는 마음을 가진 유대인들이 사도 베드로에게 자신들이 어떻게 해야 하느냐고 물었을 때 베드로는 "너희가 회개하여 각각 예수 그리스도의 이름으로 세례를 받고 죄 사함을 얻으라 그리하면 성령을 선물로 받으리라"(행 2:38)고 대답하였다. 사도 바울은 어디에서나 "하나님께 대한 회개와 우리 주 예수 그리스도께 대한 믿음"(행 20:21)을 증거했다.

죄 속에서 생활하고 죄를 사랑하면서 그리스도의 양자가 되고 그의 백성이 되는 것은 불가능하다: "악을 행하는 자마다 빛을 미워하여 빛으로 오지 아니하나니 이는 그 행위가 드러날까 함이요"(요 3:20); "너희는 믿지 않는 자와 멍에를 같이 하지 말라 의와 불법이 어찌 함께하며 빛과 어두움이 어찌 사귀며 그리스도와 벨리알이 어찌 조화되며 믿는 자와 믿지 않는 자가 어찌 상관하며"(고후 6:14-15).

그리스도에게 가까이 가며, 거룩한 세례를 통해 그와 연합하기 위해서는 무엇보다 먼저 회개가 있어야 한다. 거룩한 세례를 받은 뒤 우리에게는 주님과의 연합 안에 거하거나, 죄와 교제하여 이 연합을 파괴할 자유가 주어

---

[4] "베드로가 가로되 너희가 회개하여 각각 예수 그리스도의 이름으로 세례를 받고 죄 사함을 얻으라 그리하면 성령을 선물로 받으리나"(행 2:38).

진다. 그것뿐만 아니다. 거룩한 세례는 우리의 타락한 본성 속에서 선과 혼합된 악을 생산하는 경향을 파괴하지 않으므로, 우리의 의지와 쾌락욕은 항상 시험을 받는다. 거룩한 선에 대한 선택이나 악과 우리 자신의 부패한 선에 대한 선택이 자유롭다는 사실은 십자가의 길에서 오는 모든 슬픔과 고난에 복종함으로써 증명된다.

우리의 원죄와 세례 받기 전에 지은 죄들은 거룩한 세례에 의해 깨끗이 제거된다. 세례는 또한 중생하기 전까지 우리를 지배하고 있던 난폭한 세력도 제거한다. 세례는 우리에게 성령의 은혜를 주는데, 이것에 의해 우리는 그리스도 안에서 하나님과 연합하며 죄를 정복할 힘을 얻는다. 우리는 죄와의 싸움에서 구원되지 않았으므로, 이 세상에서 사는 동안 죄로부터 완전히 해방될 수는 없다. 그러나 의인은 일곱 번 넘어질지라도 회개하여 다시 일어난다(잠 24:16). 그는 자신의 연약함과 한계 때문에 넘어진다. 왜냐하면 그는 항상 살그머니 고개를 들어 올리는 타락한 본성에서 비롯된 죄와 타락한 영들이 교묘하게 제공하는 죄를 조심하여 그것에 주의를 기울이지 않기 때문이다. 회개는 그의 확실한 재산이며, 항상 함께하는 무기이며, 소중한 보물이다. 의인은 회개를 통해 그리스도와의 교제를 유지한다. 죄로 말미암아 입은 상처는 회개에 의해 치료된다.

사도 요한은 이같이 말했다: "만일 우리가 죄 없다하면 스스로 속이고 또 진리가 우리 속에 있지 아니할 것이요 만일 우리가 우리 죄를 자백하면 저는 미쁘시고 의로우사 우리 죄를 사하시며 모든 불의에서 우리를 깨끗케 하실 것이요 만일 우리가 범죄하지 아니하였다 하면 하나님을 거짓말 하는 자로 만드는 것이니 또한 그의 말씀이 우리 속에 있지 아니하니라"(요일 1:8-10). 이 말씀은 인간의 연약함과 나약함에 기인하는 것으로서 무의식 중에 범하는 소죄들을 말하는 것이다. 성인들도 이러한 죄는 피할 수 없다.

48. 회개, 애통

"그 안에 거하는 자마다 범죄하지 아니하나니 범죄하는 자마다 그를 보지도 못하였고 그를 알지도 못하였느니라 자녀들아 아무도 너희를 미혹하지 못하게 하라 의를 행하는 자는 그의 의로우심과 같이 의롭고 죄를 짓는 자는 마귀에게 속하나니 마귀는 처음부터 범죄함이니라 하나님의 아들이 나타나신 것은 마귀의 일을 멸하려 하심이니라 하나님께로서 난 자마다 죄를 짓지 아니하나니 이는 하나님의 씨가 그의 속에 거함이요 저도 범죄치 못하는 것은 하나님께로서 났음이라 이러므로 하나님의 자녀들과 마귀의 자녀들이 나타나나니 무릇 의를 행치 아니하는 자나 또는 그 형제를 사랑치 아니하는 자는 하나님께 속하지 아니하니라"(요일 3:6-10)

하나님의 자녀들은 복음의 계명에 따라 살고, 넘어지고, 쓰러질 때마다 회개한다. 하나님의 종은 어떤 불행한 이유로 대죄를 범했을 때에 그것을 하나님께 고백하고 회개함으로써 그 상처를 치료받는다. 그러므로 그는 계속 하나님의 아들로서 존재한다. 악한 생활을 사랑하여 악한 생활을 하는 사람, 자신에게 다가오는 모든 죄에 쉽게 빠지는 사람, 여러 형태의 음란한 생활과 복음의 명령을 범하는 데서 기쁨을 느끼고 있음을 인정하는 사람들은 비록 그들이 교회의 예배와 의식에 참여하고 성찬에 참여한다고 해도 마귀의 자녀에 불과하다.

이처럼 모든 신자들에게는 회개의 영이 필요하다. 그것은 믿음의 생활의 핵심이다. 영성생활에 입문하는 것은 자신의 죄악됨을 고백하는 것이며, 믿음의 생활이란 계속적인 회개의 과정이다. 하나님 앞에서 서원하기를 원하는 자는 거룩한 서원의식을 행할 때 다음과 같은 방법으로 자신의 마음의 회개를 보증한다: "당신의 자애로운 팔은 나에게 열어주소서. 나는 탕자처럼 일생을 낭비했습니다. 내 마음의 사랑을 그릇되게 사용했고, 내 정욕에 낭비했습니다. 오, 주님! 지극히 자비가 풍성하신 분이시여! 이처럼 황폐한 내 마음을 멸시하지 마소서. 오! 나는 당신께 뉘우치며 외치나이다. 아버지여, 내가 하늘과 당신 앞에서 범죄하였나이다."

거룩한 교부들은 회개가 자신의 유일한 과업임을 인정했다. 그들은 이 활동에 몰두하면서 회개의 범주를 더욱 넓혀나갔다. 회개는 사람을 죄에서 정결케 해줄 뿐만 아니라, 그의 시야를 날카롭게 하여 자신을 더욱 분명하게 보게 해주기 때문이다. 회개하여 영혼의 의복에 묻은 몇 개의 얼룩을 제거하면, 그 얼룩보다 덜 중요하고 덜 추잡한 얼룩들이 발견된다. 이것들은 이제까지는 우리의 시력이 무디졌기 때문에 눈에 뜨이지 않았던 것들이다. 궁극적으로 회개를 실천하는 사람은 매우 심오한 영적 환상을 보게 된다. 그 속에서 자신의 타락과 모든 인류의 타락, 이 세상 임금의 명에 아래 있는 자신의 고난과 온 인류의 고난을 보게 된다.5) 그리고 말로 형용할 수 없는 놀라운 구속사역과 여러 가지 비밀도 본다.

위대한 성 아르세니우스Arsenius는 항상 회개하는 일을 자신의 과업으로 삼았는데, 회개는 그 자신의 일부가 되어 눈물의 은사로 나타났다. 그의 무릎 위에는 언제나 손수건이 놓여있었는데, 그가 손으로는 바쁘게 손노동을 하고 정신으로는 참회의 기도에 몰두할 때에 끊임없이 눈물이 흘러 그의 무릎 위에 있는 수건을 적셨다.6) 위대한 성인 시소에스Sisoes는 자기의 영혼을 하늘나라로 데려가려고 온 천사들에게 자신을 육체 속에 남겨두어 회개할 시간을 달라고 요청했다. 그는 스승이 온전함에 이르렀다고 확신하고

---

5) "너희의 허물과 죄로 죽었던 너희를 살리셨도다 그 때에 너희가 그 가운데서 행하여 이 세상 풍속을 좇고 공중의 권세 잡은 자를 따랐으니 곧 지금 불순종의 아들들 가운데서 역사하는 영이라 전에는 우리도 다 그 가운데서 우리 육체의 욕심을 따라 지내며 육체와 마음의 원하는 것을 하여 다른 이들과 같이 본질상 진노의 자녀이었더니"(엡 2:1-3); "이후에는 내가 너희와 말을 많이 하지 아니하리니 이 세상 임금이 오겠음이라 그러나 저는 내게 관계할 것이 없으니"(요 14:30).
6) 『사막교부들의 금언』(*Alphabetical Patrology*; 은성출판사 간).

48. 회개, 애통

있는 그의 제자들에게 자신이 회개를 시작이나 했는지조차 모르겠다고 말했다. 그는 참으로 회개에 대해 고귀한 관념을 가지고 있었다. 그 성인은 영성생활 전체를 회개라고 했다. 그리고 자신이 아직 회개를 시작조차 못했다고 말함으로써 영성생활에 대한 자신의 겸손한 견해를 나타냈다.

회개에 대한 참되고 거룩한 이해를 획득한 사람들은 그 안에 자신의 모든 수고와 기도와 금식을 포함시킨다. 그리고 아무리 여러 가지 선행을 했다고 하더라도 자신을 돌아보고 울지 않는 날은 낭비된 날로 여긴다.7) 시소에스는 회개와 눈물 속에 잠겨 지냈다. 회개에 관한 예언 중에 "회개하는 사람은 결코 만족을 느끼지 못한다"는 말이 있다. 회개가 그를 가득히 채우면 채울수록 그는 더욱 회개를 갈망하게 된다. 회개는 하나님을 기쁘시게 하는 순결을 가져다주기 때문이며, 동시에 한층 완전한 순결을 갈망하는 갈증을 이루어내기 때문이다. 눈물을 흘려 순결케 된 사람은 자신이 얼마나 불순한지를 보게 되며, 계속하여 자신의 불순함을 깨eke는다.

앞에서 어떻게 해야 하나님을 기쁘시게 하고 구원 받느냐고 묻는 형제에게 시소에스가 해 준 충고를 언급했었다. 그는 말하기를 "만일 그대가 하나님을 기쁘시게 하기를 원한다면 세상을 버리고 땅을 버리고 피조물을 떠나 창조주에게로 오라. 기도와 눈물에 의해 당신 자신을 하나님과 연합시켜라. 그러면 이 세상과 내세에서 안식을 발견할 것이다"라고 했다. 그는 또 어떤 형제에게 말하기를 "근신하여 당신의 수실에 머무르며, 많은 눈물과 상한 마음으로 하나님 현존을 수행하라. 그러면 안식을 발견할 것이다"라고 했다. 이 성인은 이 형제들에게 자신의 경험에서 얻은 충고를 해 주었다. 첫 번째 형제에게는 모든 세속적이고 세상적인 것, 즉 모든 애착심을 버리라고 충고했다. 두 번째 형제에게는 항상 자신의 수실에 머물러 있으라고

---

7) *Ladder*, Step 5:33.

충고했다. 만일 피조물에 대한 애착심이 있거나 이유 없이 자주 수실을 떠나면, 참된 회개와 눈물 어린 기도를 할 수 없기 때문이다. 우리의 마음은 모든 것으로부터 이탈하고 분심거리에서 자유를 얻어야 한다. 그렇게 되어야 하나님 앞에서 애통하여 눈물을 흘릴 수 있으며,[8] 세상에 빠지는 것을 마치 지옥에 빠지는 것처럼 여기는 슬픔 속에 잠길 수 있다.

어느 형제가 페멘에게 어떻게 하면 자기의 수실에서 (정신적인) 침묵에 머물 수 있느냐고 물었다. 성인은 대답하기를 "마치 등에 짐을 진 사람이 진흙 속에 잠겨 하나님께 "나를 불쌍히 여기소서"라고 부르짖듯이 하라"고 했다. 이 말은 수도생활은 눈물과 참회의 기도 속에 포함된다는 의미이다. 어떻게 활동해야 하느냐고 묻는 형제에게 이 성인은 "장차 하나님 앞에 설 때 우리는 무엇으로 인해 걱정하겠느냐?"고 물었다. 그 형제는 "우리는 죄인입니다"라고 대답했다. 페멘은 "그러므로 우리는 자기의 수실에 들어가서 고요 중에 자기의 죄를 기억해야 한다. 그러면 주님께서 우리의 기도를 들어주실 것이다"고 말했다. 또 어떤 형제가 이 수도원장에게 무엇을 해야 하느냐고 물었다. 원장은 그에게 말하기를 "아브라함이 약속된 땅으로 올라갈 때, 그는 무덤을 가지고 갔으며, 그 무덤을 가지고서 그 땅을 소유하기 시작했다"고 말했다. 그 형제는 물었다. "그렇다면 무덤의 의미는 무엇입니까?" 페멘은 "그것은 눈물과 슬픔의 장소이다"라고 대답했다.

어떤 형제가 또 페멘에게 물었다. "나는 내 죄에 대해 어떻게 행해야 합니까?" 페멘은 다음과 말했다. "죄로부터 구원받기를 원하는 사람은 눈물에 의해서 그것들로부터 구원을 받는다. 그리고 죄를 얻지 않도록 자신을 지키기를 원하는 사람도 눈물에 의해 자신을 지켜 죄짓지 않는다. 성인이나 사람도 눈물에 의해 자신을 지켜 죄짓지 않는다. 성경이나 교부들은 우리에게

---

[8] "애통하는 자는 복이 있나니 저희가 위로를 받을 것임이요"(마 5:4).

48. 회개, 애통

회개의 길에 대해 가르치기를 "울라. 우는 것 외에는 다른 구원의 길이 없다"고 했다." 페멘은 항상 "눈물에는 두 가지 효과가 있다. 즉, 그것은 일하며, 지킨다"고 말하곤 했다.

언젠가 페멘이 디올코스Diolkos 외곽지대를 사부 아누바Abba Anuva와 함께 걷고 있었다. 그들은 그곳에서 어느 여인이 무덤 위에서 가슴을 치며 슬피 우는 것을 보았다. 그들은 걸음을 멈추고 그녀의 말을 들어보았다. 그들은 그곳에서 조금 더 가다가 그 곳에 사는 어떤 사람을 만나서 물어보았다. "저 여인에게 무슨 일이 있었습니까?" "저 여인의 남편과 아들과 동생이 죽었다오." 페멘은 사부 아누바를 향해 이렇게 말했다: "우리가 모든 육체의 욕망을 죽이고 저 여인처럼 울지 않으면 수도사가 될 수 없습니다. 왜냐하면 수도사의 삶은 온전히 눈물로 이루어지기 때문입니다."

페멘은 위대한 아르세니우스가 죽었다는 소식을 듣고서 울면서 이렇게 말했다: "복된 사부 아르세니우스여! 당신은 이 세상에 있을 때에 당신 자신으로 인해 눈물을 흘렸습니다. 이 세상에서 슬퍼하지 않는 사람은 영원히 눈물을 흘릴 것입니다. 우리는 어쨌든 울지 않을 수 없습니다. 이 세상에서 기꺼이 눈물을 흘리건, 아니면 저 세상에서 고통을 겪으면서 마지 못해 눈물을 흘려야 합니다."[9]

내면생활과 영혼의 활동에 종사하지 않거나 그러한 생활을 거의 행하지 않으며, 오직 바리새주의와 혼합된 육체의 활동—바리새주의가 없는 단순한 육체적 활동은 성공하지 못한다—에만 몰두하는 사람은 죄를 자각시켜 주는 양심의 가책을 전혀 느끼지 못한다. 그러므로 그들은 자신의 평화로운 상태가 훌륭하다고 생각한다. 그들은 자신의 많은 선행과 인간의 칭찬에

---

[9] 『사막교부들의 금언』 (*Alphabetical Patrology*; 은성출판사).

의해 이러한 견해를 갖고 확인하게 된다. 그들은 이러한 기초 위에서 자신의 평화로운 상태가 하나님을 기쁘시게 하는 활동과 흠 없고 고귀한 생활의 직접적인 결과라고 생각한다. 때때로 그들의 평화는 기묘한 기쁨으로 변한다. 그들은 이 기쁨을 하나님께서 은혜로 주신 은사라고 생각한다. 참으로 놀라운 자기기만이다. 참으로 영혼을 멸망시키는 소경이다! 자기기만은 자기고집이나 자만심에 기인한다. 자만심은 그릇된 활동에서 태어나 또다시 더욱 잘못된 활동을 만드는 것으로서 영혼의 눈을 손상시킨다.

자신의 길이 옳다고 생각하게 만드는 평화는 당신이 나태한 생활 때문에 자신의 죄악됨을 깨닫지 못하고 감각하지 못하는 데서 기인하는 것이다. 당신이 때때로 표면적인 성공과 인간의 칭찬의 결과로 느끼는 기쁨은 결코 거룩하고 신령한 기쁨이 아니다. 그것은 자기고집, 자기도취, 자기만족, 허영심의 열매이다. 거룩한 교부들은 이런 거짓된 평화 상태를 영혼의 무감각, 또는 소멸, 육체의 죽음 이전에 겪는 정신의 죽음이라고 한다.[10] 영혼의 무감각 또는 소멸은 우리 영에게서 회개와 애통의 의식이 박탈되고 상실되는 것이며, 상한 마음이라는 고통을 상실하는 것이다. 고통이 없는 마음 또는 가공의 평화는 그릇된 견해, 그릇된 싸움, 자기기만의 표시이다. 『사다리』의 저자 요한 클리마쿠스는 "우리가 영위하는 삶이 아무리 위대하다고 해도, 그 속에서 고난과 아픔 마음을 얻지 못한다면 우리는 그것을 진부하고 거짓된 것으로 여겨야 한다"고 했다.[11] 고통이 없는 마음은 부주의한 생활, 불필요하게 수실을 나오는 태도에서 생겨난다. 적당치 못한 대화, 농담, 웃음, 한담 등에서 생겨난다. 또 과식과 탐식, 무례함에서 생겨난다. 교부들은 말하기를 "만일 가책이 느껴지지 않는다면, 자신에게 허영심이 있음을 알라.[12] 왜냐하면 허영심은 영혼이 가책을 느끼도록 내버려두지 않기

---

10) *Ladder*, Step 18.
11) *Ladder* 7:64.

때문이다"13)고 했다.

　가책(회한)을 얻는 길은 주의 깊은 생활이다. 순교자 보니페이스~Boniface~가 말한 바대로 하나님을 경외하고 주의를 집중하는 것으로부터 회개가 시작된다. 하나님을 경외하는 마음이 집중의 아버지이다. 그리고 집중은 내적 평화의 어머니이며 영혼으로 하여금 투명하고 잔잔한 물 속을 들여다보듯 자신의 일그러진 모습을 볼 수 있게 해주는 양심을 탄생시킨다. 그리하여 회개가 시작되고 뿌리를 내린다.14) 복음의 명령에 일치하는 집중적이고 규칙적인 생활은 회개의 첫째 동인動因이 된다. 그러나 거룩한 은혜의 빛을 받지 못하고 열매가 없다면, 그것은 상한 마음, 가책, 애통, 눈물 등 참된 신앙인의 회개를 이루는 요소들을 만들어내지 못한다. 이렇게 중요하고 경험적인 사실을 확증하기 위해 우리는 거룩한 교부들의 증언을 상기해야 한다. 『사다리』의 저자 요한은 이렇게 말했다: "자기의 죄짐을 벗어버리기 위해 세상을 버리고 떠난 사람은 도시 외곽의 묘지 사이에 앉아 있는 사람들을 본받아야 한다. 그리고 예수께서 오셔서 그의 마음에 놓인 단단한 돌을 굴려버리시고 나사로, 즉 우리의 정신에게서 죄라는 수의를 벗겨주시고 수종을 드는 천사들에게 "그를 정념을 벗게 하여15) 복된 무정념의 상태로 가게 하라. 그렇지 않으면 그가(세상으로부터 떠났음에도 불구하고) 아무 유익도 얻지 못하게 될 것이다" 라고 명령하시게 될 때까지 끊임없이 뜨거운 눈물을 흘리며 마음으로 신음해야 한다.16)

　시리아 성인의 저서에 다음과 같은 문답이 기록되어 있다.

---

12) *Ladder Step* 18.
13) *Sts. Kallistus and Ignatius*, ch. 28.
14) *St. Seraphim. 15th Spiritual Instruction.*
15) "죽은 자가 수족을 베로 동인채로 나오는데 그 얼굴은 수건에 싸였더라 예수께서 가라사대 풀어 놓아 다니게 하라 하시니라"(요 11:44).
16) *Ladder*, 1:6.

질문: "숨겨진 자신의 수고의 열매들이 자신의 영혼 안에 나타나기 시작했음을 알 수 있는 분명한 표식, 참된 표시는 무엇인가?"

대답: "특별히 노력하지 않고서도 하염없이 눈물을 흘리는 은사를 받았을 때이다. 육체적인 상태와 영적인 생태, 정욕적인 상태와 순결한 상태를 분명히 구별해주는 것이다. 이 은사를 받지 못한 사람의 노력과 수고는 아직 겉사람 안에 있으며, 또 그는 영적 사람의 숨겨진 활동을 전혀 감지하지 못한다. 그러나 그는 이 세상의 육체적 생활을 버리고, 눈에 보이는 자연 저편에 놓인 내면의 세계로 들어갈 때 비로소 눈물의 은사를 받는다. 눈물의 은사는 그 은밀한 생활의 첫 번째 거처에서 시작되어 그를 하나님 사랑이라는 완덕으로 인도한다. 이 시점에까지 이르게 되면, 눈물이 너무나 풍성해져서 그는 음식과 마실 것과 함께 눈물을 마신다. 이것은 그의 정신이 이 세상을 떠나 영적 세상을 깨닫게 되었다는 표시이다. 정신이 물질적인 세상에 접근할수록 눈물은 감소된다. 정신이 이 세상의 것들 속에 완전히 잠겨 있을 때에는 전혀 눈물을 흘리지 않는다. 이것은 그가 정욕 속에 완전히 빠져 있다는 표시이다."

신신학자 시므온 성인은 다음과 같이 말했다: "애통하는 마음과 눈물을 얻기 전에는 사람의 헛된 말에 속지 말고 자신을 속이지 말라. 우리 안에는 참된 자책이 없으며, 하나님께 대한 경외심이 없다. 우리는 자신을 나무라지 않았으며, 우리 영혼은 전혀 장차 있을 심판과 영원한 고통을 깨닫지 못하였다. 만일 우리가 자신을 나무랐다면 이러한 인식을 얻었으며, 또 눈물이 즉시 그것을 조달해주었을 것이다. 눈물이 없이는 결코 완악한 마음을 부드럽게 하지 못하며, 영혼은 겸손의 영을 얻지 못하며, 겸손해지지 못한다. 겸손해지지 않으면 성령과 연합할 수 없으며, 성령과 연합하지 않으면 하나님을 보거나 알 수 없으며, 우리의 마음은 겸손의 덕을 배우기에 적당치 못하게 된다."17)

48. 회개, 애통

주의 깊은 생활은 우리를 가책으로 인도하며, 특히 눈물을 동반하는 가책은 더 큰 주의력을 조달해주는 바, 이것은 은혜로 주시는 선물이다. 애통과 눈물은 하나님의 은사이다. 그러므로 주의 깊은 생활을 하면서 진지한 기도로 이 은사를 구하라.

"구하라 그러면 너희에게 주실 것이요 찾으라 그러면 찾을 것이요 문을 두드리라 그러면 너희에게 열릴 것이니 구하는 이마다 얻을 것이요 찾는 이가 찾을 것이요 두드리는 이에게 열릴 것이니라 너희 중에 누가 아들이 떡을 달라 하면 돌을 주며 생선을 달라 하면 뱀을 줄 사람이 있겠느냐 너희가 악한 자라도 좋은 것으로 자식에게 줄줄 알거든 하물며 하늘에 계신 너희 아버지께서 구하는 자에게 좋은 것으로 주시지 않겠느냐"(마 7:7-11)

『사다리』의 저자 요한은 "가책의 본질을 생각할 때에 나는 마치 벌집 속에 꿀이 있듯이, 애통과 슬픔 속에 기쁨과 즐거움이 스며있다는 사실에 놀라게 된다. 우리는 여기서 무엇을 배워야 하는가? 가책이야말로 특별한 의미에서 주님의 은사라는 사실을 배워야 한다."[18]

신신학자 시므온은 애통과 눈물의 동인(動因)은 우리의 자유의지라고 말했다. 우리가 분심을 버리며, 이 수실 저 수실로 형제를 방문하거나 친지를 방문하기 위해 수도원 밖으로 나가는 것을 포기하며, 농담과 잡담과 한담을 포기하는 것은 이것에 달려있다. 지나치게 많이 먹고 맛있는 것을 먹는 것을 자제하면서 의지를 확고히 하는 것이 집중적인 기도생활과 하나님의 말씀을 읽는 일을 시작하는데 필요하다. 집중적인 생활은 반드시 양심의 가책과 애통함을 열렬한 기도로써 구할 때 얻을 수 있다. 이 은사가 주어졌을 때, 우리는 그것을 값비싼 보화를 지키듯이 지켜야한다. 그것은 값비싼 영적 보물이며 재산이다. 일단

---

17) 『필로칼리아』(*Philokalia*) Part I, ch, 69(러시아 판)
18) *Ladder*, 7:49.

그리스도를 본받아 사는 생활

그것을 얻었다 해도, 산만해지거나 방탕하게 생활하며, 정욕과 공상에 빠지고 사람을 기쁘게 하며, 세속적인 일, 탐욕, 잡담, 중상 등에 빠지면, 그것을 다시 상실하게 된다. 이것을 눈치 채지 못하면 우리는 예민한 가책의 상태에서 무감각한 상태로 넘어갈 수도 있다. 보이지 않는 우리의 원수에게는 이 무감각한 상태가 매우 중요한 것이므로, 그는 다른 욕망으로 괴롭히거나, 다른 외부의 시험을 주지 않고서도 우리를 그 안에 붙잡아두고 그것을 강화하기 위해 자신의 힘이 자라는 데까지 온갖 노력을 기울인다. 이런 까닭에 보통 무감각한 상태를 동반하는 자기고집과 자기만족, 무감각의 결과인 자기기만과 교만이 모든 신령한 은사, 심지어는 영혼까지 잃게 하는 원인이 된다. 무감각한 상태에 빠진 희생물은 자신의 치명적 상태를 인식하지 못하기 때문에, 무감각은 더욱 무서운 것이다. 그는 자기도취와 자기고집에 의해 현혹되고 있다.

신신학자 시므온인 이렇게 말했다: "양심의 가책은 계명에 순종함으로 생기는 모든 신령한 열매의 원인이다. 그것은 성경이 증거하는 바와 같이 모든 덕의 창조자이며 동인이다. 그러므로 욕망을 끊고 덕을 얻기 원하는 사람은 덕을 구하기 전에 먼저 가책을 간절히 구해야 한다. 이것이 없이는 결코 자신의 순결한 영혼을 볼 수 없으며, 순결한 영혼을 얻지 못하고서는 결코 순결한 육체를 얻지 못한다. 더러워진 옷은 물로 빨아야 하듯이, 영혼의 더러움은 눈물로 빨아야 깨끗해진다. 위험하고 게으르고 거짓된 평계를 대지 않도록 하자. 그것은 멸망의 원인일 뿐이다. 온 힘을 다해 모든 덕의 여왕을 찾도록 하자. 온 영혼을 다하여 찾는 사람은 그녀를 발견할 것이다. 그녀는 고민하며 찾는 사람을 스스로 찾아온다. 비록 놋쇠나 철이나 돌보다 더 단단한 마음을 가진 사람이라도, 그녀가 찾아옴으로써 밀납보다 더 부드럽게 된다. 그녀는 자신을 영접하는 영혼들의 산과 바위를 부수고 평평하게 하고 모든 것을 변화시켜 정원으로 가꾸는 거룩한 불이다. 그녀는 자신을 영접하는 영혼들의 심령 속에 생명수가 흐르는 샘물을 만든다. 이 물은 마치 원근 각지로 끊임없이 흘러내리는 저수지와 같이 믿음으로 말씀을 받아들이는 영혼들에게 넘치도록 흘러내린다.19) 먼저 그것을 받아들이는 사람에게 그의 모든 더러움을 씻어내고 욕망을 씻어주고, 마치 상처를 덮고 있는 딱지와 같은 욕망들을 문지르고 제거한다. 그것은 표리부동한 언행, 탐심, 질투, 허영심, 그리고 이것들을 좇아 생기는 모든 것을 제거해준다. 뿐만 아니라, 그것은 마치 사방을 질주하는 불길처럼 점진적으로 마치 가시덤불을 태워 없애듯이 그것들을 없앤다. 그것은 처음에는 우리 안에 정욕으로부터의 완전한 자유와 정결을 원하는 갈망을 일으키며, 그 후에는 자신을 사랑하는 사람들을 구원하시고 복 주시는 하나님을 동경하게 해 준다.20) 가책이라는 거룩한 불은 눈물과 협력하여, 정확히 말하자면 눈물을 도구로 하여 이 모든 일을 행한다. 이미 말한 바와 같이 눈물이 없으면, 이런 축복 중에 하나도 우리에게 임하지 않는다. 성경 어디를 보아도 눈물과 가책 없이 정결케 되거나, 거룩해지거나, 성령을 받거나, 하나님을 보거나, 하나님이 내면에 오심을 느끼거나, 하나님을 자기 마음에 영접한 사람이 없다. 회개와 가책이 반드시 선행되어야 하며, 샘솟듯이 끊임없이 흐르는 눈물이 영혼의 성전과 영혼을 씻고, 모든 인격을 새롭게 해주며, 뜨거운 불로 타오르게 되어야 한다.21) 매일 밤낮으로 울고 눈물을 흘리는 것이 불가능한 일이라고 말하는 것은 자신의 모든 덕이 부족하다고 고백하는 것과 같다. 거룩한 교부들은 "정욕을 끊고자 하는 사람은 애통함으로 그것들을 끊게 될 것이다"라고 말했다. 매일 울지 않는 사람이 혹시 자기고집에 사로잡혀 자

---

19) "그러므로 모든 더러운 것과 넘치는 악을 내어 버리고 능히 너희 영혼을 구원할바 마음에 심긴 도를 온유함으로 받으라"(약 1:21).
20) "기록된바 하나님이 자기를 사랑하는 자들을 위하여 예비하신 모든 것은 눈으로 보지 못하고 귀로도 듣지 못하고 사람의 마음으로도 생각지 못하였다 함과 같으니라"(고전 2:9).
21) "여호와의 사자가 떨기나무 불꽃 가운데서 그에게 나타나시니라 그가 보니 떨기나무에 불이 붙었으나 사라지지 아니하는지라"(출 3:2); 또한 출 19:18; 히 12:29; 딤전 6:16; 살전 1:8을 참조하라.

신의 욕망을 제거하고 덕을 이룰 것이라고 생각할지 모르겠으나, 실제로는 욕망을 끊지도 못하고 덕을 이루지도 못할 것이다. 아무리 좋은 도구나 연장이 있어도, 그것을 사용할 줄 아는 기술자가 없으면 무슨 소용이 있겠는가? 정원사가 정원에 온갖 종류의 초목과 식물을 심고 씨를 뿌려도 하늘에서 비가 내리지 않고 아무도 물을 주지 않는다면 무슨 소용이 있겠는가! 마찬가지로 아무리 여러 가지 덕을 실천하고 애쓰는 사람이라도 이 거룩하고 복된 숙녀, 즉 모든 덕의 성취자가 없으면 아무런 유익도 얻지 못할 것이다. 군대를 거느리지 않는 임금은 무력하여 쉽게 모든 사람에게 패배하며 심지어 임금이 아니라 평민이라고 불린다. 반대로 임금과 지도자를 모시지 못한 큰 군대도 쉽게 원수들에게 패배당하여 흩어지고 만다. 눈물을 흘리는 것과 다른 덕들의 관계도 이와 같다. 군대라는 상징 아래서 우리들의 모든 덕의 집합을 이해해야 하며, 임금과 지도자는 복된 애통함과 눈물을 흘리는 일로 이해해야 한다. 이 지도자에 의해 군대는 정렬하고 활기를 띄고 용기를 얻고 힘을 얻으며, 시간이나 상황 속이나 원수에 따라 무기를 가지고 활동하기 시작한다. 슬피 우는 일은 이 모든 것을 정렬시킨다. 이것이 없으면 수많은 군인들(다른 덕행들)은 쉽게 패배한다. 그러므로 다른 활동을 하기 전에 먼저 회개가 우리의 일이 되어야 한다. 회개에 애통을 결합하고, 애통에 눈물을 수반해야 한다. 회개 없는 애통은 있을 수 없으며, 애통이 없이 눈물을 흘릴 수 없다. 이 세 가지는 서로 연합되고 결속되어 있어서 그 중 어느 한 가지가 나머지 두 가지 없이 나타날 수 없다."22)

신령한 회개와 애통은 매우 큰 힘을 가지고 있으므로 악마의 속임수, 또는 소위 망상의 공격을 받지 않는다. 타락한 영은 금욕고행자를 속이기 위해서 먼저 그로 하여금 자신의 가치 또는 공적을 확신하게 만들려 한다. 이것은 이미

---

22) Word 6.

앞에서 인용된 예를 보면 알 수 있다. 그러나 온 힘을 가해 자신의 죄악됨을 발견하려는 사람, 자신에게 계시되어진 것으로 인해 애통해하며 그것의 자극을 받아 더 많은 통찰력을 추구하는 사람, 자기 안에서 죄인의 간구만을 보려고 애쓰며 내면의 활동이나 표면의 활동에 의해 하나님께 자신의 죄악성을 고백하고 인정하는 사람을 어찌 마귀가 속일 수 있겠는가? 성 그레고리는 "마귀는 애통하는 생활을 하는 사람의 눈물흘림에 의해 생겨난 겸손 때문에, 그의 곁에 가까이 머물지 못한다"[23]고 했다. 마귀는 물론 애통하는 사람들도 시험하지만, 그러나 그들은 금방 마귀를 인식하고 격퇴한다. 스스로 가치와 공적이 있다고 생각하는 자부심이 강한 사람은 밖에서부터 오는 마귀의 유혹을 격퇴하지 못한다. 왜냐하면 그의 내면이 마귀에게 사로잡혀 있기 때문이다.

무식한 돌팔이 금욕고행자들은 스스로 성인이라고 여길 때, 그리고 세상 사람들이 그를 성인이라고 여기며 또 그렇게 선포할 때에 자기의 목표에 이르렀다고 생각한다. 그들은 자기 고집이 얼마나 치명적인 것인지 알지 못하며 인간의 칭찬은 거짓 선지자의 표시임을 알지 못하기 때문에, 자기 내면에 들어온 자기기만과 자기고집으로 인해 즐거워한다. 이것은 참으로 중요한 표시이다. 주님은 이것에 대하여 말씀하시기를 "모든 사람이 너희를 칭찬하면 화가 있도다 저희 조상들이 거짓 선지자들에게 이와 같이 하였느니라"(눅 6:26)고 하셨다.

참된 신앙인은 자기의 죄를 보기 시작할 때, 자신이 모든 이웃보다 더 천하고 악하다고 평가할 때, 하나님의 심판과 영원한 고통을 생각하며 두려워하기 시작할 때, 스스로 죄인임을 느낄 때, 기도하는 동안 눈물이 폭포처럼 흐르며 한숨과 신음이 가슴에서 북받쳐오기 시작할 때, 눈물에 의해 깨끗하게 된 정신이 하나님을 대면할 때, 그리고 하나님의 현존에 대한 생생

---

23) *Instructions to Hesychasts*, ch. 7. On Delusion.

한 의식을 통하여 눈에 보이지 않는 하나님을 볼 때 기뻐한다. 참으로 복된 모습이다. 죄인은 이 빛 속에서 자신이 범한 죄에 대한 참된 회개를 바칠 수 있다. 자신의 풍성한 눈물과 겸손한 말로 자신의 비참한 처지를 적나라하게 드러냄으로써 지극히 자비로우신 분으로 하여금 자비를 베푸시도록 할 수 있다. 우리는 긍휼하신 하나님께 용서를 구할 수 있고, 그리하여 귀하고 영원한 영적 은사들을 많이 구할 수 있다. 우리들에게 있어서 가장 큰 성공은 자신이 죄인임을 깨닫고 인정하는 것이다. 우리들이 모든 행동으로 우리 자신이 죄인임을 심각하게 인정한다는 사실을 증명한다는 것은 큰 성공이다. 다메섹의 순교자 피터Peter 감독은 "자신의 죄가 바닷가의 모래처럼 많다는 것을 우리의 정신이 깨닫기 시작할 때, 그것은 영혼의 조명의 출발점이 되며 영혼이 건강하다는 표시가 된다"고 했다.

하나님의 은혜가 임할 때 우리의 정신은 자기의 죄를 깨달을 수 있다. 우리의 정신은 타락으로 말미암아 어두워졌기 때문에, 자신의 힘으로는 그것들을 볼 수 없다. 우리 자신의 죄와 죄악됨을 보게 되는 것은 하나님이 주시는 선물이다. 거룩한 교회는 자녀들에게 특히 사순절 시기에 금식하면서 이 은사를 구하라고 가르친다.[24] 위대한 교부들은 자신의 죄, 타락한 상태, 타락한 인간과 타락한 천사의 교제를 깨닫는 은사를 풍부히 받았다. 그들에게는 자신의 거룩함을 분명히 증명해주는 영적 은사들이 풍부했음에도 불구하고 그것은 그들에게 끊임없이 회개하도 애통해하며 눈물을 흘리도록 강요했다. 이런 상태나 수준에 있는 교부들의 말은 육신의 생각으로는 이해해내지 못한다. 페멘은 자신과 함께 살고 있는 형제들에게 "형제들이여, 내말을 믿으시오, 사탄의 던짐을 받는 것에 나도 던짐을 받을 것입니다."[25]라고 자주 말했다. 주님은 "무릇 자기를 높이는 자는 낮아지고 자기를 낮추는 자는 높아지리라 하시니라"(눅 18:14)라고

---

24) 부활절 전 48일간의 대 금식.
25) 『사막교부들의 금언』(*Alphabetical Patrology*; 은성출판사)

48. 회개, 애통

말씀하셨다.

그리스도를 본받아 사는 생활

결론

    교부들의 저서를 주의 깊게 읽어본 독자라면 쉽게 그들의 가르침은 당대의 수도사들의 상태와 환경과 시대에 맞추어 기록된 것임을 알 수 있을 것이다. 따라서 대부분 교부들의 저서는 나름대로 특별한 목표와 편중된 경향을 가지고 있다. 그런 까닭에 수도원이 번창하던 시대에도 수도사들은 모든 교부들이 기록한 것을 통틀어 자신에게 적용할 수는 없었다. 오늘 우리 시대에는 더욱 그러하며, 많은 사람들이 그렇게 하려고 노력하지만 그다지는 수확을 얻지 못한다.
    이제 그 예로서 『사다리』의 저자 요한 클리마쿠스의 책을 인용해 보겠다. 이 하나님의 종은 공주수도를 하는 수도사들을 위해 책을 저술하였는데, 그들의 가장 큰 덕목은 순종이었다. 그런 까닭에 그는 침묵에 대해서는 매우 간결하게 조심스럽게 다루면서, 침묵을 너무 일찍 또는 성급하게 시도하는 것은 위험하다고 경고하였다. 반면에 순종에 대해서는 매우 상세하게 다루면서, 순종의 생활방식을 권장하고 격찬하였다. 요한이 그렇게 한 까닭은 어떤 조건 하에서는 침묵이 구원의 길이 아니기 때문이 아니다. 다만 공주생활을 하는 사람들의 열정을 꺾지 않고 스스로 택한 순종의 생활 속에서 그들을 격려하고 지원해주며, 또 자신에게 적합하지 않으며 준비도 되지 않은 생활방식을 취하려고 갈망하며 자기기만과 악한 망상에 빠지게 되거나 표리부동하게 될 구실을 주지 않기 위해서였다. 젊은 청년들과 젊지는 않지만 고집이 센 사람들에게는 항상 이러한 일에 빠질 위험성이 도사리고 있다.

그러므로 공동체생활을 하지 않는 수도사가 『사다리』의 저자 요한의 책을 읽으면 분명히 혼란을 일으키고 당황하게 될 것이며, 공동체 내에서의 순종을 떠나서는 수도생활의 성공이나 발전이 있을 수 없다고 상상할 것이다. 이 거룩한 책은 실제로 그러한 효과가 있음을 증명했다. 한적한 광야에서 은둔생활을 하던 새로운 안토니Anthony the New는 『사다리』를 읽고 즉시 광야를 떠나 공주수도원으로 들어갔다.[1]

누구나 자신의 표면적 상황을 바꿀 수는 없다. 그러면 무엇인가?[2] 수도사가 구원의 길로서의 자신의 처소나 상태에 대한 확신을 잃고 낙심하고 수도적 소명에 대한 열심을 잃고 태만한 생활을 할 때에는 표면적 상황을 바꿀 수 있다. 교부들이 살면서 가르치던 시대로부터 많은 세월이 흐른 오늘 우리 시대는 그들의 방법과 환경과는 매우 다르다. 그들의 교리를 현재 우리들의 상황에 적용하는 것이 특히 요구되며, 또 그것은 매우 큰 유익을 줄 것이다.

이것이 이 책의 목적이다. 우리는 이 책이 하나님의 섭리에 의해 특별한 상황에 처해 있는 우리들을 위해 영적 안내자 역할을 해 줄 것으로 기대한다. 우리는 이 책이 평 수도자와 사제 수도사들뿐만 아니라, 세상에 살면서 특별히 조심하고 부지런히 생활하며 자신의 소명과 구원을 이루고자 하는 평신도들에게도 많은 유익을 주리라 기대한다.

과거에도 신앙생활의 핵심과 본질은 복음의 계명을 실천하는 것이었다. 오

---

1) 『사막교부들의 금언』 (*Alphabetical Patrology*)
2) 그것은 우리들의 일상적인 의미가 아니며, 변화되는 표면적인 것도 아니다. 그것은 우리를 거룩하게 하는 장소가 아니라, 장소와 우리 자신 모두 성화되게 할 수 있는 거룩한 삶의 상황이다. 이 상황이 완전하다면, 천사들은 하늘로부터 추방되지 않았을 것이며, 우리 인간들이 낙원으로부터 추방되지 않았을 것이다.

늘도 역시 마찬가지이다. 모든 처소와 상황은 이 소명과 사랑의 수고를 위해 많은 편의를 제공한다. 이 신령한 선물을 받아들이라. 그것이 부적당하다고 비판하지 말라. 이 선물이 부적당하다고 하는 것은 그 주신 분이 부적당하다는 것과 같다. 당신은 믿음과 열정으로 이 부적당함을 보충하라. 그리고 자신의 구원은 물론이며 당신의 구원을 위해서 조금도 수고하지 않는 사람에게 당신의 기도와 축복으로 갚으라.

부유한 지주가 친구와 친지를 늘리기 위해 친지 많은 사람을 초대하여 훌륭한 식사를 대접했다. 신령한 식탁에는 상상할 수 없이 많은 훌륭한 영적 음식들이 예비되어 있었다. 식사가 끝난 뒤, 손님들에게는 많은 신령한 선물들을 주었다.

초대 받은 사람들이 떠난 뒤, 지주는 연회장 밖을 내다보았다. 문 앞에는 훌륭한 식사를 마친 뒤 남은 부스러기라도 먹기를 바라는 배고픈 거지들이 우글거렸다. 매우 자비로운 주인은 하인들에게 식탁을 치우지 말라고 했다. 그리고 훌륭한 연회장에는 전혀 어울리지 않는 넝마를 걸친 더러운 거지들이 들어오라고 초대하여 그들에게 연회석상에서 남은 것을 주었다.

거지들은 소심하게 의아해하며 넓은 방으로 들어와 식탁으로 다가갔다. 그리고 자기 앞에 있는 것을 모조리 먹기 시작했다. 그들은 손님들이 남긴 부스러기들을 남김없이 먹어치웠다. 물론 그들은 훌륭하게 차려진 음식을 먹은 것은 아니며, 하인들의 정중한 시중을 받지 못했고, 손님들이 사용했던 귀한 접시와 식기들을 보지 못했으며, 우주에 반향하여 하늘까지 퍼진 음악소리도 듣지 못했다. 이런 까닭에 거지들 중에는 총명한 사람들도 있었지만, 아무도 그 연회에 대한 분명하고 정확한 개념을 스스로 형성할 수 없었다. 그들은 부스러기를 먹는 것으로 만족했으므로 훌륭한 손님들이 즐긴 화려하고 맛있는 식사에 대해서는 추측으로 만족했을 뿐이다.

식탁 위의 먹을 수 있는 것은 모조리 먹어치운 뒤, 거지들은 주인의 발아래 엎드려 전에 한 번도 먹어본 적이 없는 음식을 먹게 해준 데 대해 감사했다. 주인은 그들에게 이렇게 말했다. "형제들이여, 나는 잔치 준비를 하면서 당신들을 염두에 두지 않았었소. 그래서 당신들에게 제대로 된 식사를 대접하지 못했소. 또 내가 계산하여 준비해둔 선물도 다 주고 없으므로 당신들에게 선물을 주지 못합니다." 거지들은 한 목소리로 소리쳤다. "주인이시여, 우리가 어찌 선물을 받을 수 있으며 훌륭한 식사를 할 수 있겠습니까? 우리는 당신이 우리를 멸시하지 않은 것만으로도 말할 수 없이 감사하게 여깁니다. 당신은 연회장에 어울리지 않는 흠투성이인 우리를 영접하여 굶주려 죽을 상태에서 구원해 주셨습니다."

거지들은 친절한 주인에게 감사와 축복을 돌리고 흩어졌다. 그제서야 주인은 하인들에게 말했다. "이제 식탁을 치우고 연회장의 문을 닫아라. 이제 더 이상 손님은 오지 않을 것이며, 음식제공도 모두 끝났다. 모든 일이 끝났다."

"깊도다 하나님의 지혜와 지식의 부요함이여, 그의 판단은 측량치 못할것이며 그의 길은 찾지 못할 것이로다 누가 주의 마음을 알았느뇨 누가 그의 모사가 되었느뇨 누가 주께 먼저 드려서 갚으심을 받겠느뇨 이는 만물이 주에게서 나오고 주로 말미암고 주에게로 돌아감이라 영광이 그에게 세세에 있으리로다 아멘"(롬 11:33-36)